Motorrad-Touren Süddeutschland

Tourenübersicht

MOTORRAD
Touren Süddeutschland

Ein reich illustrierter, bunter Führer durch alle landschaftlich reizvollen Mittelgebirge Süddeutschlands und die daran angrenzenden Gebiete. Insgesamt 61 auserwählte Rundfahrten auf speziell für Krafträder geeigneten Straßen über Berg und Tal mit empfohlenen Varianten und Abstechern. Erfaßt werden Alpenvorland, Bayerischer Wald und Donauraum, Fränkische Alb, Steinwald und Fichtelgebirge, Böhmisches Bäderdreieck, Fränkische Schweiz, Franken-, Thüringer- und Steigerwald, Schwäbische Alb, Schwarzwald, Vogesen, Pfälzerwald, Odenwald, Spessart, Hohe Rhön und Vogelsberg, Taunus, Moselland und Hunsrück. Zu jeder Rundtour wurde eine eigene, farbige Skizze gezeichnet. Exakte Unterscheidung zwischen Halbtages- und Tagestouren mit jeweiliger Angabe der Kilometerleistungen und fahrtechnischen Beurteilungen.

Unter Mitwirkung langjähriger Tourenfahrer
herausgegeben von HARALD DENZEL

DENZEL-VERLAG INNSBRUCK

Ein Denzel-Führer der Reihe «freizeit aktiv»

Texte: Eduard und Harald Denzel
Beiträge: Michael Braun, Gottfried Loy, Thomas Rettstatt
Grafische Gestaltung: Harald Denzel
Fotos: Harald Denzel, ausgenommen jene mit anderer Angabe
Lithographie: Repro Athesia, Innsbruck
Druck: Landesverlag GmbH, Linz
Binden: Almesberger GmbH, St. Georgen
Herstellungsorganisation: Die Druckdenker GmbH, Wels
Printed in Austria

Titelbild: Schloß Braunfels

3. Ausgabe

Die Deutsche Bibliothek – CIP-Einheitsaufnahme

Motorrad-Touren Süddeutschland: ein reich illustrierter, bunter Führer durch alle landschaftlich reizvollen Mittelgebirge Süddeutschlands und die daran angrenzenden Gebiete; insgesamt 61 auserwählte Rundfahrten auf speziell für Krafträder geeigneten Straßen über Berg und Tal mit empfohlenen Varianten und Abstechern.../ unter Mitw. langjähriger Tourenfahrer hrsg. von Harald Denzel. [Texte: Eduard und Harald Denzel]. – 3. Ausg. – Innsbruck: Denzel, 2001
(Denzel-Führer der Reihe freizeit aktiv)

ISBN 3-85047-760-6

Zu diesem Buch

In diesem Band werden 61, für Motorradfahrer besonders lohnende Rundfahrten aus dem süddeutschen Raum erfaßt. Die sorgfältig ausgewählten Runden erstrecken sich auch auf benachbarte Gebiete wie die österreichischen Alpen, das westböhmische Bäderdreieck und die Vogesen. Sie sind in der Regel als Tages- bzw. Halbtagestouren konzipiert, wobei die längste 228 km und die beiden kürzesten je 78 km messen.

Durch Varianten und Abstecher (in den Skizzen grün bzw. blau gezeichnet) lassen sich die Standardrouten (in den Skizzen rot ausgezogen) je nach Interesse und vorhandener Zeit erweitern oder abkürzen. Die erforderliche Kilometerleistung wird jeweils für die Hauptroute und gesondert für Varianten und Abstecher durch „plus" oder „minus", immer auf die Standardstrecke bezogen, angegeben.

Selbstverständlich sind die Rundfahrten auch untereinander beliebig verknüpfbar. Jede Tour ist in einer eigenen Orientierungsskizze dargestellt! Die fahrtechnische Schwierigkeit wird mit leicht, mittel, schwierig und sehr schwierig sowie mit Zwischenstufen beurteilt.

Eine landschaftliche Klassifikation ist naturgemäß immer relativ aufzufassen, denn Wetter, Jahres- und Tageszeit und vor allem individuelle Eindrücke, die Tourenfahrer gewinnen, sind oft grundverschieden. Jeder Kennzeichnung durch die entsprechende Zahl von Sternen ging eine sehr kritische Betrachtung voraus. Es bedeutet: * landschaftlich schöne und lohnende Strecke, ** landschaftlich hervorragende und empfehlenswerte Strecke, *** landschaftlich außergewöhnlich schöne Strecke.

An dieser Stelle wollen wir uns noch bei allen Informanten, Verlagsfreunden und Mitarbeitern, die uns während der langen Vorbereitungszeit dieses Spezialführers tatkräftig geholfen haben, herzlich bedanken und wünschen allen Benützern des Buches erlebnisreiche, gute Fahrten und auch stets eine gesunde Heimkehr! Konstruktive Kritiken nebst Anregungen zur Verbesserung von Folgeausgaben sowie attraktive Fotos bzw. Dias sind uns stets willkommen.

Der Herausgeber

Tourenverzeichnis

Alpenvorland

Bayerischer Wald und Donauraum

Fränkische Alb

Steinwald und Fichtelgebirge

Fränkische Schweiz

Frankenwald und Thüringer Wald

Steigerwald

Schwäbische Alb

Schwarzwald

Vogesen

Pfälzerwald

Odenwald

Spessart

Hohe Rhön und Vogelsberg

Taunus

Hunsrück

Alpenvorland

Im engeren Sinn versteht man darunter die sich von O nach W ausbreitende Zone zwischen der Alpen-Nordseite und der Linie, welche von Salzburg über Rosenheim nach Bad Tölz und weiter über Schongau–Marktoberdorf–Kempten–Isny und Hergatz nach Lindau an den Bodensee verläuft. Ihre Hauptverkehrsadern sind die Autobahn Salzburg–München bis zum Irschenberg, woran die B 472 und ab Marktoberdorf die B 12 als Längsverbindungen anschließen. Bis auf wenige Ausnahmen ist das gesamte Straßennetz in diesem Raum dem starken Verkehrsaufkommen kaum mehr gewachsen, sodaß Staubildungen keine Seltenheit sind. Von Überlastungen wird an Wochenenden und während der Ferienzeit auch die Autobahn München–Garmisch betroffen. Im O bildet seit jeher der Chiemsee ein spürbares Hindernis für einen zielstrebigen Straßenbau; man muß für seine Umfahrung manches Mal weit ausholen. Im W ist der Raum zwischen Kempten und dem Bodensee nur mit wenigen Durchzugsstraßen, die den Belastungen standhalten können, erschlossen. – Im weiteren Sinn reicht das Alpenvorland bis zu den Erholungsgebieten der Großstädte, insbesondere der Millionenstadt München, welche für das große Verkehrsgeschehen bestimmend ist. Die am meisten angefahrenen Ziele sind die zahlreichen Badeseen und die Orte mit großzügigen Freizeiteinrichtungen. Die Routen für Motorrad-Rundfahrten wurden daher so gewählt und beschrieben, daß Autobahnen und andere verkehrsreiche Strecken zugunsten von ruhigeren Routen, die noch Fahrfreuden und landschaftliche Reize vermitteln können, möglichst vermieden werden. Über besonders unfallträchtige Bergstraßen wurden von den hierfür Verantwortlichen beschränkte bzw. totale Fahrverbote für Motorräder verhängt. – Mehrere Durchgangsstraßen sind auf die Grenzübergänge in das Salzburger Land, nach Tirol und Vorarlberg ausgerichtet; die frequentiertesten sind Salzburg-Walserberg, Kufstein-Kiefersfelden und Lochau-Pfändertunnel.

1 Pfänder-Bodensee-Runde**

Route: Lindau/Aeschach (400) – Zech/Unterhochsteg – Lochau bei Bregenz (414) – Gh. Haggen – Parkplatz Pfänder (1000) – Gh. Moosegg – Tröger Sattel (980) – Weienried – Hohenweiler – Opfenbach – Maria Thann – Staudach – Wangen – Niederwangen – Neukirch – Tettnang – Langenargen – Kressbronn – Nonnenhorn – Wasserburg am Bodensee – Lindau/Aeschach. 95 km.

Fahrtechnische Beurteilung: mittel bis schwierig

Zeitaufwand: Halbtagestour

Rheintal und Bodenseebecken sind am Ende der Tertiärzeit als Grabenbruch entstanden und wurden durch Gletscher der Eiszeit überformt. In der Bregenzer Umgebung weisen die gewaltigen tektonischen Änderungen, die steilen Abstürze des Pfänders und besonders der jähe Abbruch des Gebhardsberges gegen das Rheintal zu, darauf hin. Das charakteristische Gestein des Pfänders ist ein grobes Konglomerat, Nagelfluh genannt; Bänke dieses Gesteins stehen in Wechselbeziehung mit Schichten von Sandstein und Mergel.

Die vorgegebene Rundtour leitet durch die Vielfalt landschaftlicher Eindrücke von See und Alpenvorland in ihrem klassischen Wechselspiel. – Die Stadt Lindau steht auf einer Insel im Bodensee und ist nur über eine einzige Straßenbrücke anfahrbar. Die Route beginnt im Vorort Aeschach. Man benützt die, über Zech/Unterhochsteg führende B 31 und zweigt in Höhe des Bahnhofes Lochau-Hörbranz li. nach Lochau ab.

Bei der sogenannten Pfänderstraße handelt es sich um einen ehem. Güterweg, welcher von der Gemeinde Lochau zu einem Bergsträßchen ausgebaut wurde. Die erlaubte Höchstgeschwindigkeit beträgt 40 km/h; am Ende der 6.5 km langen Strecke bis zum offiziellen Pfänder-Parkplatz sind sogar nur 20 km/h vorgeschrieben. Es ist bis auf wenige Engstellen knapp zweispurig, jedoch durchgehend asphaltiert. Man kommt hoch über der Bregenzer Bucht unmittelbar am Landgh. „Haggen“ vorbei, von dem man eine prächtige Aussicht auf den See genießen kann. Daraufhin setzt es sich auf einer bewaldeten Strecke bis zum Gh. „Moosegg“ (1012) fort. Die Steigungen

Skizze 1 Pfänder-Bodensee-Runde

bewegen sich zwischen 12 und 14%. Der geräumige Pfänder-Parkplatz am Ende des Bergsträßchens kann gegen Entrichtung einer bescheidenen Gebühr benützt werden; bis zum Gipfel mit dem fast 95 m hohen Antennenmast des ORF sind es dann noch knapp 15 Gehmin., wobei man an der kleinen, aus Holz gebauten Theresienkapelle vorbeikommt. Frei benützbar war im Bj. die Zufahrt zur Bergstation der Pfänder-Seilbahn.

Li. vom Gh. „Moosegg" findet man die Fortsetzung des Sträßchens in Gestalt eines Höhenfahrweges über den sich nach N erstreckenden Bergrücken. Wegen seiner Aussicht auf das Grenzland und in das westliche Allgäu ist seine Befahrung lohnend. Der windungsreiche, meist nur einspurig angelegte, jedoch asphaltierte Fahrweg verbindet die wenigen Bauernhöfe an der ö. Bergflanke untereinander. Begegnungen mit landwirtschaftlichen Zugmaschinen sind daher keine Seltenheit und die Geschwindigkeit wurde dort mit 50 km/h begrenzt, nicht zuletzt wegen der unübersichtlichen Streckenführung und den besonders scharfen Kurven. Steigungen bzw. Gefälle bleiben jedoch unter 10%. In Trögen ist der höchste Punkt der Route mit der Einkehrstation „Tröger Stüble" (980) erreicht.

Der Hafen von **Lindau** wird durch zahlreiche Linien- und Ausflugsschiffe sowie Motor- und Segelboote belebt. Im Hintergrund links der Pfänder → Route 1, Pfänder-Bodensee-Runde.

Durch schönen Mischwald führt das Sträßchen nun in Serpentinen ein Stück abwärts, um in die von Lochau über Eichenberg (796) heraufziehende Straße einzumünden. Die Anschlußstrecke nach Weienried (841) bzw. Möggers über den „Berghof" ist zweispurig. In den vergangenen Jahren wurde das Straßennetz in diesem Raum wesentlich modernisiert, wovon die 5 km lange Rucksteigstraße zwischen Möggers bzw. Weienried nach Hohenweiler ein beredtes Zeugnis ablegt, weil sie jetzt ein sehr ausgewogenes Gefälle unter 10% aufweist.

Von Hohenweiler fährt man über die österr.-deutsche Grenze und überquert die „Deutsche Alpenstraße", um nach Opfenbach zu gelangen. Eine verkehrsarme Nebenstraße leitet dann über Maria Thann und Staudach nach Wangen im Allgäu (556) mit seiner fast unverfälscht erhaltenen, mittelalterlichen Altstadt. Eine umfassende Aussicht vermittelt der sich im SW der Stadt erhebende Gehrenberg (582).

Die Rundtour wird auf der Straße nach Tettnang fortgesetzt, wobei man zunächst bis Niederwangen hinabfährt und dort die A 96 sowie die Argen ö. von Neukirch überbrückt. Tettnang (466) hat als ehem.

Die moderne **Pfänder-Seilbahn** überwindet von der Talstation in Bregenz zur Bergstation auf dem aussichtsreichen Gipfel einen HU von 608 m → Route 1, Pfänder-Bodensee-Runde.

Residenz der Grafen von Montfort, die auch in Feldkirch wirkten, historische Bedeutung. Eine knapp 10 km lange, geradlinig verlaufende Straße durch den Tettnanger Wald verbindet mit dem Ort Langenargen (398) am Bodensee, welcher im dortigen Schloß Montfort ein Kunstmuseum birgt.

N. von Argenhorn überbrückt man die Argen und gelangt auf der gegenüberliegenden Uferseite nach Kressbronn. Während die stark frequentierte Neubaustrecke der B 31 vom Knoten Kressbronn in Hanglagen Richtung Rehlings (Ausfahrt Lindau/Aeschach) verläuft, führt die alte Trasse der B 31 über Nonnenhorn und Wasserburg zum Ausgangsort zurück. Wahlweise kann man auch die besonders seenahe Nebenstraße, welche im Lindauer Stadtteil Bad Schachen endet, benützen.

Variante: Von Lochau Direktverbindung zum Höhenfahrweg. Statt auf den Pfänder zu fahren und den Höhenweg zum „Tröger Stüble“ zu benützen, bietet sich alternativ die über Eichenberg führende gute Bergstraße an; sie ist ein- bis knapp zweispurig und weist Steigungen von 13% auf. Minus 7 km. Fahrtechnische Beurteilung: mittel.

Abstecher: Von Langenargen über. die Wallfahrtskirche Eriskirch nach Friedrichshafen. Eine Fahrt in die Messe- und Zeppelinstadt ist besonders lohnend, wenn man sie mit einem Besuch des Bodenseemuseums und einer Besichtigung der Zeppelinsammlung verbindet. Das Graf-Zeppelin-Haus liegt weiter w. am Jachthafen. Hin und zurück 24 km. Fahrtechnische Beurteilung: leicht, jedoch begibt man sich in ein Verkehrs-Ballungszentrum!

2 Westallgäu-Runde

Route: Kempten (677) – Sulzberg – Rottach – Untermaiselstein – Rauhenzell – Immenstadt – Thalkirchdorf – Oberstaufen – Oberreute – Simmerberg – Sigmarszell – Niederstaufen – Opfenbach – Maria Thann – Gießen – Gerazreute – Sechshöf – Ratzenried – Göttlishofen – Beuren – Friesenhofen – Winterstetten – Schmidsfelden – Eisenbach – Eschach – Buchenberg – Unterhalden – Kempten. 133 km.

Fahrtechnische Beurteilung: mittel

Zeitaufwand: Halbtagestour

Die Runde verläuft sowohl am Nordrand der Nagelfluhkette als auch durch das von zahlreichen Wasserläufen durchzogene und von einzelnen, markanten Erhebungen geprägte Hügelland. Berge, Täler, Seen, Moore, Wald und Weideflächen stehen in einem ständigen landschaftlichen Wechselspiel. Die Route berührt jedoch die bayerischen Alpen im engeren Sinne nicht. Das erfaßte Straßennetz ist dicht, der Ausbauzustand der einzelnen Straßen jedoch sehr unterschiedlich. Starker Verkehr herrscht vor allem auf den Transitstrekken, zu denen fast alle Bundesstraßen im erfaßten Raum zählen.

Kulturelle Sehenswürdigkeiten sind im württembergischen Raum, wie er nachfolgend bereist wird, spärlicher gesät als im benachbarten bayerischen Landesteil. Die Hauptsehenswürdigkeiten befinden sich vorwiegend in den Städten Füssen, Kempten, Isny und Wangen bzw. in deren unmittelbarer Umgebung. Fallweise müßte man von der vorgegebenen Route geringfügig abweichen. – In Kemptens unmittelbarer Umgebung auf dem Lindenberg ist der gallo-romanische Tempelbezirk Cambodunum mit archäologischen Sammlungen und Ausgrabungen aus jüngster Vergangenheit von Interesse.

Skizze 2 Westallgäu-Runde

Von Kempten zunächst nach Sulzberg, im O von Waltenhofen. Die nach dem Dreißigjährigen Krieg verfallene Burg wird in lobenswerter Zusammenarbeit mit dem Allgäuer Burgenverein saniert; bemerkenswerte Aussicht vom eckigen Bergfried. Angesichts des Grünten (1738), dem weithin sichtbaren „Wächter“ der Allgäuer Vorberge, über Rottach nach Untermaiselstein. Kurz vor Agathazell hat man re. das Verbindungssträßchen durch die Talweitung der Iller über Rauhenzell nach Immenstadt.

Man folgt nun auf dem Südufer des Alpsees der Deutschen Alpenstraße-B 308 im Konstanzer Tal. Den Talschluß bildet der bewaldete Kegel des Staufen (1032). Über Thalkirchdorf gelangt man zum Straßenknoten s. von Oberstaufen. Der Ort (792) hat sich durch seine Alphorn- und Maskenschnitzer einen Namen gemacht; in seinem Heimatmuseum wird eine mehr als 100 Jahre alte Alpsennerei gezeigt.

Die hervorragend ausgebaute „Deutsche Alpenstraße“ steigt nunmehr nach Oberreute (857) an, dort gibt es ein sehenswertes Uniformen- und Ordenmuseum. Beim Parkplatz „Paradies“ ist der höch-

Der rund 3 km lange, im W von Immenstadt gelegene **Alpsee**, an dessen Südufer die B 308 verläuft, ist ein beliebtes Ziel bei Badegästen und Surfern → Route 2, Westallgäu-Runde.

Vom **Parkplatz Paradies** an der Deutschen Alpenstraße genießt man weitreichende Ausblicke auf die hübsche, hügelige Allgäuer Landschaft → Route 2, Westallgäu-Runde.

ste Punkt (934) der „Deutschen Alpenstraße" im westlichen Allgäu erreicht. Die Ausblicke richten sich sowohl auf den Vorderen Bregenzerwald als auch in den oberschwäbischen Raum.

Die Orte Simmerberg und Weiler werden umfahren. Auch Lindenberg, wo sich eine Stroh und Milch verarbeitende Industrie angesiedelt hat, bleibt abseits der „Deutschen Alpenstraße". Der nur wenig neben der Route liegende Ort Scheidegg (804) kann mit einer Reptilienschau aufwarten. Das aus drei Ortsteilen bestehende Sigmarszell bildet bei Niederstaufen den westlichen Wendepunkt unserer abwechslungsvollen Rundfahrt.

Man schlägt nun vom Straßenknoten Sigmarszell re. die gute Straße nach Opfenbach ein, quert dort die B 32 und gelangt unter Beibehaltung dieser Fahrtrichtung nach Maria Thann (620) mit seinem besuchenswerten Wallfahrtskirchlein. Nach Querung der stark frequentierten B 12 setzt man seine Fahrt auf Nebensträßchen durch den Gießenwald nach Gießen und Gerazreute fort. Der Weg in den Ort Ratzenried leitet über Sechshof und den Oberen Schloßweiher. Von Ratzenried fährt man weiter nach Göttlishofen und nach dem, auf einer Seenplatte liegenden Beuren (724) mit dem reizvollen Badsee; nahebei befindet sich das unter Naturschutz gestellte Feuchtbiotop Taufachmoos mit dem Großen und Kleinen Ursee.

Die verkehrsarme Route setzt man über Friesenhofen und Winterstetten nach Schmidsfelden fort. Im Eschachtal kommt man dicht am Schwarzen Grat (1118) des „Adelegg" genannten, bewaldeten Höhenzuges vorbei. Die Adelegg ist ein stark bewaldeter Ausläufer der Voralpen und ihr zweithöchster Gipfel. Eine umfassende Aussicht über die hochgewachsenen Baumwipfel hinweg vermittelt aber nur die Plattform des hölzernen Aussichtsturmes am Schwarzen Grat. Im S zeigt sich die Nagelfluhkette in ihrer ganzen Ausdehnung.

Man fährt im gewundenen Eschachthal nach Eisenbach weiter, das zwischen dem Schwarzen Grat und der 1125 m hohen Schwedenschanze (Anger) liegt. Schließlich gelangt man, am Eschacher Weiher vorüber, auf den Weg nach Buchenberg (966). Dort hat man die Wahl, auf der B 12 direkt nach Kempten zu fahren, 7 km, oder den Umweg über Wirlings und den Knoten Waltenhofen zu nehmen, um dann auf der B 19 von S her in die Stadt zu kommen, 11 km.

Variante: Von der Abzw. kurz vor Thalkirchdorf über Wiedemannsdorf, Knechtenhofen und Genhofen nach Simmerberg. 9 km w. von Immenstadt bietet sich als Variante zur B 308 die alte Straße an, welche auf der Höhe von Konstanzer Osterdorf re. abzweigt und an Oberstaufen vorbei, hinauf nach Simmerberg leitet. Dort mündet man wieder in die „Deutsche Alpenstraße" ein. Minus 4 km. Fahrtechnische Beurteilung: mittel.

Variante: Von Schmidsfelden am Zusammenfluß von Kürnach und Eschach leitet eine normal breite Straße durch das Kürnachtal aufwärts zum Forsthaus Wegscheidel und weiter nach Unterhalden, wo sie in die B 12 nach Kempten einmündet. Diese, am Fuße des Blenders (1072) vorüberziehende Straße ist der beschriebenen Strecke durch das Eschachthal zustandsmäßig ebenbürtig. Der Blender ist ein bemerkenswerter Aussichtsberg im Naherholungsgebiet der Stadt Kempten. Minus 6 km. Fahrtechnische Beurteilung: leicht bis mittel.

3 Oberschwäbische Runde*

Route: Kempten (677) – Waltenhofen – Niedersonthofener See – Rieggis – Diepolz (1037) – Missen – Sibratshofen – Bolsternang – Großholzleute – Isny – Neutrauchburg – Ried – Steig – Gottrazhofen – Dettishofen – Zaisenhofen – Kißlegg – Wolfegg – Eintürnen – Bad Wurzach – Kraftenberg – Treherz – Aitrach – Lautrach – Legau – Moos – Bad Grönenbach – Reichholzried – Krugzell – Kempten. 140 km.

Fahrtechnische Beurteilung: mittel

Zeitaufwand: Tagestour

Auf dieser Runde durchfährt man sowohl südlich und westlich gelegene Landesteile des Bayerischen Allgäus als auch Teile des Württembergischen Allgäus. In diesem Raum sind die Gewässer landschaftsbestimmend: in Bayern vor allem die Iller, in Oberschwaben zwischen Isny und Bad Wurzach die zahlreichen kleinen Seen im Moorgebiet, welche meist auch zum Baden geeignet sind.

Das Straßennetz ist im erfaßten Raum besonders dicht und mit jeder Kategorie von Straße vertreten. Der Motorradfahrer bevorzugt bekanntlich die vom Ausbauzustand her unterentwickelten und weniger frequentierten Verkehrswege als die großen, der Völkerwan-

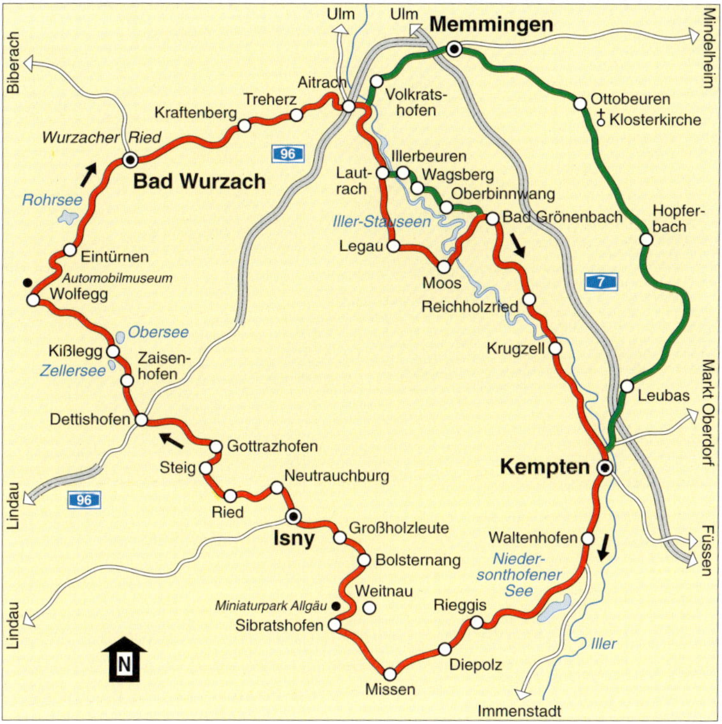

Skizze 3 Oberschwäbische Runde

derung und dem gemischten Verkehr dienenden Autobahnen und Schnellstraßen. Für den touristisch eingestellten Fahrer sind vor allem die Sehenswürdigkeiten in der Natur, fallweise auch in verbauten Gebieten, von Interesse. Nach diesen Grundsätzen wurden fast alle vorgegebenen Runden zusammengestellt.

Man verläßt Kempten, die Hauptstadt des Allgäus, auf der B 19 in s. Richtung. Hinter Waltenhofen (721) biegt man re. ab und fährt zu dem besonders reizvoll gelegenen Niedersonthofener See. In einem ständigen Auf und Ab, bei Maxima von 17% Steigung, setzt man seine Fahrt über Diepolz und Missen (860) nach Sibratshofen fort. Bei Weitnau befindet sich der „Miniaturpark Allgäu“; in zwei Hallen

Der **Niedersonthofener See**, ein gern besuchtes Erholungsgebiet, ist wie zahlreiche andere Seen in das wellige Alpenvorland eingebettet → Route 3, Oberschwäbische Runde.

und in den Außenanlagen kann man rund 200 Miniaturen von Gebäuden, Straßen und Zügen aus der ganzen Welt bewundern. Vom 1. März bis 31. Oktober täglich zwischen 10 und 18 Uhr, in den Wintermonaten nur samstags und sonntags geöffnet. – Über Großholzleute fährt man nach Isny.

Dort muß man durch das Stadtzentrum, um auf die Straße nach Kißlegg über Neutrauchburg, Gottrazhofen und Zaisenhofen zu gelangen. Die Straße verläuft auf einer längeren Strecke parallel zur Unteren Argen, welche bei Langenargen in den Bodensee mündet. Kißlegg (648) liegt zwischen zwei Moorseen und besitzt zwei, nicht öffentlich zugängliche Schlösser.

Die Runde wird auf der „Oberschwäbischen Barockstraße" nach Wolfegg fortgesetzt; dieser Ort wurde durch sein Bauernhausmuseum und sein Automobil-Museum näher bekannt. Mitten durch die Seenplatte leitet nun die Touristenstraße über Eintürnen nach Bad Wurzach (652), ein vielbesuchtes Moorbad. Im N des Ortes erstreckt sich das Wurzacher Ried, welches unter Naturschutz gestellt wurde.

Typische Szenerie im **Alpenvorland**: kurvige Straßen durch die Hügellandschaft mit den Erhebungen des Alpenhauptkammes als Hintergrundkulisse → Route 3, Oberschwäbische Runde.

Man verläßt nun die „Oberschwäbische Barockstraße" um der „Schwäbischen Bäderstraße" nach O zu folgen. Das an der Iller gelegene Aitrach bildet den Wendepunkt der vorgegebenen Runde. Bis Moos, nahe den Stauseen, bleibt man diesseits der Iller. Dann überbrückt man sie, gewinnt am anderen Ufer einen Anstieg mit 16% und nimmt Kurs gegen den Kneippkurort Bad Grönenbach, welcher auch ein Schloß in sich birgt. Windungsreich verläuft jetzt in s. Richtung die Straße über Reichholzried und die Illerbrücke nach Krugzell (651), welches nur mehr 10 km von Kempten mit seinen zirka 60.000 Einwohnern entfernt liegt.

Variante: Von der AA-Aitrach über Volkratshofen nach Memmingen und auf der „Schwäbischen Barockstraße" (Ostroute) zur sehenswerten Klosterkirche Ottobeuren. Im O der A 7 nun über Hopferbach und Leubas zurück nach Kempten. Plus 12 km. Fahrtechnische Beurteilung: leicht bis mittel.

Variante: Von Lautrach lohnt sich die kurze Fahrt über die Iller zur Besichtigung des Bauernhofmuseums in Illerbeuren. Auf dem re. Illerufer kann man von dort aus auf einem Nebensträßchen über Wagsberg und Oberbinnwang nach Bad Grönenbach weiterfahren. Minus 6 km. Fahrtechnische Beurteilung: mittel bis schwierig.

4 Zwischen Iller und Bodensee*

Route: Immenstadt (728) – Zaumberg – Sibratshofen – Ebratshofen – Stiefenhofen – Genhofen – Simmerberg – Weiler – Bremenried – Bösenscheidegg – Scheidegg – Weienried – Lutzenreute – Eichenberg – Lochau – Bregenz – Fluh – Langen – Hintergschwend – Fischanger – Eschau – Schönenbühl – Oberhaus – Sulzberg – Doren – Zwing – Krumbach – Langenegg – Lingenau – Hittisau – Schlipfhalden – Balderschwang – Riedbergpaß (1420) – Obermaiselstein – Ofterschwang – Bihlerdorf – Immenstadt. 136 km.

Fahrtechnische Beurteilung: mittel

Zeitaufwand: Tagestour

Auf dieser grenzüberschreitenden Rundfahrt wird sowohl ein Teil des w. Allgäus durchfahren, wobei man aber auch bayerische Orte berührt, als auch ein Teil des Vorderen Bregenzerwaldes. Die Fahrt entlang der Bregenzer Bucht auf dem Ostufer des Bodensees bildet einen landschaftlich deutlichen Kontrast zum Bregenzerwald mit seinem stark gegliederten Hügelland bzw. seinen abgegrenzten Höhenzügen. Sulzberg bei Doren (1013) und Schlipfhalden (1080) bei Balderschwang sind die höchstgelegenen Orte, welche man durchfährt. Der höchste anfahrbare Punkt liegt auf dem Scheitel des Riedbergpasses (1420). Fast alle erfaßten Straßen weisen einen guten Zustand auf, die früher berüchtigten Steigungen konnten gemildert werden. Maxima von 16% findet man noch auf beiden Rampen des Riedbergpasses.

Von Immenstadt zunächst auf kurvenreicher Straße hinauf zur Wasserscheide bei Zaumberg, worauf man dem Stixnerbach hinab nach Sibratshofen folgt. In weiterem Auf und Ab leitet die Landesstraße über Stiefenhofen, Ebratshofen und Genhofen nach Simmerberg und Weiler im Allgäu. Über die Nachbarorte Bremenried und Bösenscheidegg zum bayerischen Grenzort Scheidegg. Bei Weienried fährt man durch die „Eingangspforte" des Bregenzer Waldes. Die Straße führt neben dem Rieder Bach zur Wegevereinigung Lutzenreute hinab und man setzt seine Rundfahrt auf aussichtsreichen Serpentinen über Eichenberg nach Lochau fort. Auf der stark frequentierten Uferstraße erreicht man den Stadtkern von Bregenz. Der Transitverkehr,

Unberührte, prächtige Blumenwiesen und Waldabschnitte durchfährt man auf der Westrampe des auf beiden Seiten kehrenlosen **Riedbergpasses (1420)** → Route 4 und Route 5.

Zur Verkostung von selbstgemachtem, würzigen Bergkäse bieten mehrere Käsereien im **Balderschwanger Tal** Gelegenheit. Die Direktvermarktung erfreut sich sowohl bei den Herstellern als auch bei den Kunden großer Beliebtheit; man achte auf entsprechende Hinweistafeln → Route 4 und Route 5.

Blick von der Scheitelhöhe des **Riedbergpasses (1420)** in Richtung Süden; seine nach Obermaiselstein hinabführende Ostrampe wurde im Bj. ausgebaut und verbreitert → Route 4 und Route 5.

vor allem der Schwerverkehr, wurde im Abschnitt Lochau–Wolfurt auf den 6719 m langen, mautfreien Pfändertunnel verlagert, dessen Südportal sich in Weidach unweit der Bregenzerach befindet.

Aus dem Zentrum von Bregenz leitet die Schloßbergstraße in Richtung Gebhardsberg. Man steigt auf einer Kammstrecke der Fluher Straße weiter an. Der Ort Fluh (743) befindet sich in guter Aussichtslage mit Blick auf den Säntis. Beim Abstieg in den Wirtatobel hat man ein stärkeres Gefälle von max. 19% auf einem nur knapp zweispurigen Abschnitt zu bewältigen. 6 km ab Bregenz mündet die Fluher Straße in die vorzüglich ausgebaute Langener Straße ein. Um nach dem hochgelegenen Sulzberg zu gelangen, verläßt man diese Straße bei Fischanger und folgt re. der Straße über Eschau, Tobel, Schönenbühl und Oberhaus auf die Sonnenterrasse von Sulzberg.

Nun strebt man nicht einem der nahen Grenzübergänge zu, die in den Raum Oberstaufen hinüberleiten, sondern man fährt nach Doren hinab und überbrückt bei Zwing die Weißach. Von Krumbach unternimmt man den kleinen Umweg über Langenegg, Lingenau und fährt nach Hittisau weiter; dort folgt man der Bolgenach zur wichtigen

Skizze 4 Zwischen Iller und Bodensee

Straßenteilung beim Gh. „Tannenbaum“: den re. Zweig über das Gh. „Waldrast“ (1030) hinab nach Sibratsgfäll (929) befährt man nicht. Hingegen benützt man die linke, 7 m breite Straße durch das Balderschwanger Tal, welche nur mäßig nach Schlipfhalden ansteigt. Im Ort Balderschwang (1044) hat man bei manchen Bauern Gelegenheit, selbstgemachten Bergkäse zu erstehen.

Die erst im Jahre 1961 fertiggestellte Bergstraße über den Riedbergpaß (1420) verbindet Balderschwang mit Obermaiselstein. Sie trennt zwei geologisch recht gegensätzliche Gebirgsformationen, im S den Schrattenkalk mit den bizarren Gottesackerwänden von den, im N sanft geschwungenen Höhenzügen mit den fruchtbaren Flyschböden rund um das Riedberger Horn (1786). Die Fahrbahnbreiten schwanken zwischen 4 und 7 m, die Höchststeigungen erreichen 16%. Die Paßstraße weist auf beiden Seiten mehrere Brücken auf. Von Obermaiselstein verläuft die Straße in Terrassenlage über Ofterschwang nach Bihlerdorf. Von Bihlerdorf hat man bis Immenstadt nur noch 5 km auf einer relativ verkehrsarmen Nebenstraße zurückzulegen.

Variante: Vom Grenzort Weienried auf der neu trassierten Rucksteigstraße bei ausgewogenem Gefälle von 11% hinab nach Leutenhofen und über Maria Stern nach Lochau. Plus 1 km. Fahrtechnische Beurteilung: leicht.

Abstecher: Von der Fluher Straße, wenige Kilometer außerhalb von Bregenz, zweigt re. die 400 m lange Zufahrt zum Gebhardsberg ab, grüne HT. Die kleine Kirche neben der ehem. Burg Hohenbregenz ist ein beliebter Wallfahrtsort der Bodenseegemeinden. Sie ist dem hl. Gebhard, dem ehem. Bischof von Konstanz und Schutzpatron des Bodensees, geweiht. Die ehem. Burg (590) beherbergt ein Restaurant, von dem aus man, wie von einer Kanzel, hervorragende Tiefblicke auf die Bregenzer Bucht genießen kann. Hin und zurück 800 m. Fahrtechnische Beurteilung: leicht.

Abstecher: Von Bihlerdorf bei Sonthofen nach Hindelang (825) und über die Jochstraße mit ihren 107, teilweise engen Kurven hinauf zum Ferienort Oberjoch (1150). Diese Bergstraße wurde bereits im Mittelalter als Saumweg angelegt, um das Salz von Hall in Tirol zum Bodensee zu transportieren; heute wird sie als „Deutschlands kurvenreichste Straße" betitelt. Sie weist normale Fahrbahnbreiten auf und hat ausgewogene Steigungsverhältnisse von zirka 8%. Als Aussichtskanzel dient eine bezeichnete Felspassage. Hin und zurück 32 km. Fahrtechnische Beurteilung: mittel.

5 Rund um die Allgäuer Alpen*

Route: Sonthofen (742) – Hindelang – Oberjochpaß (1178) – Schattwald – Tannheim – Haldensee – Nesselwängle – Gaichtpaß (Engpaß) – Weißenbach am Lech – Stanzach – Elmen – Häselgehr – Elbigenalp – Bach – Holzgau – Steeg – Warth – Hochtannbergpaß (1676) – Schröcken – Au – Schnepfau – Mellau – Egg – Hittisau – Balderschwang – Riedbergpaß (1420) – Obermaiselstein – Fischen – Sonthofen. 186 km.

Fahrtechnische Beurteilung: mittel

Zeitaufwand: Tagestour

Die Rundtour umschließt einen Teil des Oberen Allgäus, des Tiroler Außerferns und des Bregenzerwaldes (Vorarlberg) und vermittelt dadurch einen repräsentativen Querschnitt der drei vielbesuchten Alpenregionen. Die touristischen Höhepunkte heißen auf der Hauptroute Oberjoch, Haldensee, Hochtannberg. Von den Abstechern verdienen wegen ihrer landschaftlichen Lage die kleinen Orte Kaisers und Lechleiten besondere Erwähnung. Die deutsch-österr. Staatsgrenze wird nur zweimal überschritten. Das touristische Ballungszentrum im Raum von Oberstdorf läßt sich großzügig umfahren.

Im Hochsommer ist die Scheitelhöhe des modern trassierten **Hochtannbergpasses (1676)** von bunten, üppigen Blumenteppichen umgeben → Route 5, Rund um die Allgäuer Alpen.

Vom Garnisonsort Sonthofen zunächst auf der B 308, von der Ostrach begleitet, nach Hindelang (825), das im S umfahren wird. Am ö. Ortsrand beginnt die Jochstraße, welche mittels 10 Kehren bis zum Ort Oberjoch (1150) einen HU von 325 m auf einer Länge von 6 km überwindet. Die durchschnittliche Steigung liegt zwischen 8 und 9%. In Oberjoch mündet die von Wertach heraufziehende B 310 in die beschriebene Route ein. Hochmoore kennzeichnen das Umfeld der Scheitelstrecke, die gut ausgebaut wurde. Nach weiteren 3 km gelangt man zum Oberjochpaß (1178).

Die Straße hinab nach Schattwald weist ein Gefälle von max. 12% auf. Nur wenige Kilometer sind es noch nach Tannheim, dem Hauptort des gleichnamigen Tales. Die Fahrbahnbreiten sind starken Schwankungen unterworfen. In den Ortsdurchfahrten gibt es Engstellen. – Für die Zufahrt von Tannheim (1097) zum reizvoll gelegenen Vilsalpsee sieht eine Neuregelung vor, in diesem Seitental einen besonders wirksamen Umweltschutz durch Fahrverbote einzurichten.

Die Tannheimer-B 199 setzt sich zum Ort Haldensee fort und leitet über das Nordufer des lieblich eingebetteten Haldensees (1124) zur Hausergruppe Haller. Wenig weiter fährt man über die Wasserscheide, den Sattel von Nesselwängle (1136). Nachdem man an der Rauthkapelle (1110) vorbeigefahren ist, verschwindet die Straße im engen Tal wie in einem Schlund. Bemerkenswert sind die Rückblicke auf die Tannheimer Berge. Der Gaichtpaß, eine Engstelle des Weißenbachtales, wird mit einer Straßenbrücke überwunden. Den HU von zirka 400 m hinab in das Lechtal bewältigt man mit nur vier Kehren; sie besitzen in den Wendepunkten einen relativ engen Kurvenradius! In Weißenbach am Lech (885) trifft man auf die modern ausgebaute B 198.

Man folgt dieser Bundesstraße talein. Forchach, Stanzach, Elmen, Häselgehr, Elbigenalp, Bach, Holzgau und Steeg werden teilweise durchfahren, teilweise nur berührt. Im Abschnitt Weißenbach–Elbigenalp erlaubt der Ausbauzustand gute Reisedurchschnitte. Lechaufwärts nimmt dann die Straße einen zunehmend gewundenen Verlauf; die Verkehrsflüssigkeit wird durch mehrere Ortsdurchfahrten herabgemindert, so in Bach, Stockach und Holzgau. Man begegnet im Lechtal manch barockem Bauernhaus, dessen Fassade durch bunte „Lüftlmalerei" lebendig gestaltet wurde.

Hinter Steeg (1122) verengt sich das Tal schluchtartig. Hinauf nach Warth (1494) überwindet die vorzüglich ausgebaute Straße einen HU von fast 400 m. In den Kehren weist die Fahrbahn Überbreiten auf. Mehrere Kunstbauten bieten Schutz vor Steinschlag bzw. Lawinenabgängen. Mit einer letzten Steigungsstrecke erreicht man das, hinter der Tiroler Landesgrenze exponiert liegende Dorf Warth. Die Ausblicke richten sich vor allem auf die Allgäuer Alpen mit dem Biberkopf (2599) im Vordergrund. Die max. Steigung beträgt nur mehr 8%. Wegen der Länge der Steigungsstrecke wurde außerdem eine Kriechspur angelegt.

Die Hochtannbergstraße ist wichtiges Bindeglied zwischen dem Arlberg und dem Hinteren Bregenzerwald. Sie schließt in Warth an die B 198 an. Als Touristenstraße leitet sie durch eine landschaftlich besonders anziehende Region, welche vom Widderstein, einem nach S vorgeschobenen Doppelgipfel, beherrscht wird. Zwischen Warth und Hochkrumbach bieten mehrere Kunstbauten Schutz vor Lawinenabgängen. Von Warth bis zur Scheitelhöhe (1676), die auch unter der Bez. „Hochkrumbach-Sattel" bekannt wurde, ist der HU mit nur 175 m relativ gering; hingegen ist die w. Rampe stärker ausgeprägt als die ö., wobei die Talstufe hinab nach Schröcken (1269) einen HU

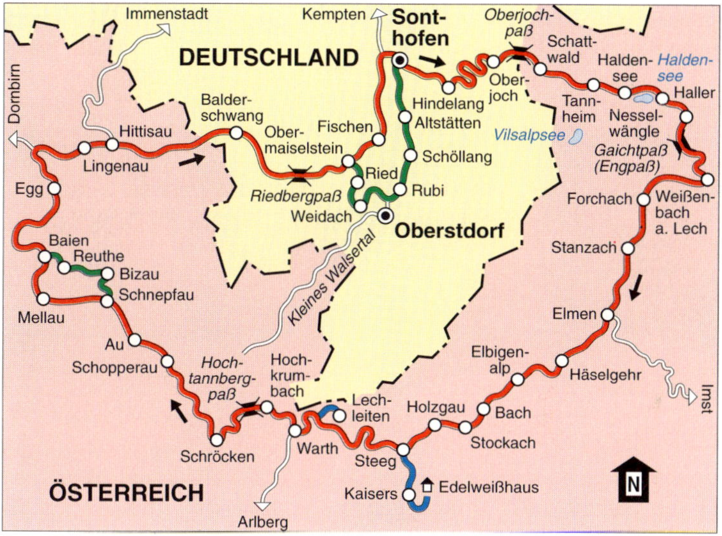

Skizze 5 Rund um die Allgäuer Alpen

von runden 400 m bewältigt. Die alte Straße im Abschnitt Schröcken–Neßlegg mit ihren extrem engen Kehren mußte einer neuen, 3 km langen Trasse weichen. Der Hochtannbergpaß ist jetzt auch absolut wintersicher. Durch diesen großzügigen Umbau konnten auch die Steigungsverhältnisse günstiger gestaltet werden. Sie betragen jetzt max. nur mehr 9%!

Der Abschnitt Schröcken–Schoppernau–Au der Bregenzerwald-B 200 und ihre Fortsetzung entlang der Bregenzerach wurde bis in den Raum von Egg stark modernisiert: neue Straßenbrücken überspannen die großen Wasserläufe und gewährleisten eine bessere Linienführung der Verkehrswege. Ein besonderer Wesenszug des Mittleren Bregenzerwaldes sind die zahlreichen Aulandschaften, was in den Orts- und Flurnamen wie Au, Schnepfau, Hirschau, Mellau, Bizau und Bezau zum Ausdruck kommt. Hierzu kann man auch die zu durchfahrenden Orte Lingenau und Hittisau rechnen. – Beim Bahnhof Schwarzenberg quert man die Trasse der an Samstagen, Sonn- und Feiertagen zwischen Bezau und Bersbuch verkehrenden Bregenzerwaldbahn. Das „Wälderbähnle" wird mit historischen Dampf- und Dieselloks betrieben.

Großzügig ausgebaut zeigen sich die Fahrbahnbreiten der B 198 im Streckenabschnitt zwischen den Lechtaler Orten **Steeg** und **Warth** → Route 5, Rund um die Allgäuer Alpen.

Blick vom wichtigen Verkehrsknoten **Müselbach** auf das Dorf und die jenseits der Bregenzerach gelegenen Hänge von Langenegg → Route 5, Rund um die Allgäuer Alpen.

In Hittisau (790) ändert man seine Fahrtrichtung entscheidend, indem man die B 205 verläßt und der L 5 ostwärts folgt. Die Fahrbahnbreiten der Hittisauer Landesstraße schwanken bis zur Staatsgrenze bei Schönhalden bzw. Schlipfhalden zwischen 6 und 7 m; diese 9 km lange Strecke ist durchgehend asphaltiert. Die Höchststeigung beträgt 10%. Der grenznahe Ort Balderschwang (1044) wurde früher wegen seiner Verkehrsabgeschiedenheit von den Einheimischen als „Bayerisches Sibirien“ bezeichnet.

Die Höhenstraße über den Riedbergpaß erreicht oberhalb des Ränkertobels mit 1420 m Seehöhe ihren Scheitelpunkt. Sie zählt zu den wenigen Hochstraßen Deutschlands, welche diese Höhe überhaupt erreichen. Die Fahrbahnbreiten schwanken auf der Westrampe zwischen 3.5 und 7 m, auf der Ostrampe zwischen 5 und 7 m. In den obersten Abschnitten wurden beiderseits Steigungsmaxima von 16% gemessen. Auf der Ostrampe ist der Besler (1680) die markanteste Erhebung. Man passiert den Ort Obermaiselstein (859) und trifft wenig weiter bei Fischen im Allgäu (761) auf die stark frequentierte B 19, welche zur Straßenvereinigung mit der B 308 am w. Ortsrand von Sonthofen zurückleitet.

Variante: Bei Schnepfau bietet sich alternativ zur B 200 eine Fahrt über das Schnepfegg (902) nach Bizau und Reuthe an, welche besonders das Interesse von Zweiradfahrern erweckt. Das gilt sowohl für die landschaftlichen Eindrücke als auch für die meisterhafte Anlage des Bergsträßchens durch ein für den Straßenbau geologisch schwieriges Gebiet. Die Steigungen erreichen Maxima von 13%, durchgehend wurde Asphaltbelag aufgetragen. – Die durch Leitplanken randgesicherte Schnepfauer Rampe wartet mit einer kurzen, aber kühnen Trassenführung auf; sie ist nur einspurig und hat wenig Ausweichstellen. Von der Scheitelhöhe hat man nach S den eindrucksvollen Blick auf die Kanisfluh mit ihren steil abfallenden Wänden. Mischwaldparzellen und Feuchtgebiete erfreuen die Sinne der Tourenfahrer auf der Bizauer Rampe; sie weist zunächst einen großzügig ausgebauten Abschnitt auf, ehe eine Gruppe enger Kehren, die durch Leitplanken abgesichert sind, nach Bizau hinableitet. – Unterhalb der Hirschberglift-Talstation findet man einen Großparkplatz vor. Die 1850 m lange Sommerrodelbahn überwindet mit 70 Kurven einen HU von 400 m. – Bei Baien mündet man wieder in die B 200 ein. Plus 2 km. Fahrtechnische Beurteilung: mittel bis schwierig.

Variante: Zwischen Obermaiselstein und Sonthofen gibt es alternativ zur Hauptroute eine verkehrsberuhigte Entlastungsstrecke, welche folgenden Verlauf nimmt: Obermaiselstein, Pied, Weidach, Breitachbrücke, Rubi im N von Oberstdorf, Reichenbach, Schöllang, Hinang, Altstädten, Sonthofen. Plus 12 km. Fahrtechnische Beurteilung: leicht bis mittel.

Abstecher: Von Steeg (1122) zum Edelweißhaus (1530) in Kaisers. Die zweispurig ausgebaute und asphaltierte Kaiserer-L 268 überwindet hier bei einer Streckenlänge von 4.3 km runde 400 m HU. Geschwindigkeitslimit 30 km/h! Das Steigungsmaximum beträgt 12%, der Sicherheit dient eine zirka 100 m lange Lawinengalerie. Das einsame Dorf Kaisers befindet sich in prächtiger Aussichtslage. Vom Edelweißhaus hat man faszinierende Ausblicke durch das Almajurtal auf die meist schneebedeckte Valluga (2811) im Arlberggebiet; ihr Sendemast, welcher den Gipfel krönt, ist weithin sichtbar. Hin und zurück 9 km. Fahrtechnische Beurteilung: mittel.

Abstecher: Von der B 198 wenig ö. von Warth zum Holzgauer Haus (1512) in Lechleiten. Von der stark modernisierten Lechtalstraße zweigt in ihrem oberen Abschnitt nahe dem Waldheim nach N ein schmales Asphaltsträßchen zum bewirtsch. Holzgauer Haus ab, HT. Es wurde vollkommen mit kleinen Holzschindeln verkleidet, wie dies in diesem Landstrich üblich ist. Das Sträßchen steigt bei max. 13% noch bis zum Kirchlein von Lechleiten (1540) an und endet nach 2.5 km ab B 198 bei den letzten Häusern bzw. am Beginn des Anstiegsweges zum markanten Biberkopf (2599), einem prächtigen Aussichtsberg. Hin und zurück 5 km. Fahrtechnische Beurteilung: leicht bis mittel.

6 In den Ammergauer Bergen*

Route: Echelsbacher Brücke – Saulgrub – Unterammergau – Oberammergau – Graswang – Linderhof – Ammersattel (1082) – Plansee – Kreckelmoos – Reutte – Ehenbichl – Rieden – Weißenbach am Lech – Gaichtpaß (Engpaß) – Nesselwängle – Haller – Haldensee – Grän – Enge – Gh. Fallmühle – Pfronten – Zell – Eisenberg – Enzenstetten – Seeg – Sulzberg – Roßhaupten – Lechbruck – Steingaden – Kohlhofen – Echelsbacher Brücke. 130 km.

Fahrtechnische Beurteilung: leicht bis mittel

Zeitaufwand: Halbtagestour

Diese grenzüberschreitende Rundfahrt verläuft vorwiegend durch das bayerische Alpenvorland; man kann auf ihr ein Wechselspiel zwischen Natur und Kultur erleben. Die Schönheiten der Natur sind in den Tiroler Bergen und an den zahlreichen Seen und Wasserläufen im Ostallgäu besonders ausgeprägt. Unter den kulturellen Sehenswürdigkeiten ragen die Klosterkirche in Ettal, das Schloß Linderhof und die berühmte Wieskirche in der Umgebung von Steingaden hervor.

Im Frühling präsentiert sich die Vegetation des **Plansees** noch relativ karg. Bänke und zum Picknick geeignete Plätze laden zum Verweilen ein → Route 6, In den Ammergauer Bergen.

Vom Straßenknoten an der Echelsbacher Brücke über die Ammer zunächst auf modernisierter Straße nach Oberammergau. Besondere Vorsicht erheischen die beiden schienengleichen Bahnübergänge in Saulgrub und in Unterammergau. Die Durchfahrt des Passionsspielortes Oberammergau ist verwinkelt und daher unübersichtlich. – Vom s. Ortsrand zweigt re. die Direktverbindung in Richtung Graswang und Linderhof ab. Diese Straße ist an Sonn- und Feiertagen und während der Hauptreisesaison bis zu den gebührenpflichtigen Parkplätzen in Linderhof stets stark frequentiert. Das Märchenschloß Linderhof, inmitten des einsamen Ammergebirges gelegen, wurde in verschwenderischer Rokoko-Architektur für König Ludwig II. erbaut und ist samt seinen Gartenanlagen eine außerordentliche Sehenswürdigkeit, zu der auch Besucher aus fremden Kontinenten anreisen.

Die Fortsetzung der Rundfahrt über den Lindergrieß zum Ammersattel ist verkehrsarm. Von Linderhof (948) hat man bis zur Wasserscheide am Ammersattel (1082) zirka 7 km, bis nach Reutte 26 km zurückzulegen. Die max. Steigung beträgt am Sattel 13%. Die Fahrbahnbreiten schwanken zwischen knapp 5 und 6 m. In der Regel bleibt der Übergang von Ostern bis Anfang November geöffnet, bei Schneelage außerhalb dieses Zeitraumes muß mit Sperren gerechnet werden. Den Plansee erreicht man beim Hotel „Forelle“ (979). Die Straße verläuft über das Nordufer des Sees zum Hotel „Seespitze“, zuletzt am Kleinen Plansee entlang, teilweise schmal hinab nach Kreckelmoos und zur Einbindung in den Straßenknoten Reutte-Ost.

Im Zentrum von Reutte (853) folgt man li. der Straße am Fuße des Sinnwag in Richtung Ehenbichl, bleibt auf dem re. Lechufer, umfährt das Dorf Rieden und überquert bei Weißenbach am Lech die B 198. – Von Weißenbach gewinnt man auf der Tannheimer-B 199 durch vier, teilweise enge Kehren rasch an Höhe. Bis zum Scheitelpunkt bei Nesselwängle (1136) überwindet man einen HU von zirka 400 m. Die Wasserscheide bildet nicht, wie vielfach angenommen, der nach dem Weiler Gaicht benannte Engpaß, sondern der höher gelegene Sattel von Nesselwängle.

Die Steigungen betragen auf der Bergstrecke durchschnittlich 7%. Von den Wendepunkten der Kehren hat man gute Ausblicke, vor allem hinab in das Lechtal. Der Brückenschlag der 97 m langen Bogenbrücke über die Gemstalschlucht entschärfte den eindrucksvollen, jedoch durch Felsstürze gefährlich gewordenen Streckenabschnitt unterhalb der überhängenden Felsen. Die Fahrt durch das Tannheimer Tal bietet oberhalb der Kapelle an der Zufahrt nach Rauth herrliche Ausblicke auf Gehrenspitze, Kellesspitze, Gimpel und Rote Flüh. Die engen Ortsdurchfahrten von Nesselwängle, Haller und Haldensee erfordern erhöhte Vorsicht und bei Staubildung entsprechende Geduld. Der Haldensee (1124) ist lieblich in die Talung eingebettet; man umfährt ihn auf seinem Nordufer.

Ein bedeutsamer Abschnitt der Rundfahrt ist die 12 km lange Straßenverbindung von Grän (1134) nach Pfronten-Steinach, weil sie eine kurze und direkte Zufahrt vom Tiroler Außerfern in das östliche Allgäu herstellt. Angesichts des Aggensteins fährt man durch das Engetal und passiert die Staatsgrenze. Der modern ausgebaute Verkehrsweg, auf bayerischer Seite „Achtalstraße“ genannt, leitet im Tal der Achen am bekannten Gh. „Fallmühle“ vorbei. Von den Brückenbauwerken besticht die mit hohem Aufwand errichtete große Achtalbrücke. Nach Überwindung eines HU von 300 m mündet der normal breite und durchgehend asphaltierte Straßenzug bei Pfronten-Steinach (850) in die B 309 ein. Unter dem Sammelnamen „Pfronten“ wurden 13, früher selbständige Ortsteile zusammengeschlossen.

Skizze 6 In den Ammergauer Bergen

Um auf kürzestem Weg nach Zell und Eisenberg zu gelangen, muß man nicht durch den gesamten Siedlungsraum von Pfronten fahren, sondern benützt von Steinach die Hauptstraße nur bis Ösch, zweigt dort re. ab, quert den Bahnkörper und die Vils. Bei der Stoffelmühle hält man sich scharf li. und nimmt Kurs nach N. Die B 310 kreuzt man außerhalb von Pfronten. Auf der Strecke zwischen Zell und Eisenberg hat man li. die Ruine Hohenfreyberg (1046) auf einem Vorberg in prächtiger Aussichtslage und wenig weiter die Ruine Eisenberg.

Von Seeg leitet eine gut ausgebaute Verbindungsstraße über Sulzberg nach Roßhaupten; man quert dort die B 16 und gelangt unterhalb von Lechbruck zur Staustufe 3 des Lechs. Dann auf guter Ne-

Im Gegensatz zum Großen Plansee mit seinem dunkelblauen Wasser zeigt sich der **Kleine Plansee** nahe dem Gh. „Seespitze“ in hellerem Türkis → Route 6, In den Ammergauer Bergen.

benstraße nur 6 km bis Steingaden an der B 17. Etwas bescheidener ausgebaut ist die wichtige Verbindungsstraße von Steingaden zur Echelsbacher Brücke, 9 km.

Variante: Von Oberammergau über Ettal nach Linderhof. Für kulturell Interessierte lohnt es sich, einen kleinen Umweg in Kauf zu nehmen. Das Benediktinerkloster und die Wallfahrtskirche St. Maria liegen in Ettal unmittelbar an der Straße in Richtung Garmisch-Partenkirchen. Bei der sehenswerten Kirche handelt es sich um einen ungewöhnlichen gotischen Zentralbau, welcher unter Einfügung einer Mittelstütze gewölbt wurde. Der barocke Umbau fand Mitte des 18. Jh. statt; prachtvoll ist die Innenausstattung. Die Rückfahrt zum Straßendreieck Weidmoos, welches von der Ammer diagonal durchflossen wird, erfolgt von der beschilderten Abzweigstelle, nur wenig außerhalb von Ettal, über das Gh. „Mühle“. Plus 3 km. Fahrtechnische Beurteilung: leicht.

Abstecher: Von Pfronten-Ösch auf den Falkenstein. Vom Zentrum Pfrontens (853) am Bahnhof vorbei (dort beschrankter, schienengleicher Übergang) und zunächst hinauf nach Meilingen. An der beschilderten Abzw. „Falkenstein“ re. abbiegen und dem geteerten Sträßchen durch ein liebliches Hügelland mit Blick zum Breitenberg und zum Kienberg folgen. Man kommt li. an einem größeren Terrassenparkplatz vorbei und setzt seine Fahrt bis an den

Rand des Hochwaldes fort. Dort Straßenteilung: geradeaus das Falkensteinsträßchen, welches sich auf durchwegs bewaldeter Strecke und mit langgezogenen Serpentinen auf der nö. Seite des Falkensteinkammes bis zum Burghotel (1250) emporwindet, 9 km. Es hat vorwiegend Naturbelag, aber auch einen asphaltierten Abschnitt.

Im Bj. war zwar am Beginn dieser Bergstraße eine Tafel „Allgemeines Fahrverbot" aufgestellt, doch ist es Tagesgästen des Restaurants erlaubt, bis zum bez. Gästeparkplatz unterhalb des Hotels zu fahren, während Pensionsgästen die Auffahrt bis direkt zum Haus gestattet ist. Vom Tagesgäste-Parkplatz hat man nur noch eine kurze Wegstrecke durch enge Kehren bei einem Steigungsmaximim von 15% zurückzulegen, während Fußgänger ihr Ziel in 15 Min. erreichen können. Erwähnenswert ist die Gedenkstätte für die Gefallenen der 97., leichten Gebirgsdivision (Spielhahnfeder-Division) nur wenig oberhalb des Sträßchens. – Auch die knapp zweispurige, kurze Zufahrt von der Straßenteilung am Beginn des Hochwaldes re. zur Schloßanger Alp (1130) wartet mit einer merklichen Steigung auf. Sie mündet in einen geräumigen Parkplatz vor dem Berghotel „Schloßanger Alp".

Die eigentliche Attraktion ist nicht die Burgruine Falkenstein, an deren Stelle König Ludwig II. ein Prachtschloß errichten wollte und für dieses Vorhaben das Bergsträßchen bis zum heutigen Burghotel bauen ließ, sondern das umfassende Gipfelpanorama: im N und O hat man das Seengebiet des Voralpenlandes mit Weißensee, Hopfensee und Forggensee, im S den Breitenberg und die Tannheimer Berge, im O Säuling und Ammergebirge. Hin und zurück 18 km. Fahrtechnische Beurteilung: mittel.

Abstecher: Von Lechbruck auf den Auerberg (1055). Wählt man den Abstecher zu diesem anfahrbaren Aussichtspunkt von S her, so verläßt man in Lechbruck die Straße nach Steingaden, fährt nicht über die Lechbrücke, sondern benützt das Sträßchen nach Bernbeuren (773). Man folgt nun der Beschilderung zum Auerberg auf einer schmalen Bergstraße (samstags, sonn- und feiertags ganztägig, werktags von 16 bis 23 Uhr für Motorräder gesperrt). Der Auerberg ist, wie auch der Peißenberg, eine weit nach N vorgeschobene Erhebung, welche durch die Gletscherströme der Eiszeit bewirkt wurde. Die Kuppe besteht vornehmlich aus Moränenschuttmaterial. Die Ausblicke richten sich vor allem nach S auf den Forggensee und die Füssener Hausberge. Hin und zurück 17 km. Fahrtechnische Beurteilung: mittel.

Abstecher: Von Kohlhofen zur Wieskirche (870). Der Abzweig zu diesem äußerst besuchenswerten Rokoko-Kleinod befindet sich an der Verbindungsstraße von Steingaden zur Echelsbacher Brücke. Man fährt direkt nach S und erreicht nach 3 km die prachtvolle Wallfahrtskirche „Zum gegeißelten Heiland auf der Wies", welche 1754 errichtet wurde. Hin und zurück 6 km. Fahrtechnische Beurteilung: leicht bis mittel.

7 Rund um den Peißenberg

Route: Weilheim (562) – Oderding – Peißenberg – Hohenpeißenberg – Kranau – St. Leonhard im Forst – Zellsee – Wessobrunn – Riedhof – Reichling – Kinsau – Apfeldorf – Schongau – Hohenfurch – Schwabsoien – Dienhausen – Osterzell – Sachsenried – Schwabsoien – Schwabbruck – Burggen – Dessau – Urspring – Steingaden – Ilgen – Rudersau – Rottenbuch – Böbing – Schöffau – Uffing – Murnau – Lothdorf – Höhlmühle – Habach – Antdorf – Stadel – Marnbach – Magnetsried – Bauerbach – Rauchmoos – Weilheim. 193 km.

Fahrtechnische Beurteilung: mittel

Zeitaufwand: Tagestour

Kurvenfans werden auf dieser Rundfahrt ihr Fahrvergnügen finden! Vom touristischen Mittelpunkt Peißenberg aus betrachtet, läßt sie sich auch als Sternfahrt auffassen. Bis auf kurze Querungen von Hauptstraßen benützt man fast nur verkehrsarme und damit auch relativ gefahrlosere Strecken. Man halte sich an die vorgegebene Fahrtrichtung, welche entgegen dem Uhrzeigersinn verläuft.

Von Weilheim über Oderding zunächst nach den Orten Peißenberg und Hohenpeißenberg. Auf einem Nebensträßchen in n. Richtung weiter nach St. Leonhard, welches durch sein Wallfahrtskirchlein bekannt wurde. Eine weitere kulturelle Sehenswürdigkeit bietet Wessobrunn mit seiner ehem. Benediktiner-Abtei. Auf dem Weg zu den Lech-Staustufen wird der Ort Rott nur tangiert. Unterhalb der Ortschaft überbrückt man den Lech, ein zweites Mal zwischen Kinsau und Apfeldorf. Durch den Schongauer Forst gelangt man re. des Lechs an Herzogsägmühle vorbei und mündet vor der Lechbrücke in die stark frequentierte B 23 ein. Das mauerumgürtete Städtchen Schongau mit seinen mittelalterlichen Wehrgängen und Türmen verdient eine nähere Besichtigung.

Die ausgebaute B 17 leitet am Berlachberg vorbei und hinauf nach Hohenfurch mit dem sehenswerten Kirchlein Mariä Himmelfahrt. Um nach Schwabsoien zu gelangen, hält man sich in Hohenfurch halbrechts (Bahnübergang). – Das Sträßchen über Schwabniederhofen

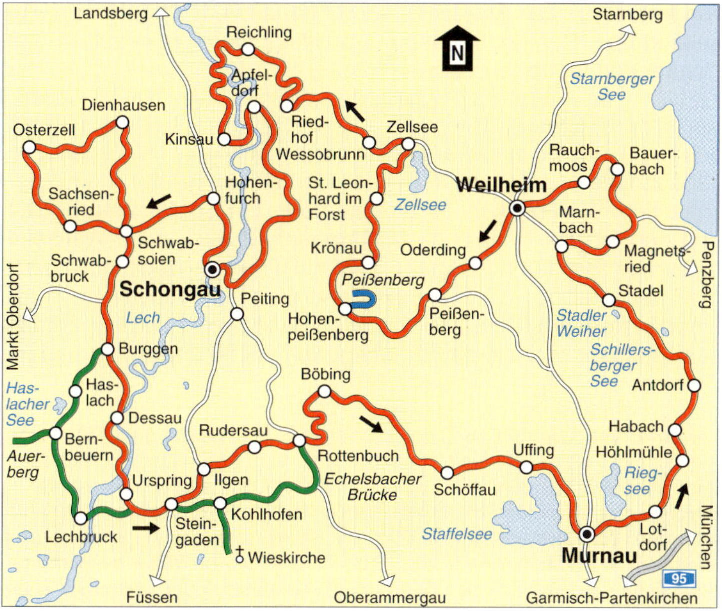

Skizze 7 Rund um den Peißenberg

war im Bj. nur einspurig befahrbar und für Pkw gesperrt; letztere benützten die Straßenverbindung von Schongau her. Eine Besichtigung der Kirche St. Michael in Altenstadt sollten kulturell Interessierte nicht versäumen!

Von Schwabsoien unternimmt man eine kleine Runde um den Fahrenberg, wobei Dienhausen, Osterzell und Sachsenried berührt werden. Die Standardstrecke setzt sich von Schwabsoien über Schwabbruck nach Burggen fort. 4 km weiter im S kommt man bei Dessau dicht an den Lech heran, überbrückt ihn aber erst vor der nächsten Staustufe w. von Steingaden.

Von Steingaden fährt man nur das kurze Stück bis Ilgen mit dem Kirchlein Mariä Heimsuchung auf der B 17, um sie dann nach re. auf dem Sträßchen über Rudersau nach Rottenbuch wieder zu verlassen. In Rottenbuch ist die Kirche Mariä Geburt für den nicht Eiligen von Interesse. Das Sträßchen nach Murnau verläuft durch ein Hügelland über Böbing, Schöffau und Uffing, wobei man zuletzt das Ostufer des Staffelsees berührt.

Ein einsames Nebensträßchen verbindet Murnau über das Südufer des Riegsees, weiters über Lothdorf und Höhlmühle mit Habach. Im benachbarten Antdorf wählt man an der Straßenteilung li. die landschaftlich reizvolle, kurvige Strecke über den Schillersberger See und den Stadler Weiher nach Marnbach. Zurück nach Weilheim hätte man zwar nur noch knapp 5 km auf direktem Wege, doch nützt man bei günstiger Witterung die Fahrt durch das Alpenvorland mit einer letzten, größeren Schleife über Magnetsried und Bauerbach zum Ausgangsort; sie ist nur einspurig, jedoch asphaltiert und im Sommer schattig.

Variante: Von Burggen über Bernbeuren auf den Auerberg (1055). Seine Aussicht ist zwar nicht vergleichbar mit jener vom Peißenberg, doch ist der Blick über den Forggensee zu den Ammergauer Bergen bemerkenswert. In Burggen muß man das Sträßchen über Haslach nach Bernbeuren (773) einschlagen. Von dort leitet eine 4 km lange Stichstraße (samstags, sonn- und feiertags ganztägig, werktags von 16 bis 23 Uhr für Motorräder gesperrt) auf den Gipfel. Zurück nach Bernbeuren und Weiterfahrt über Lechbruck nach Steingaden. Plus 12 km. Fahrtechnische Beurteilung: mittel.

Variante: Von Steingaden über die Wieskirche zur Echelsbacher Brücke und nach Rottenbuch. Diesen relativ geringen Umweg mit Besuch der berühmten Wieskirche sollte man nicht versäumen! Natur und Bauwerk sind selten so miteinander vermählt wie bei der Wallfahrtskirche „Zum gegeißelten Heiland auf der Wies“, eine der vollendetsten Schöpfungen des deutschen Rokokos aus dem Jahre 1754. Die Straße leitet von Steingaden zunächst 3 km bis Kohlhofen. Eine Abzw. wendet sich dann direkt nach S und läßt nach weiteren 3 km die Wieskirche erreichen. Zurück nach Kohlhofen und weiter über Wildsteig zur Echelsbacher Brücke und am li. Hochufer der Ammer in Richtung Rottenbuch. Plus 9 km. Fahrtechnische Beurteilung: leicht bis mittel.

Abstecher: Von Hohenpeißenberg auf den Peißenberg (988). Diese exponierte Erhebung ist einer der lohnendsten Aussichtsberge im gesamten Alpenvorland und bietet über dieses hinweg einen Überblick von den Chiemgauer Bergen bis zum Grünten. Der Gipfel des auch „Bayerischer Rigi“ genannten Berges wird von einer aus dem Jahre 1514 erbauten Wallfahrtskapelle gekrönt; dort befinden sich auch Deutschlands ältestes Observatorium (aus dem 18. Jh.) sowie eine weithin sichtbare Fernsehstation. Das Observatorium wurde von Rottenbucher Chorherren errichtet. Am Hochziel trifft man häufig Gleichgesinnte an. Hin und zurück 6 km. Fahrtechnische Beurteilung: mittel.

Die Wallfahrtskirche **„Zum gegeißelten Heiland auf der Wies“** im sogenannten Pfaffenwinkel ist eine der vollendetsten Schöpfungen des deutschen Rokokos → Route 6 und Route 7.

Kristallklar ist das Wasser der oberen **Isar** bei Vorderriß → Route 8, Zwischen Loisach und Isar. Foto Michael Braun

8 Zwischen Loisach und Isar*

Route: Bad Tölz (659) – Schlegldorf – Lenggrieser Isarbrücke – Wegscheid – Jachenau – Niedernach – Obernach – Walchensee – Urfeld – Kesselberg (858) – Kochel – Schlehdorf – Großweil – Sindelsdorf – Penzberg – Beuerberg – Königsdorf – Aug – Huppenberg – Bad Tölz. 106 km.

Fahrtechnische Beurteilung: mittel

Zeitaufwand: Halbtagestour

Die Route durchmißt von Bad Tölz aus den Isarwinkel, Teile des Estergebirges, tangiert den Walchen- und Kochelsee und durchquert dann die von der Loisach gebildete Filzlandschaft, um n. von Bad Tölz wieder das Isartal zu erreichen. Man bewegt sich vorwiegend auf ruhigeren Nebenstraßen, sieht man von kurzen Abschnitten auf der B 11 bzw. der B 13 ab, welche man in den Hauptreisezeiten zu den Nord- Süd-Transitstrecken zählen muß.

Von Bad Tölz zunächst li. der Isar über Schlegldorf, vorbei an der Lenggrieser Isarbrücke und hinter Wegscheid re. dem Lauf der Jachen taleinwärts folgend. Die als „Jachenau" bez. Talschaft kennzeichnen mehrere große Einödhöfe. Ab der Ortschaft Jachenau (790) hat man eine gebührenpflichtige Forststraße, welche über Niedernach am Südufer des Walchensees entlangzieht und bei Obernach in die sanierte B 11 einmündet. In unmittelbarer Ufernähe durchfährt man den Ort Walchensee und die vorwiegend aus Hotels bestehende Straßensiedlung Urfeld.

In Urfeld beginnt die s. Rampe der Kesselbergstraße mit ihren teilweise engen Kehren, die zur ausgeprägten Senke zwischen Jochberg und Herzogstand hinaufleiten. Man hat Ausblicke sowohl auf den Walchensee als auch in das Karwendelgebirge. Mit Erreichen der Scheitelhöhe (858) ändert sich geländebedingt die Anlage der Bergstraße. Sie wurde streckenweise begradigt, mehrere Kurven wurden entschärft, doch läßt sich ihr Alter nicht verleugnen. – Nachdem die Kesselbergstraße helle Scharen von Motorradfahrern an sich zog und etliche schwere Unfälle zu beklagen waren, wurde sie

Herrliche Ausblicke auf den Kochelsee genießt man von der Nordrampe des **Kesselberges**. Der Rastplatz ist zugleich ein Motorradfahrer-Treffpunkt → Route 8, Zwischen Loisach und Isar.

an Samstagen sowie an Sonn- und Feiertagen in der Fahrtrichtung Kochel–Walchensee für Motorradfahrer gesperrt; in der Gegenrichtung ist sie täglich frei befahrbar.

Bei trockenen Straßenverhältnissen ist die Befahrung der Kesselbergstraße ohne Zweifel ein Genuß. Die Bergstrecke im engeren Sinn mißt zwischen Kochel und Urfeld 9 km. Steigungen bzw. Gefälle sind hervorragend ausgeglichen und überschreiten 5% nicht. Die Fahrbahnbreiten schwanken zwischen 5 und 8 m. Auf der Nordrampe beeindrucken die Ausblicke von einer bez. Stelle (Abstellstreifen) über den Kochelsee hinweg durch das breite Zufluß- und Abflußgebiet der Loisach bis hinüber nach Großweil bzw. Penzberg.

Von Kochel (605) folgt man li. der schmalen Landesstraße nach Schlehdorf mit dem ehem. Augustiner Chorherrenstift, einem von weither sichtbaren monumentalen Bau. Einem breiten Interesse begegnet auf dem Weg nach Sindelsdorf das Freilichtmuseumsdorf bei Großweil → Abstecher. Die Strecke über Sindelsdorf nach Penzberg ist durch ihre Moränenhügel gekennzeichnet.

Skizze 8 Zwischen Loisach und Isar

Die für Motorradler sehr reizvolle Straße von Penzberg zurück nach Bad Tölz führt loisachabwärts zunächst nach Beuerberg. Am Nordrand des Königsdorfer Filzes gelangt man nach Königsdorf, wo man die B 11 überquert, um seine Fahrt über Aug und Huppenberg zur Isar fortzusetzen. Die gut ausgebaute, kurvige Straße leitet li. der Isar nach Bad Tölz.

In **Wallgau** nimmt die durch schönen Laubwald führende Straße zum Walchensee, einem Paradies für fast alle Wassersportler, ihren Ausgang → Route 8, Zwischen Loisach und Isar.

Variante: Von der Lenggrieser Isarbrücke auf der vorzüglich ausgebauten B 13 re. der Isar über Fleck und Winkel zum Sylvenstein-Speicher. Einmündung in die B 307 und Weiterfahrt über Neufall nach Vorderriß. Über die Isarbrücke und die gebührenpflichtige, knapp zweispurige Forststraße nach Wallgau. Zuletzt auf der ausgebauten B 11 an den Isar-Wasserfällen vorbei und, begleitet vom Obernachkanal, hinab nach Obernach, wo man wieder auf die Standardstrecke trifft. Plus 14 km. Fahrtechnische Beurteilung: leicht bis mittel.

Variante: Von Penzberg am Rande von ausgedehnten Hochmooren an den Osterseen vorbei nach Seeshaupt am Starnberger See und über St. Heinrich nach Beuerberg. Diese Alternativstrecke vollzieht sich auf für Motorradfahrer durchwegs akzeptablen Nebenstraßen, welche im Alpenvorland vorwiegend hügelauf und hügelab führen. Plus 5 km. Fahrtechnische Beurteilung: leicht bis mittel.

Abstecher: Von Vorderriß über Hinterriß zum Alpengh. „Eng" (1203). Die grenzüberschreitende, 25 km lange Straße führt aus dem Isartal in das Herz des Karwendelgebirges. Ihr Ausgangsort ist Vorderriß (782), die deutsch-österr. Grenze befindet sich wenig weiter im S. Die deutsche Strecke mißt nur 5.5 km und ist eine normal breite, zweispurige Asphaltstraße mit fast flachem Verlauf. Daran schließt die 19.5 km lange österr. Strecke an, welche bis zum „Herzoglichen Alpenhof" als Landesstraße geführt wird, ihre Fortsetzung bis in die Eng ist ein öffentlicher Interessentschaftsweg.

Für die Benützung dieser Privatstraße wird eine bescheidene Maut eingehoben. Die Fahrbahnbreiten sind kaum Schwankungen unterworfen, jedoch harren kürzere Abschnitte noch ihres Ausbaues. Es gibt mehrere unübersichtliche Kurven! Auch einige Viehroste sind zu passieren. Die Geschwindigkeitsbeschränkung beträgt an manchen Stellen 20 km/h. Parken außerhalb der bez. Plätze ist im gesamten „NSG Karwendel“ verboten. An schönen Wochenenden ist mit starkem Ausflugsverkehr zu rechnen. Der Straßenzug wird von Anfang Mai bis Ende Oktober offengehalten. Eine Besonderheit stellen die zahlreichen, bis zu 600 Jahre alten Bergahorn-Bäume dar; sie gaben dem „Großen Ahornboden“ seinen Namen und färben den Talschluß prächtig im Herbst. Hin und zurück 50 km. Fahrtechnische Beurteilung: mittel.

Abstecher: Von Großweil zum Freilichtmuseum an der Glentleiten. Die gut beschilderte, knapp zweispurige, asphaltierte Zufahrt mißt bis zum geräumigen Parkplatz im SW des Ortes 1.8 km. Das lebendig gestaltete Museumsdorf besteht aus andernorts abgetragenen Bauernhöfen, welche hier wieder original aufgebaut und eingerichtet wurden. Getreidemühle, Hammerschmiede, Wetzsteinmacherei, Kramerladen, Kornkästen, Backhäuser und Almhütten geben Einblicke in das arbeitsame und oft karge, ländliche Leben vergangener Tage. Auf dem Museumsgelände werden auch Rinder, Pferde, Schafe und Ziegen gehalten. Geöffnet Anfang April bis Ende Oktober Di. bis So zwischen 9 und 18 Uhr; Juli August sowie an Feiertagen auch montags. Hin und zurück knapp 4 km. Fahrtechnische Beurteilung: leicht bis mittel.

9 Rund um das Wettersteingebirge**

Route: Garmisch-Partenkirchen (717) – Krün – Mittenwald – Scharnitz – Seefelder Sattel (1185) – Zirler Berg – Zirl – Telfs – Holzleitensattel (1126) – Nassereith – Fempaß (1209) Biberwier – Ehrwald – Garmisch-Partenkirchen. 135 km.

Fahrtechnische Beurteilung: leicht bis mittel

Zeitaufwand: Halbtagestour

Von Garmisch-Partenkirchen Ausfahrt auf der B 2 in Richtung Mittenwald-Innsbruck, HT. Bei Kainzenbad blickt man nach re. auf die Große und Kleine Schisprungschanze, an deren Fuß sich das Olympia-Schistadion befindet. Mit scharfen Kurven beginnt die Steigungs-

Eine Fahrt durch die Buckelwiesen zwischen **Klais** und **Mittenwald** gibt Blicke auf die Westliche Karwendelspitze (2385) frei → Route 9, Rund um das Wettersteingebirge. Foto Thanalak Denzel

strecke, welche jedoch bald einen übersichtlichen Verlauf nimmt. Im Raum von Kaltenbrunn achte man auf die Geschwindigkeitsbeschränkungen und Überholverbote, welche häufig überwacht werden. Beim Bahnhof von Klais, der höchstgelegenen Schnellzugstation Deutschlands, fährt man geradeaus weiter und umrundet die ausgedehnten Buckelwiesen. S. von Krün erreicht man das Isartal und benützt die Umfahrung von Mittenwald.

Von Garmisch bis in den Raum von Scharnitz bieten sich ausgezeichnete Blicke sowohl auf das Wettersteingebirge als auch in das Karwendelgebirge. Letztere werden noch auf der alternativen Strecke zwischen Klais über die Schmalseehöhe (965) auf dem Weg in den Ort Mittenwald übertroffen. An der Scharnitzer Klause (955) passiert man die deutsch-österr. Grenze. Außerhalb von Scharnitz weitet sich die Talung in Richtung Gießenbach.

Bei gut ausgewogenen Steigungsverhältnissen leitet die hervorragend ausgebaute Bergstrecke (teilweise mit Kriechspuren versehen) hinauf zum Seefelder Plateau. Der vielbesuchte Ort Seefeld i.T. (1176) wird im O über den Seefelder Sattel (1185) umfahren, wobei man das ehem. „PlayCastle“, eine originell nachgebaute Burg mit Zinnen und Türmen passiert. Im S öffnet sich der faszinierende Blick auf die Kette der Kalkkögel, welche auch „Innsbrucker Dolomiten“ genannt werden. Von den Gletschern tritt die Gfrorene Wand aus dem Olperergebiet ins Blickfeld.

Die Panoramastrecke über Reith und Leithen (1060) mündet unvermittelt wie in einen Schlund in die stets stark frequentierte Zirler Bergstraße ein. Bergab gelangt man bald zur Linser Kehre, einer großzügig ausgebauten Spitzkehre mit Abstellplätzen beim Rasthaus. Mit max. 16% senkt sich die Straße unterhalb der Ruine Fragenstein nach Zirl (622) hinab. Die erste Ausfahrt re. darf man vor Zirl nicht verfehlen, HT! Mitten durch den Ort gelangt man direkt auf die Tiroler-B 171. – Während sich der große Verkehr zwischen Zirl und Telfs auf der Inntalautobahn abwickelt, nimmt die linksufrig geführte, ausgebaute B 171 im wesentlichen den lokalen Verkehr auf und wird deshalb auch nur schwach frequentiert (Vorsicht erheischen jedoch die zahlreichen Radfahrer!).

Von Telfs leitet die B 189, HT Fernpaß, durch eine bewaldete Talung nur mäßig ansteigend auf das sonnige Mieminger Plateau mit den Orten Obermieming, Barwies und Obsteig (991). Ein letzter Anstieg, auf im Bj. nicht ausgebauter Teilstrecke, führt kurvig durch dunklen Fichtenwald und freundliche Lärchenwälder hinauf zur Kammstrecke des landschaftlich besonders reizvollen Holzleitensattels, max. 12% Steigung. Die Westrampe wurde zur Gänze neu trassiert, wobei die Scheitelstrecke in eine großzügig ausgebaute Bergstrecke überleitet. Das Gefälle ist optimal ausgewogen. Durch die Anlage von Kriechspuren auf der Steigungsstrecke sind Überbreiten der Fahrbahn entstanden. Man durchfährt zwei Kehren mit jeweils großem Krümmungsradius und hat dann eine weit ausholende, sehr übersichtliche Schleife, auf der man die Niederung des Gurgltales gewinnt. Der Ort Nassereith (838) wird im W auf einer 3.5 km langen Strecke mit Tunnel, Galerie und Unterflurtrasse umfahren.

Der Fernpaß (1209) kann in der Regel nur im kaum abreißenden Kolonnenverkehr bewältigt werden. Dank der niedersten Einsattelung zwischen den Lechtaler Alpen und der Mieminger Kette stellt der bereits von den Römern benützte Übergang die meistfrequentierte Verbindung zwischen Innertirol und dem Außerfern her. Sowohl die Südrampe als auch wesentliche Teile der Nordrampe ent-

Skizze 9 Rund um das Wettersteingebirge

sprechen hinsichtlich ihres Ausbauzustandes nicht mehr dem Verkehrsaufkommen der Gegenwart. Die Steigungen sind zwar ausgewogen und überschreiten kaum 8%, doch behindern zahlreiche unübersichtliche und enge Kurven den Verkehr; hinzu kommen noch schwankende Fahrbahnbreiten.

Landschaftlich betrachtet zählt der Fernpaß ohne Zweifel zu den schönsten Pässen Tirols. Die märchenhaft anmutenden Bergseen, an denen die Route vorbeileitet, sind für dieses Gebiet charakteristisch; sie sind im Gefolge von Bergstürzen entstanden. Die enge Passage bei Fernstein wurde vor Jahrhunderten als befestigte Straßensperre benützt. Die Sigmundsburg (heute nur noch Ruinenreste) wurde im 15. Jh. als Jagdschloß für Herzog Sigmund den Münzreichen erbaut; sie steht auf einer bewaldeten Insel inmitten des Fernsteinsees. Mit nur einer einzigen, langen Spitzkehre zwischen dem See und dem Stuckweg gewinnt man die Scheitelhöhe.

Wegen der Aussicht auf die Zugspitze (2962), li. im Bild, und den blau-türkisfarbenen Blindsee lohnt sich allemal eine Rast an der **Fernpaßstraße** → Route 9, Rund um das Wettersteingebirge.

Fahrt über das Mieminger Plateau mit seinen schönen Lärchenbeständen zwischen **Holzleitensattel (1126)** und Obsteig → Route 9, Rund um das Wettersteingebirge. Foto Thanalak Denzel

Die Abfahrt nach N leitet am Gh. „Zugspitzblick“ mit öffentlichem Großparkplatz vorbei; von dieser Stelle kann man bemerkenswerte Tiefblicke auf den Blindsee genießen. Am Nordufer des Sees gibt es einen anfahrbaren Parkplatz, der vor allem für Badegäste geeignet ist. – Nun hinab zur Straßenteilung n. des Weißensees: li. zum 3168 m langen Lermooser Tunnel in Richtung Reutte, re. abzweigend setzt man die Rundtour über Biberwier (989) und das Zugspitzdorf Ehrwald (994) auf normal breiter Asphaltstraße fort. Nahe der Bahnstation Ehrwald mündet man in die gut ausgebaute Ehrwalder B 187 ein und folgt dieser in n. Richtung durch das stark bewaldete Loisachtal. Man passiert die österr.-deutsche Grenze und gelangt zur Bahnstation Untergrainau. Die B 24 führt dicht an der „Schmölz“ vorbei in die w. Außenbezirke von Garmisch.

Variante: Von Klais über Leutasch nach Telfs. Vom Bahnhof Klais über den schienengleichen Übergang auf der alten, windungsreichen Bundesstraße mit Prachtblicken auf das Karwendelgebirge, am Fuße des Brendten mit dem weithin sichtbaren Gebirgsjäger-Ehrenmal (1138) vorbei, zur Schmalseehöhe (965). Unter der Bahnüberführung hindurch zur Vereinigung mit der Talstraße. Vom s. Ortsende in Mittenwald zweigt hinter der Straßenbrücke scharf re. die Landesstraße in die Leutasch bzw. nach Telfs ab, HT.

Man folgt der Leutascher Ache durch die Klamm aufwärts und gelangt in die Unterleutasch. Die nur abschnittsweise modernisierte, jedoch durchwegs staubfreie L 14 zieht durch die breite Talung der Leutascher Ache. Man berührt den Ortsteil Gasse und kommt an der Zufahrt zum vielbesuchten Alpenbad Leutasch (Hallenbad) vorbei. Das Dorf Kirchplatzl wird umfahren. An der Straßenteilung außerhalb von Platzl hält man sich li., denn re. gelangt man zu den Ortsteilen Plaik und Klamm. An den Oberen Mähdern vorbei steigt das nicht ausgebaute Sträßchen, abschnittsweise nur einspurig mit Ausweichen, durch den Ladstattwald zur Buchener Höhe (1262) an, wo sich, einsam gelegen, ein Gasthaus befindet.

Bergab auf gut zweispurig ausgebauter Strecke, den Felskoloß der Hohen Munde (2662) vor Augen, gelangt man mit wenigen Serpentinen hinab nach Bairbach bzw. zur Vereinigung mit der, von Mösern herabziehenden Straße. Auf hervorragend ausgebauter Bergstrecke fährt man dann weiter abwärts nach Sagl und gelangt in den Ortskern von Telfs. Minus 13 km. Fahrtechnische Beurteilung: mittel.

Variante: Von Klais über Leutasch und Seefeld nach Telfs. Von Klais zunächst wie beschrieben nach Leutasch. Anläßlich der Nordischen Schiweltmeisterschaften 1985 wurden die Straßenzüge um das Seefelder Plateau abschnittsweise modernisiert und sind jetzt auch einem größeren Verkehrsaufkommen gewachsen. In Leutasch-Gasse zweigt die Straße nach Weidach beim Gh. „Weißes Rößl“ ostwärts ab, HT „Seefeld“. Den HU nach Neuleutasch (1217) gewinnt man über eine kurze, bewaldete Serpentinenstrecke. An der Zufahrt Wildmoos-Alm vorbei, gelangt man zur Kirchwaldsiedlung in Seefeld und zum reizvoll gelegenen Seekirchlein.

Wenn man hier li. abbiegt, kommt man über die Seefelder Südumfahrung (kurzer Tunnel am Fuße des Gschwandkopfes) auf die alte Bundesstraße. Sie leitet am Ostufer des Wildsees entlang und mündet oberhalb von Auland wieder in die fast kreuzungsfreie Standardroute ein. – Diese Variante empfiehlt sich nicht nur als Ausweichmöglichkeit bei Überlastung der B 177, sondern auch wegen ihrer landschaftlichen Reize.

Will man jedoch weiter Richtung Telfs, so fährt man beim Seekirchlein geradeaus durch einen besonders anmutigen Landstrich. Über die bewirtsch. Seewald-Alm erreicht man die hügelige Möserer Höhe (1284), wo sich der berühmte Ausblick durch das Oberinntal bis zur Parseierspitze (3036) öffnet. Bemerkenswert ist der Blick auf den nicht kanalisierten Inn und auf den ausgedehnten Ort Telfs. An das Telfer Becken schließt nach W sanft ansteigend das Mieminger Plateau an. Von Mösern setzt sich die Variante hinab nach Bairbach fort und mündet dort in die Straße über Sagl nach Telfs ein. Plus 17 km. Fahrtechnische Beurteilung: mittel.

10 Mangfallgebirge und Inntal**

Route: Gmund am Tegernsee (740) – Tegernsee – Rottach-Egern – Reitrain – Kreuth – Glashütte – Achenpaß (941) – Kaiserwacht – Achenkirch – Buchau – Maurach – Eben – Wiesing – Münster – Habach – Kramsach – Mosen – Breitenbach – Mariastein – Unterlangkampfen – Kufstein/Zell – Thiersee – Vorderthiersee – Hinterthiersee – Glarch – Landl – Ursprungpaß (849) – Bayrischzell – Sudelfeld-Sattel (1097) – Straßendreieck Tatzelwurm – Wall – Niederaudorf – Flintsbach – Degerndorf – Brannenburg – Großholzhausen – Bad Feilnbach – Au bei Bad Aibling – Hilgenrain – Parsberg – Miesbach – Agatharied – Hölzl – Gmund. 199 km.

Fahrtechnische Beurteilung: leicht bis mittel

Zeitaufwand: Tagestour

Vom Straßenknoten Gmund am Tegernsee folgt man der B 307 über das dichtbesiedelte Südufer des stark im Münchner Ausflugsverkehr liegenden Sees. Man passiert die schmucken Orte Tegernsee und

Am Ostufer des fast 10 km langen, fjordartigen **Achensees** mit der alten, direkt am Wasser verlaufenden Straße → Route 10, Mangfallgebirge und Inntal. Foto Michael Braun

Rottach-Egern durch zahlreiche Verkehrsampeln. Im Ortsteil Rottach gibt es einen Horst mit Greifvögeln wie Steinadler, Habicht und Falke zu besichtigen. Erst hinter Reitrain kann man mit einer flüssigeren Fahrweise rechnen. Ab Wildbad Kreuth (828) steigt die modernisierte Straße im Tal der Weißach mäßig an und erreicht oberhalb von Glashütte den Achenpaß und zugleich die Wasserscheide.

Man überwindet eine schmälere Gefällestrecke mit max. 20% und erreicht die „Kaiserwacht"; die kurz darauf folgende Abzw. der „Deutschen Alpenstraße" nach W zum fjordartigen Sylvensteinspeicher läßt man re. liegen. Das vom Achenbach durchflossene Tal verbreitert sich zusehends bis zum langgestreckten Becken des Achensees (929).

Sämtliche Orte im Achental werden von der modernisierten Achenseestraße umgangen, die zuletzt das reizvoll gelegene Dorf Eben berührt. Bei durchschnittlich 8% Gefälle führt die neue Achenseestraße bei eindrucksvollen Ausblicken in das Inntal über die Kanzelkehre (dort auch Rasthaus) und die langgezogene Fischlschleife hinab nach Wiesing, wo man den Anschluß an die Landesstraße nach Münster findet.

Die östlich der Brandenberger Ache angelegte Bergstraße Richtung **Kaiserhaus** weist einen einzigen Felstunnel auf → Route 10, Mangfallgebirge und Inntal. Foto Thanalak Denzel

Am Fuß des Rofangebirges verläuft diese wenig frequentierte Verbindungsstraße durch ein vorwiegend agrarisch genutztes Land über Habach nach Kramsach mit dem Ortsteil Hagau. Bei normaler, behinderungsfreier Verkehrslage fährt man durch Kramsach und folgt den HT „Zu den Seen“. Auf der Landesstraße gelangt man zum Krummsee und Reintaler See; beide werden von Badegästen gerne aufgesucht. Wegen seiner bemerkenswerten Aussicht auf die markante Berggestalt der Hohen Salve, deren Kuppe bereits von weither mit ihrer Sendestation ausgemacht werden kann, und auf das unverwechselbar gegliederte Kaisergebirge verdient der Straßenzug von Breitenbach über Mariastein nach Unterlangkampfen eine besondere Hervorhebung. Zwischen Breitenbach und Mariastein bieten sich auf der langgestreckten Terrasse Alternativen an, die landschaftlich gleichwertig sind. Sie sind allesamt verkehrsarm, doch gilt gegenüber Radfahrern erhöhte Aufmerksamkeit!

Die Tiroler Grenz- und Bezirkshauptstadt Kufstein (503) wird im SW und im NW umgangen ohne die Uferseite des Inns zu wechseln. Im Ortsteil Kufstein/Zell nimmt die über Thiersee (641) zum Ursprungpaß ziehende, vorwiegend ausgebaute Straße ihren Ausgang. Die

Skizze 10 Mangfallgebirge und Inntal

erste Bergstrecke bis hinauf zur Marblinger Höhe (686) ist besonders kurvenreich. Der Scheitel selbst bietet kaum Aussicht. Erst die Abfahrt hinab zum See vermittelt landschaftlich reizvolle Eindrücke zu dem in eine große Mulde eingebetteten Thiersee, welcher vom Pendling (1563), einem vielgelobten Aussichtsberg, um mehr als 900 Höhenmeter überragt wird.

Ab Thiersee wähle man den Weg über Vorderthiersee und Hinterthiersee, wobei man bis Hinterthiersee eine vorzüglich ausgebaute und aussichtsreiche Höhenstraße hat. Sie setzt sich in einer, für

Pkw knapp zweispurigen Serpentinenstraße mit einem max. Gefälle von 15% fort; die stark ausgesetzten Kehren wurden durch Leitschienen wirkungsvoll abgesichert. Bei Begegnungen mit größeren Fahrzeugen ist es ratsam, deren Passage auf der Seite abzuwarten. Beim Weiler Glarch mündet man wieder in die Hauptstraße ein, welche von der Thierseer Ache begleitet wird.

Über Landl und Wachtbrücke wendet man sich nun dem n. gelegenen Ursprungpaß zu. Auf der Paßrampe hat man nur einen sanften Anstieg. Auch jenseits der Wasserscheide rollt man bei sanftem Gefälle über die Bäckeralm zum „Zipflwirt" durch das teilweise bewaldete Ursprungtal auf Bayrischzell (800) zu. Der verkehrsbedeutende Ort wird vom markanten Wendelstein mit seiner großen Sendestation überragt.

Eines der Kernstücke in der vorgegebenen Runde ist die am Ortsrand re. abzw., beschilderte Straße hinauf zum Sudelfeld-Sattet; sie ist ein Teilstück der unvollendeten „Deutschen Alpenstraße". Bezogen auf ihre landschaftlich hervorragende Lage und ihren guten Ausbauzustand ist diese Bergstraße ein Eldorado für alle Motorradfahrer. Sie durchzieht ein ausgedehntes Landschaftsschutzgebiet. Man könnte sie auch als „Wendelsteinstraße" bezeichnen, nachdem sie auf einem längeren Abschnitt über den sö. Fuß dieses berühmten Aussichtsberges verläuft. Zu seinem Gipfel trennt allerdings noch ein HU von 741 m. Dorthin leitet eine Seilbahn von Osterhofen bzw. die Zahnradbahn von Brannenburg aus.

Die Fahrbahnbreiten auf der „Deutschen Alpenstraße" schwanken zwischen 7 und 8 m, die max. Steigung bzw. das Gefälle beträgt 12%. In unmittelbarer Fahrbahnnähe findet man mehrere Abstellstreifen, größere Parkplätze wurden wenig abseits der Durchzugsstrecke angelegt. Die Höchstgeschwindigkeit wurde mit 60 km/h limitiert. Die wohl eindrucksvollsten Ausblicke richten sich vom Sudelfeld-Sattel zum Zahmen und Wilden Kaiser.

Eine auf der gegenüberliegenden Talseite verlaufende Alternativstrecke zieht über das Gh. „Brenneralm" und das Gh. „Grafenherberge" in sö. Richtung und verbindet den Abzweig Grafenherberge mit dem Abzweig Rosengasse. Das über zahlreiche Weideroste geführte, schmale Sträßchen ist für Motorradfahrer kaum attraktiv.

Die Endstation der 1889 erbauten, mit Dampflokomotiven betriebenen, 6.8 km langen Achenseebahn befindet sich bei der **Schiffsstation Seespitz** → Route 10, Mangfallgebirge und Inntal.

Inmitten des Straßendreieckes Tatzelwurm befindet sich ein bewaldeter Parkplatz, welcher nur 300 m vom Alpengh. „Feuriger Tatzelwurm" entfernt ist. Letzterer liegt unmittelbar an der, durch das Auerbachtal über Wall nach Niederaudorf hinableitenden, 8 km langen Verbindungsstraße. Diese ist in ihrem unteren Abschnitt nur mehr knapp zweispurig, dabei aber windungsreich und weist ein max. Gefälle von 14% auf. In Niederaudorf mündet sie li. in die Hauptstraße ein, welche durch das Inntal nach Flintsbach führt.

Die Route setzt sich auf verkehrsärmeren Landesstraßen über Degerndorf, Brannenburg, Großholzhausen, Bad Feilnbach, Au bei Bad Aibling, Hilgenrain und Parsberg zum Straßendreieck s. von Miesbach fort. Hausham meidet man durch den Abkürzer zwischen Agatharied an der B 307 und Hölzl an der regionalen Verbindungsstraße, die nach Gmund am Tegernsee zurückleitet.

Variante: Von Kramsach über Voldöpp zum Weiler Mosen. Im Hochsommer meidet der Motorradfahrer besser die durch den Badebetrieb häufig stark überlastete und verparkte Landesstraße über den Krummsee und das Nordufer des Reintaler Sees (außer man bedarf selbst einer Abkühlung). Schlaumeier folgen deshalb der Straße nach Voldöpp. Hinter dem Friedhof beginnt

Die Deutsche Alpenstraße zwischen Bayrischzell und **Sudelfeld-Sattel (1097)** zählt zu den beliebtesten Motorrad-Strecken Oberbayerns → Route 10 Mangfallgebirge und Inntal. Foto M. Braun

die einspurige Straße mit Ausweichen, welche zum Sattel des Voldöpper Berges (619) hinaufführt und beim Campingplatz „Seeblick" das ö. Ende des Reintaler Sees gewinnt. Diese Ausweichstrecke mündet beim Weiler Mosen wieder in die Landesstraße Richtung Breitenbach ein. Km gleichbleibend. Fahrtechnische Beurteilung leicht bis mittel.

Variante: Vom Straßendreieck Tatzelwurm (800) durch das Förchenbachtal hinab nach Degerndorf (476). Es handelt sich dabei um eine 8 km lange, gebührenpflichtige Straße durch ein eingeschnittenes Gebirgstal mit nur wenig Aussicht. Diese direkte Verbindung kürzt zwar die Standardrunde um einige wenige Kilometer ab, bietet jedoch landschaftlich nichts Bemerkenswertes. Das max. Gefälle beträgt 18%, die Fahrbahnbreiten schwanken zwischen 3 und 6 m. Der unbeleuchtete Tunnel hat eine Höhenbegrenzung von 3.3 m; die Gewichtsbegrenzung wurde mit 14 t festgesetzt. Minus 9 km. Fahrtechnische Beurteilung: mittel.

Abstecher: Von Buchau bzw. Maurach ist es möglich, den lohnenden Abstecher nach Pertisau zu unternehmen. Man verläßt in Maurach (975) die Achensee-B 181 und benützt zunächst die Unterführung mit der Landesstraße. Die Süduferstraße berührt die Schiffsstation Seespitz (931), wo sich auch die Endstation der von Jenbach (563) heraufkommenden Achenseebahn befindet. Diese 6.8 km lange Zahnrad- (Bergstrecke) und Adhäsionsbahn (Flachstrecke) wird seit 1889 mit Dampflokomotiven betrieben. Die Straße nach Pertisau (975) wurde durch den Bau einer 330 m langen Galerie vor Lawinen und Steinschlag geschützt. An der darauffolgenden Straßenteilung gelangt man re. zum Parkplatz der Schiffsstation Pertisau, li. zur Talstation der Zwölferkopf-Seilbahn und zum Parkplatz „Karlbrücke“ am Beginn der Mautsträßchen in die Karwendeltäler. Hin und zurück 13 km. Fahrtechnische Beurteilung: leicht.

Abstecher: Von Kramsach über Pinegg zum Kaiserhaus. Zunächst auf der prächtig ausgebauten Bergstraße über die li. Talseite hinauf nach Brandenberg (922) und dann auf knapp zweispuriger Straße über Unterberg nach Pinegg. Gleich nach der Brücke mit Blick auf das sich zwischen den Felsen durchzwängende Wasser biegt man re. ab. Anfangs steil und teilweise schmal führt das Sträßchen bis zum Gh. „Kaiserhaus“; die letzten 300 m sind geschottert. Vom Parkplatz des Gasthauses erreicht man in 3 Min. die Kaiserklamm; eine Begehung des Steiges durch die wildromantische Klamm ist sehr zu empfehlen.– Wieder zurück bis Pinegg. Nunmehr aber re. der Brandenberger Ache, welche auch ein beliebtes Ziel bei Wildwasserfahrern ist, auf der neuen Straße über Aschau und oberhalb der Tiefenbachklamm nach Mariathal zur Talstation der Sonnwendjochbahn. Diese wichtige Aufstiegshilfe erschließt die schönen Wanderungen im Rofangebirge von O her. Hin und zurück 26 km. Fahrtechnische Beurteilung: mittel bis schwierig.

Rund um den Chiemgau* 11

Route: Frasdorf (598) – Söllhuben – Riedering – Pietzing – Hirnsberg – Rimsting – Breitbrunn am Chiemsee – Gstadt a.Ch. – Gollenshausen a.Ch. – Seebruck – Arlaching – Laimgrub – Chieming – Grabenstätt – Bergen – Staudach/Egerndach – Marquartstein – Unterwössen – Oberwössen – Reit im Winkl – Kössen – Walchsee – Durchholzen – Sebi – Niederndorf – Erl – Nußdorf – Roßholzen – Samerberg (796) – Törwang – Achenmühle – Frasdorf. 144 km.

Fahrtechnische Beurteilung: leicht bis mittel

Zeitaufwand: Halbtagestour

Die Tour erfaßt die landschaftlich lohnendsten Zonen des Alpenvorlandes. Sie durchmißt hügelauf und hügelab das in der Eiszeit entstandene Seen- und Moränenland mit dem Chiemsee als „Kronzeugen“ und seinem weitreichenden Erholungsraum. Aus seinem Umfeld treten auch die markanten Erhebungen der Alpenkette hervor,

Das Benediktiner-Kloster in **Seeon** wurde auf einer Halbinsel des malerischen Klostersees errichtet → Route 11, Rund um den Chiemgau. Foto Verkehrsamt Seeon

aus welcher Perspektive sie sich auch immer zeigen. Zu ihnen zählen Hochries, Kampenwand, Hochgern und Hochfelln. Die eindrucksvolle Abschlußkulisse bildet im S das Kaisergebirge, welches, vom Formenreichtum und den touristischen Frequenzen her betrachtet, seit vielen Jahren als Begriff „Münchner Hausberge“ steht.

Ein großes Plus ist auch der Seenreichtum zwischen Inn und Alz, dem natürlichen Abfluß des Chiemsees. Das Klima beschert Erholungssuchenden dieser Region eine relativ lange Saison, so vor allem auch im Frühjahr und im Herbst. Dem Motorisierten kommt das dichte Straßennetz ringsum zugute. Die große Wasserfläche des Chiemsees erfordert allerdings manchen größeren Umweg.

Es empfiehlt sich aber auch, Ausflugsfahrten mit der angestammten Chiemsee-Schiffahrt zu unternehmen, so vor allem zu den beiden Inseln Frauenchiemsee (auch Frauenwörth genannt), einem malerischen Fischer-Eiland mit sehenswertem Münsterbau (im 8. Jh. gegründetes, später jedoch zerstörtes Kloster) und Herrenchiemsee, mit dem unvollendeten Neuen Schloß König Ludwig II., nach dem Vorbild von Versailles erbaut.

Skizze 11 Rund um den Chiemgau

Von Frasdorf nimmt man nicht die direkte Landesstraße über Prien am Chiemsee nach Rimsting, sondern die landschaftlich reizvollere Strecke über Söllhuben, Riedering, Pietzing und Hirnsberg. N. von Rimsting dehnt sich ein NSG aus, in dem Langbürgner See, Hartsee und Pelhamer See nebst kleineren Gewässern unter Schutz gestellt wurden. Die wohl interessanteste Uferstrecke findet man zwischen Rimsting, Gstadt und Seebruck, wobei drei größere Buchten des Chiemsees n. umfahren werden. Vor Gstadt sollte man re. abzweigen, um zum berühmten „Malerwinkel", einem „Stelldichein" Chiemgauer und Münchener Künstler, zu gelangen. Von dort bietet sich ein besonders pittoresker Blick über die Fraueninsel und die benachbarte Krautinsel hinweg zu den Chiemgauer Bergen. Von Gstadt am Chiemsee (538) hat man die kürzeste Überfahrtsmöglichkeit zu den Chiemsee-Inseln. Linienschiffe und Motorboote verkehren hauptsächlich zwischen Gstadt, Frauenchiemsee und Herrenchiemsee.

Hinter Gstadt steigt die Straße leicht an, man passiert Gollenshausen am Chiemsee und erreicht bei guten Ausblicken auf den See den alten Ort Seebruck (550) mit den Überresten eines Römerkastells. Besuchenswert ist das Römermuseum Bedaium. Nach Überbrückung der Alz folgt man zunächst der Straße in Richtung Traunstein bis zur Laimgruber Kreuzung. Dort biegt man re. in die Straße nach Chieming ein, HT.

Vor Grabenstätt verläßt man den Chiemsee, überquert die Autobahn München–Salzburg und nimmt Kurs in Richtung Marquartstein. Ab Staudach folgt man der B 305 („Deutsche Alpenstraße") nach Reit im Winkl (695). Man fährt nun zum Loferbach hinab, der sich durch ein idyllisches Tälchen windet.

Die österr. B 172 leitet im S an Kössen (589) vorbei und befindet sich in einem akzeptablen Zustand. Zwischen Walchsee und Durchholzen durchmißt man ein verstreutes Siedlungsgebiet. Die Abfahrt von Durchholzen hinab nach Sebi vollzieht man auf teilweise breit ausgebauter Bergstrecke. In Niederndorf (499) ist darauf zu achten, daß man nicht geradeaus zum Grenzübergang Oberaudorf weiterfährt, sondern re. in die Straße nach Erl einbiegt. Der Grenzübergang Erl liegt 6 km weiter n. und unterhalb der Ruine Katzenstein.

Die vielgewundene Landesstraße berührt mehrere kleine Orte auf dem re. Innufer. Bis Nußdorf hat man 5 km auf verkehrsruhiger Strecke zurückzulegen. Die außerhalb von Nußdorf re. abzw. Straße über Roßholzen und Törwang verläuft über den aussichtsreichen Samerberg, HT. Besonders beeindruckt die Abfahrt von Eßbaum über die kurvenreiche Bergstrecke hinab zur Achenmühle, wo man in die Landesstraße nach Frasdorf einmündet.

Der Samerberg bietet Ausblicke sowohl in die Beckenlandschaft des Inns als auch in das Inntal bei Brannenburg. Die Befahrung des aussichtsreichen Samerberges bildet einen würdigen Abschluß der beschriebenen Rundtour.

Die B 172 leitet direkt am Nordufer des von Bergen umrahmten **Walchsees** entlang; dort gibt es Bademöglichkeiten und eine Strandpromenade → Route 11, Rund um den Chiemgau.

Abstecher: Von Seebruck (526) am Nordufer des Chiemsees lohnt sich ein Besuch, vor allem für kulturell Interessierte, zu dem nur 8 km entfernten Seeon mit seinem ehem., aus dem 10. Jh. stammenden Benediktiner-Kloster. Man wählt mit Vorzug die über Roitham dorthin führende Straße. Angesichts des Klostersees, der den Mittelpunkt einer Platte kleinerer eiszeitlicher Gewässer bildet, zweigt man nach re. ab und nimmt bald den Klosterkomplex wahr; er birgt ein Bildungszentrum in sich und liegt malerisch auf einer Halbinsel. Im Grundschema ist die Klosterkirche eine dreischiffige Säulenbasilika.

Wegen ihrer ökologischen Eigenheiten hat man die Seeoner Seenplatte zum NSG erklärt. 400 m vom Klosterkomplex entfernt, wurde ein Oldtimermuseum eingerichtet, HT. – Zurück an den Chiemsee bieten sich mehrere Straßen an, wovon die Straße über Ischl und Pullach neben der mäanderartig gewundenen Alz jener Naht folgt, welche seinerzeit Inn- und Chiemseegletscher markiert hatten. Hin und zurück 16 km. Fahrtechnische Beurteilung: leicht.

Straßenkarten für Österreich. Im Maßstab 1 : 150.000 liegt die hervorragende Karte „euromap" der Edition Hölzl, Wien vor. Ganz Österreich wird von sechs Blättern abgedeckt, welche auch zahlreiche touristische Infos, u.a. Freizeiteinrichtungen enthalten. – Zuverlässig und hilfreich erweist sich die Große Straßenkarte Österreich im Maßstab 1 : 250.000 von Freytag Berndt mit fünf Blättern. Die Kartenserie Österreich 2000 im detaillierteren Maßstab 1 : 200.000 umfaßt sieben Blätter. – Merkliche Verbreitung findet auch Mairs Generalkarte Österreich im Maßstab 1 : 200.000 mit ihren acht Blättern.

12 Zwischen Salzach und Traun*

Route: Traunstein (600) – Waging – Taching – Tittmoning – Burghausen – Wanghausen – Tarsdorf – Holzöster – Geretsberg – Ibm – Schwerting – Lamprechtshausen – Niederamsdorf – Oberndorf bei Salzburg – Schloß Weitwörth – Hochberg – Kaiserbuche – Obertrum am See – Kasern – Westautobahn bis AA-Salzburg Mitte – Freilassing – Piding – Bad Reichenhall – Karlstein – Thumsee – Weißbach – Zwingsee – Inzell – Siegsdorf – Traunstein. 166 km.

Fahrtechnische Beurteilung: mittel

Zeitaufwand: Tagestour

Die Abgrenzung dieser Runde bezieht sowohl die dominierenden Flußlandschaften als auch die touristisch interessanten Seengebiete des Alpenvorlandes ein. Bei alternativen Streckenführungen wurden die schwächer frequentierten Straßen gewählt, weil sie erfahrungsgemäß von Motorradfahrern bevorzugt werden. – Auf der direkten Strecke zwischen Traunstein und Tittmoning berührt man das sw. Ufer des Waginger Sees, welcher sich rühmt, Bayerns wärmster Badesee zu sein. Von ihm erstreckt sich nach N, durch eine Dammstrecke und Brücke getrennt, der Tachinger See. Ab Tittmoning (387), einem teilweise mauerumgürteten Städtchen, befindet man sich in Begleitung der Salzach bis Burghausen, wo sie s. der Stadt eine bemerkenswerte Flußlandschaft bildet. Die fast unversehrte Altstadt von Burghausen ist eine Sehenswürdigkeit für sich und vermittelt das typische Bild der historischen Inn-Salzach-Städte.

Über die obere Salzachbrücke gelangt man zunächst nach Wanghausen und dann auf guter Straße durch den einsamen Weilhartforst nach Tarsdorf und Holzöster. Der Holzöster See wie auch der benachbarte Heratinger See und der Ibmer See werden wegen ihres heilwirksamen Moorwassers von Badegästen besonders geschätzt; die genannten Gewässer weisen von Mitte Mai bis Mitte Oktober häufig Temperaturen über 20°C auf. Der Blick nach S richtet sich über die Wasserspiegel hinweg auf die idyllische Moorlandschaft bis zur oft noch schneebedeckten Alpenkette mit Untersberg und dem Tennengebirge.

Weit reicht der Blick von der **Kaiserbuche** bei klarem Wetter Richtung Süden; nebenan steht das gleichnamige Ausflugsgasthaus (764) → Route 12, Zwischen Salzach und Traun.

Kurvenreich ist die stark frequentierte Strecke mit etlichen Felspassagen durch die **Weißbachschlucht** zwischen Schneizlreuth und Weißbach → Route 12, Zwischen Salzach und Traun.

In Geretsberg ändert man seine Fahrtrichtung und durchmißt sowohl das Ibmer- als auch das Waidmoos. In Schwerting erfolgt die Vereinigung mit der B 156, welche durch Lamprechtshausen führt. Auf dem Weg nach Oberndorf gelangt man in Niederarnsdorf am Kirchlein „Maria im Mösl" vorbei. Der im Alpenvorland schön gelegene Markt Oberndorf zählt über 4.500 Einwohner und ist reich an geschichtlicher Vergangenheit. Noch heute künden die marmornen Grabdenkmäler in der Stiftskirche sowie im Kreuzgang der benachbarten, alten Schifferstadt Laufen von der einstigen Wohlhabenheit der Salz- und Schiffsherren dieser Flußsiedlung. Laufen und Oberndorf gehörten bis zum Vertrag von München im Jahre 1816 zusammen. In Oberndorf wurde das wohl schönste und heute bekannteste aller Weihnachtslieder „Stille Nacht, heilige Nacht" zum ersten Mal gesungen und von hier aus in die weite Welt getragen. Die Liedschöpfer hießen Josef Mohr und Franz Xaver Gruber.

Auf der Fahrt in Richtung Salzburg bleibt man s. Oberndorf zunächst auf dem re. Salzachufer und folgt der alten Straße. Unterhalb von Schloß Weitwörth (400) zweigt li. die schmale Bergstraße über Hochberg und den Haunsberg nach Obertrum am See ab. Die asphaltierte und abschnittsweise auch normal breite Haunsbergstraße leitet über eine Einsattelung des langgestreckten Flyschrückens in das Seengebiet des Salzburger Flachgaues. Von der Jausenstation „Hochbergalm" richten sich von der Westrampe Ausblicke hinab in das Salzachtal und hinüber zum grenznahen Abtsdorfer See. Von der Scheitelstrecke gibt es eine kurze Zufahrt zur markanten, kugelförmigen Kaiserbuche (764) und zum gleichnamigen Gh. Die Kaiserbuche zählt zu den Wahrzeichen des Flachgaues. Dorthin ritt Kaiser Joseph II. im Oktober 1779, um das Land zu überblicken, welches von Bayern an Salzburg abgetreten wurde; zur Erinnerung an den Besuch Seiner Majestät wurde auf dem sogenannten „Kaiserplatz" die Kaiserbuche gepflanzt. Durch welliges Hügelland erfolgt nun die Abfahrt nach Obertrum mit seiner bekannten Privatbrauerei.

Auf der gut ausgebauten Landesstraße erreicht man beim Anschluß Kasern die stark frequentierte Westautobahn, der man nur über die Salzachbrücke bis zum Knoten Salzburg-Mitte zu folgen braucht, um die verkehrsreiche Stadt Salzburg zu umfahren. Bei Freilassing passiert man die österr.-deutsche Grenze. Die Route leitet nun an Piding vorbei zur Umfahrungsstraße von Bad Reichenhall. An deren s. Ende darf man re. die Abzw. nach Karlstein nicht verfehlen.

Skizze 12 Zwischen Salzach und Traun

Eine gemütliche Pause zur Stärkung kann man am Högl im Gastgarten des **Gh. „Stroblalm" (780)** mit schöner Aussicht einlegen → Route 12, Zwischen Salzach und Traun.

Mit einer kurzen Steigung von 14% fährt man zum reizvoll gelegenen Thumsee hinauf und folgt der gut ausgebauten Straße über sein Südufer, um sich in die „Deutsche Alpenstraße" B 305 einzubinden. Diese führt über die Pfannlochbrücke und den kaum zu übersehenden Gletschergarten. Letzterer wurde anläßlich des Straßenbaues freigelegt und ist mit seinen eiszeitlichen Schliffen und Riesentöpfen ein gut erhaltenes Naturdenkmal.

Nahe dem winzigen Zwingsee trifft man auf eine Straßenteilung, an der man die li. abzw. „Deutsche Alpenstraße" verläßt, um geradeaus der B 306 über Inzell dem Tal der Roten Traun zu folgen. Auf der gut ausgebauten Straße berührt man die AA Traunstein-Siegsdorf und erreicht nach einer dicht bewaldeten Strecke die über die Traun führende Straßenbrücke. Die Stadt Traunstein selbst breitet sich auf einer Anhöhe über dem Fluß aus.

Variante: Von Burghausen durch den Oberen Weilhartforst nach Eggelsberg und Lamprechtshausen. Die untere Salzachbrücke leitet von Burghausen zunächst nach Ach hinauf. Anschließend durchmißt die ausgebaute Landesstraße über Hochburg den Oberen Weilhartforst bis zum Straßenknoten Gundertshausen. Man wendet sich nun nach S und fährt in Eggelsberg (526) an der alten Pfarrkirche Mariä Himmelfahrt vorüber, welche auf einem Hügel steht. Den ö. Rand des Ibmer Mooses berührt man nahe von Moosdorf. Beim Weiler Schwerting, kurz vor Lamprechtshausen, vereinigt man sich wieder mit der Hauptroute. Minus 5 km. Fahrtechnische Beurteilung: leicht.

Variante: Von Oberndorf kann man über die Salzachbrücke in den sehenswerten, alten Ort Laufen gelangen und auf der B 20, welche am li. Salzachufer entlang zieht, zum Straßenknoten Freilassing gelangen. Diese, zwar kürzere Strecke gegenüber der vorgegebenen Hauptroute bietet landschaftlich kaum Nennenswertes und wird auch stark vom Schwerverkehr benützt. Minus 17 km. Fahrtechnische Beurteilung: leicht.

Abstecher: Von Piding auf den Högl. Ein beliebtes Ziel im Bad Reichenhaller Ausflugsverkehr ist der Högl, ein weit nach N vorgeschobener Bergrücken mit mehreren anfahrbaren Zielen; sie sind allesamt vom Talort Piding (457) aus erreichbar. Im W führt eine Straße über Oberhögl zum Gh. „Stroblalm" (780), in der Mitte hat man die Zufahrt von Kleinhögl zum Hotel-Restaurant „Neubichler Alm". Ö. vom Nesselgraben leitet eine Straße vornehmlich durch Wald hinauf zum Gh. „Johannishögl"; ihr oberer Abschnitt ist mit 30 km/h begrenzt. Alle Bergstraßen sind zwar asphaltiert, doch weisen sie unterschiedliche Steigungsverhältnisse auf, die jedoch 14% nicht überschreiten. Die Ausblicke richten sich hauptsächlich zum Untersberg und gegen den Gaisberg, welcher als Salzburger Hausberg gilt. Hin und zurück 7 km. Fahrtechnische Beurteilung: mittel bis schwierig.

Berchtesgadener Land** 13

Route: Bad Reichenhall (472) – Karlstein – Thumsee – Schneizlreuth – Unterjettenberg – Schwarzbachwacht (868) – Bahnhof Berchtesgaden – Obersalzberg – Roßfeld-Ringstraße (1543) – Oberau – Unterau – Anzenbach – Berchtesgaden (Zentrum) – Bischofswiesen – Paß Hallthurm (693) – Bayerisch Gmain – Bad Reichenhall. 78 km

Fahrtechnische Beurteilung: mittel

Zeitaufwand: Halbtagestour

Die vorgegebene Runde benützt zwischen Bad Reichenhall und Berchtesgaden zunächst die ehem. Trasse der Soleleitung, um sich dann dem Obersalzberg und dem Roßfeld zuzuwenden. Dem Lauf der Bischofswieser Ache folgend, leitet sie dann zwischen dem Lat-

Skizze 13 Berchtesgadener Land

tengebirge und dem Untersberg wieder nach Bad Reichenhall zurück. – Der Ausbauzustand einzelner Strecken ist unterschiedlich, was sowohl in den Fahrbahnbreiten und Kurvenradien als auch in den Steigungen (Gefälle) zum Ausdruck kommt. So gibt es eine zwar kurze, aber merkliche Steigung von 14% zwischen Karlstein und dem reizvoll gelegenen Thumsee, wogegen mit einer längeren Steigung von max. 24% die Obersalzbergstraße aufwartet.

Landschaftlich wird manche Abwechslung geboten, so auf der „Deutschen Alpenstraße“, welche entlang des Schwarzbaches eher eine wilde, im Raum des Taubensees und bei Berchtesgaden hingegen eine heitere, fast parkähnliche Landschaft durchzieht. Eindrucksvoll sind die Blicke auf die Reiter Alpe und gegen den Hintersee in der Ramsau. Den Zugang in das Watzmanngebiet vermittelt das Wimbachtal, welches sich mit seiner Klamm längs der Ramsauer Ache fortsetzt und auf einem längeren Streckenabschnitt die „Deutsche Alpenstraße“ begleitet.

Beeindruckend ist die teilweise gratartig verlaufende Scheitelstrecke der **Roßfeld-Ringstraße**. Die Aussicht richtet sich nach beiden Straßenseiten → Route 13, Berchtesgadener Land.

Durch die liebliche Landschaft der **Ramsau** führt ein knapp zweispuriges Asphaltsträßchen von der Schwarzbachwacht Richtung Hintersee → Route 13, Berchtesgadener Land.

Die ganzjährig geöffnete, mautpflichtige **Roßfeld-Ringstraße** ist mit ihren fast 1600 m ü.d.M. die höchste, öffentlich befahrbare Straße Deutschlands → Route 13, Berchtesgadener Land.

Die wohl attraktivste Strecke leitet vom Bahnhof Berchtesgaden zum Obersalzberg hinauf, wo sie wenig weiter in die mautpflichtige, zirka 16 km lange Roßfeld-Ringstraße einmündet. Diese hat ihren Scheitelpunkt am Hennenköpfl (1543) und ist damit die höchste, öffentlich benützbare Straße Deutschlands (die benachbarte Straße zum 1834 m hoch gelegenen Kehlsteinhaus ist für den Individualverkehr gesperrt); ihre max. Steigung beträgt 13%. Die Fahrbahnbreiten schwanken zwischen 6 und 8 m. Die Ausblicke richten sich von der Höhenringstraße vor allem zum Hohen Göll (2522) und über das Salzachtal hinweg auf die Erhebungen der Osterhorngruppe.

Den besten Aussichtspunkt bildet der Ahornbüchsenkopf (1604); dieser Hügel wird s. des Roßfeldes von der Straße tangiert. Zahlreiche Parkplätze gibt es beim Berggh. „Ahornkaser" und etwas weiter auf der gratähnlichen, schmalen Scheitelstrecke. Das von weither sichtbare Purtscheller Haus (1692) steht auf dem Ecker First. Die Abfahrt erfolgt über die Gh. „Enzianhütte" und „Pechhäusl" nach Oberau, zuletzt windungsreich auf merklich engerer Strecke hinab nach Unterau. – An der Einmündungsstelle in die B 305 hält man sich li. und bleibt nunmehr auf dem n. Ufer der Berchtesgadener Achte.

Von den Parkplätzen an der **Roßfeld-Ringstraße** hat man prächtige Ausblicke; in der Bildmitte unten erkennt man das Rollfeld des Salzburger Flughafens → Route 13, Berchtesgadener Land.

In Berchtesgaden soll man eine Besichtigung des Salzbergwerkes nicht versäumen, wo seit 1517 die Sole im „Sinkwerkbau" gewonnen wird; dabei werden im Berg Räume ausgeschossen und mit Süßwasser aufgefüllt, welches das Salz aus dem Gestein laugt. Die unlöslichen Bestandteile des salzführenden Gesteins sinken dabei zu Boden. Nach Erreichen des Sättigungsgrades wird die Sole durch Rohrleitungen in die Saline von Bad Reichenhall geleitet. – Nach Durchfahrung des Ortszentrums von Berchtesgaden trifft man auf die beschilderte B 20, welche über Bischofswiesen und den, auf seiner Nordrampe kurvenreichen Paß Hallthurm (693) parallel zum Schienenstrang hinab nach Bad Reichenhall führt.

Variante: Von der Schwarzbachwacht über den Taubensee zum Hintersee und in die Ramsau bei Berchtesgaden. Vom Gh. „Brunnhaus" an der Schwarzbachwacht leitet auf der s. Talseite ein staubfreies Nebensträßchen am Taubensee vorbei zum romantisch gelegenen Hintersee bzw. in die Ramsau. Eine Weiterfahrt durch die Grundübel-Au hinauf zum Hirschbichl (1148), einem Übergang in den Pinzgau, ist verboten. Die letzte Abstellmöglichkeit für Fahrzeuge befindet sich beim Gh. „Auzinger" am s. Ortsende von Hintersee. Der alte Grenzpaß Hirschbichl wurde von der fürstlichen Propstei Berchtesgaden befestigt, Überreste aus dem Bayerischen Erbfolgekrieg von 1745

Blick auf den Kurort **Berchtesgaden**, welcher vom Watzmann (2713) überragt wird → Route 13, Berchtesgadener Land. Foto Ammon, Berchtesgadener Land

sind heute noch erkennbar. Die Nebenstraße von Hintersee durch die Ramsau mündet nahe dem „Unterwirt" in die „Deutsche Alpenstraße" ein. Plus 5 km. Fahrtechnische Beurteilung: mittel.

Variante: Von Oberschönau über den Ort Königssee nach Berchtesgaden. Die Nebenstraße zweigt von der B 305 im Ortsgebiet von Engedey in sö. Richtung ab und führt durch das dichtbesiedelte Schönauer Land, welches sich zwischen der Ramsauer und der Königssee Ache ausbreitet. Man gelangt auf ihr bis zum Ort Königssee und zu den Großparkplätzen der Jennerbahn. Dann vereinigt sie sich mit der stark frequentierten B 20, welche auch vielen Kraftfahrern als Zufahrtsstrecke zu den Schiffsanlegeplätzen (gebührenpflichtige Parkplätze) bzw. zum Besuch des berühmten „Malerwinkels" dient. Auf ihr gelangt man über Mitterbach zum Bahnhof Berchtesgaden. Plus 4 km. Fahrtechnische Beurteilung: leicht bis mittel.

Bayerischer Wald und Donauraum

Der Bayerische Wald ist eine der größten und eindrucksvollsten Waldlandschaften Mitteleuropas und dehnt sich auf runde 6000 km² zwischen Donau, Böhmerwald und der Grenze zu Österreich aus. Der „Nationalpark Bayerischer Wald" genießt als erster auf deutschem Boden einen besonderen Schutz. Dort erlebt man noch eine intakte Natur mit klaren Gewässern. Man ist sehr bemüht, die Ursprünglichkeit und biologische Vielfalt dieses Waldes zu erhalten. Jetzt kann man auch wieder Tierarten, die schon fast ausgestorben waren wie Luchse und Fischotter, beobachten. Die höchsten Erhebungen reichen bis nahe an die 1500-Meter-Grenze. In den Glashütten mit ihrer uralten handwerklichen Tradition, auf trutzigen Burgen und in ehrwürdigen Schlössern erwartet den Besucher viel Sehens- und Erlebenswertes. Ein vorzüglich ausgebautes Straßennetz begegnet dem Motorisierten und steigert seine Reiselust.

Ruhige Straßen und ausgedehnte Wälder – Strecke bei **Frauenberg** → Route 16.

14 Hausruck und Sauwald*

Route: Straßwalchen (542) – Friedburg – Schneegattern – Steiglberg (767) – Kobernaußen – Lohnsburg – Ried im Innkreis – Andrichsfurt – Taiskirchen im Innkreis – Lambrechten – Andorf – Kalling – Münzkirchen – Hackendorf – Engelhartszell – Wesenufer – Waldkirchen am Wesen – Peuerbach – Neumarkt im Hausruckkreis – Hofkirchen a.d. Trattnach – Aistersheim – Gaspoltshofen – Wolfsegg am Hausruck – Ungenach – Timelkam – Frankenmarkt – Straßwalchen. 197 km.

Fahrtechnische Beurteilung: mittel

Zeitaufwand: Tagestour

Diese Runde führt durch große land- und forstwirschaftlich genutzte Gebiete aus dem Alpenvorland an die Donau. Die meisten bedeutenden Verkehrswege verlaufen in der Ost-West-Richtung, so vor allem die Innkreisautobahn A 8 und die Bundesstraßen wie die Eferdinger-B 129, die Nibelungen-B 130, die Sauwald-B 136, die Innviertler-B 137 und die B 137a zwischen Hofkirchen und Ried.

Das Netz der Landes- und Gemeindestraßen ist besonders engmaschig, wodurch das gesamte, von der Rundtour erfaßte Gebiet gut erschlossen ist. Manche Straßen sind in diesem Raum nur einspurig oder knapp zweispurig angelegt und haben unübersichtliche, nicht immer vorgewarnte Kurven, worauf sich der Zweiradfahrer hinsichtlich der Geschwindigkeit unbedingt einstellen muß. Positiv empfindet man hingegen die schwachen Verkehrsfrequenzen auf fast allen Nebenstraßen.

Vom Verkehrsknoten Straßwalchen zunächst über Friedburg nach Schneegattern, um dann die hervorragend ausgebaute L 508 durch den Kobernaußer Wald anzusteuern. Im Zusammenhang mit der Pipeline-Verlegung wurde sie mit Überbreiten versehen, was auch Fahrbahnbreiten von mehr als 8 m bewirkte. Während der Auffahrt zum Steiglberg durchmißt man herrliche Mischwälder mit Fichten und Eichen. Auf der Scheitelhöhe selbst lohnt es, sich einen guten Überblick von der Aussichtswarte aus zu verschaffen. Der sanfte An-

Die **Schlögener Donauschlinge** zählt zu den großen Sehenswürdigkeiten der Natur in Oberösterreich → Route 14, Hausruck und Sauwald. Foto Tourismusregion Mühlviertel

Mancherorts wird an besonders kurvenreichen und gefährlichen Strecken zu verantwortungsbewußter, rücksichtsvoller **Fahrweise** aufgerufen.

stieg dorthin ist kaum merklich. Die im Bj. nicht weiter ausgebaute, kurvenreiche Straße leitet bei guter Aussicht über Lohnsburg hinab nach Ried, dem Hauptort des Innkreises.

Hügelauf und hügelab setzt man seine Fahrt in Richtung Andorf fort, wobei man die Autobahn A 8 überquert. Daraufhin kreuzt man in Kalling am Pfudabach die B 129. Die sanft wellige Landschaft ändert sich dann im Raum Münzkirchen, sobald man sich dem Sauwald nähert. Dieses Waldgebirge, mit dem Haugstein (876) als höchster Erhebung, ist ein breiter Höhenrücken, der nach NO hin steil zur Donau abfällt und nach SW allmählich in das Innviertler Flachland übergeht. Um das Donautal zu erreichen, muß man zunächst dieses Mittelgebirge nahe dem Großen Schefberg (791) über eine Einsattelung bewältigen. Auf der ausgebauten B 136 überwindet man dann auf einer bewaldeten Serpentinenstrecke, die nur wenige Ausblicke bietet, bis Engelhartszell einen HU von rund 400 m.

Die ehem. Zisterzienser-Abtei Engelszell ist heute ein Trappistenkloster, dessen Mönche einem strengen Schweigegelübte unterliegen, und ein schönes Beispiel des österr. Rokokos. Die Nibelungen-B 130 eröffnet gute Ausblicke auf den Strom und die Donauschifffahrt. Man folgt ihr bis Wesenufer und zweigt dort re. in Richtung Waldkirchen am Wesen ab. Der vom Sauwald gebildete, langgestreckte Höhenrücken vermittelt Ausblicke in das der Donau abgewandte Hügelland.

In Peuerbach (389) quert man zunächst die Eferdinger-B 129, dann den Schienenstrang der Bahn bei Neumarkt im Hausruckkreis. Die Runde wird kurz auf der B 137 Richtung Grieskirchen, nach 5 km auf der nach S abzw. Nebenstraße in das reizvoll gelegene Gaspoltshofen (455) fortgesetzt. Auf der Straße nach Wolfsegg (638) und Ungenach dringt man nochmals in den Hausruck ein. Schließlich trifft man bei Timelkam auf die B 1 und folgt dieser gut ausgebauten Verkehrsader zurück bis zum Ausgangsort Straßwalchen.

Variante: Von Schneegattern (550) über Gurten nach Lambrechten. Zunächst auf der alten Landesstraße über die Wienerhöhe (751) durch den Kobernaußer Wald hinauf zum Frauschereck und nach St. Johann am Walde. Die Fortsetzung leitet über Höhnhart und Aspach nach Gurten. Schließlich kommt man über Weilbach nach St. Martin im Innkreis. Den Anschluß an die Hauptroute findet man wieder in Lambrechten am Messenbach. Plus 5 km. Fahrtechnische Beurteilung: mittel.

Skizze 14 Hausruck und Sauwald

Abstecher: Von Wesenufer an der Nibelungenstraße nach Innzell. Von der B 130 hat man li. die beschilderte Zufahrt nach Schlögen zur Donauschlinge. Mit der „Schlögener Schlinge" vollzieht die Donau eine volle Kehrtwendung und fließt um den gegenüberliegenden, bewaldeten Bergriegel mit der Ruine Kerschbaum (471) herum, bevor sie wieder ihre ursprüngliche Stromrichtung einnimmt. Solche ausgeprägten Sehenswürdigkeiten in der Natur sind in Mitteleuropa durch Flußregulierungen sehr selten geworden, ähnliche Schlingen sind nur noch an der Mosel, am Rhein, am Main und am Inn bekannt. – Motorisierte können das schmale, jedoch asphaltierte Sträßchen entlang dem

Ufersaum stromabwärts bis Innzell (287) benützen. Es handelt sich dabei um ein knapp zweispuriges Sträßchen mit Ausweichstellen, das vielfach von Radfahrern benutzt wird. Durch den buschartigen Wald soll man bei Begegnungen nur im Schrittempo fahren. Es gibt steinschlaggefährdete Abschnitte, welche durch Warnschilder gekennzeichnet sind. Die Geschwindigkeit wurde mit 30 km/h begrenzt. Der Weiler Innzell besteht nur aus einigen Häusern. Hin und zurück 21 km. Fahrtechnische Beurteilung: mittel bis schwierig.

Abstecher: Von Wesenufer nach Haibach ob der Donau und weiter bis Eckersdorf. Von Wesenufer an der Nibelungen-B 130 zunächst bis zur Häusergruppe Sieberstal. Dort beginnt die beschilderte Auffahrt nach Haibach (528). An der darauffolgenden Straßenteilung hält man sich li. und fährt über Mannsdorf bis zu den letzten Bauernhöfen in Eckersdorf. Daran schließt sich zwischen den Feldern ein flacher Fußweg zum Aussichtspunkt auf die Donau an. Hinter dem Hügelland des Mühlviertler Hochplateaus ragt der Ameisberg (940) hervor, welcher die Verbindung mit den Höhen des Bayerischen Waldes herstellt. – Eine bemerkenswerte Aussicht auf die Schlögener Donauschlinge vermittelt auch der Hof Linetshub im Weiler Oedt nw. von Haibach, HT. – Hin und zurück 36 km. Fahrtechnische Beurteilung: mittel.

15 Mühlviertel-Runde*

Route: Aschach a.d. Donau (268) – Oberlandshaag – St. Martin im Mühlkreis – Dunzendorf – Burg Neuhaus – Untermühl – Altenfelden – Sarleinsbach – Kollerschlag – Peilstein i.M. – Julbach – Ulrichsberg – Aigen i.M. – Schlägl – Minihof – Damreith – Haslach a.d. Mühl – St. Stefan am Walde – Afiesl – Guglwald – Hinterweißenbach – Bad Leonfelden – Hellmonsödt – Kirchschlag bei Linz – Lichtenberg – Gramastetten – Walding – Freudenstein – Oberlandshaag – Aschach a.d. Donau 163 km.

Fahrtechnische Beurteilung: mittel

Zeitaufwand: Tagestour

Nördlich der Donau erstreckt sich sowohl gegen den Bayerischen Wald als auch gegen den Böhmerwald zu das Mühlviertel. Sein Name wurde von der Großen und der Kleinen Mühl abgeleitet, welche die bedeutendsten Wasserläufe in dieser Region sind. Die meist tief in das wellige Hügelland eingeschnittenen Flußtäler münden, aus dem Granit-Hochplateau kommend, in die Donau. Höchste Erhebung

Von der Aussichtswarte **„Moldaublick“** kann man auf den Lipno-Stausee und weit in das Böhmerland sehen → Route 15, Mühlviertel-Runde. Foto Tourismusregion Mühlviertel

Das oberösterr. **Mühlviertel** verfügt noch über kleinere Wassermühlen, welche zum Wahrzeichen der gesamten Region wurden → Route 15, Mühlviertel-Runde. Foto Verlagsarchiv

des Mühlviertels ist der Sternstein (1125), auf dessen Gipfel die Kaiser-Franz-Joseph-Aussichtswarte in Gestalt eines aus Steinen errichteten Turmes steht.

Verkehrsgeographisch gesehen ist es nur ein beschränktes Transitland, trotzdem einmal (während der Monarchie) von Linz nach Budweis eine der ersten Eisenbahnlinien führte. Für den allgemeinen Kraftfahrzeugverkehr sind nur die Grenzübergänge Weigetschlag und Wullowitz eingerichtet, wogegen der Grenzübergang Schöneben nur Fußgängern, Rad- und Mopedfahrern von Mitte April bis Anfang November in der Zeit von 8 bis 20 Uhr, jener in Guglwald im Gemeindegebiet von Schönegg dem Kfz-Verkehr, ausgenommen Lkw und Busse, von Mitte März bis Ende Oktober zwischen 6 und 22 Uhr zur Verfügung steht.

Auf böhmischer Seite bildet der zirka 42 km lange See der aufgestauten Moldau eine natürliche Straßensperre im Nord-Süd-Verkehr, da es auf diesem Abschnitt bis heute weder Straßenbrücken noch befahrbare Dämme gibt.

Vier Bundesstraßen mit unterschiedlichem Ausbauzustand durchqueren das w. Mühlviertel; es sind dies die Böhmerwald-B 38, die Prager-B 125, die Leonfeldener-B 126 und die Rohrbacher-B 127. Groß ist die Anzahl der Landes- und Gemeindestraßen und sie bilden, jeweils den stark gegliederten, geologischen Verhältnissen angepaßt, ein dichtes Netz von allerdings differenzierter Qualität. Ihre Befahrung erfordert daher auch einen unterschiedlichen Zeitaufwand. Fast allen zuletzt genannten Verkehrswegen sind die geringen Verkehrsfrequenzen gemeinsam.

Der Ausgangsort Aschach a.d. Donau zählt 2.200 Einwohner und hat noch zahlreiche, vorwiegend renovierte Giebelhäuser aus den Stilepochen der Gotik bzw. der Renaissance; auch seine alten Höfe und Laubengänge sind bemerkenswert und beeinflussen günstig das malerische Ortsbild. Im S des sich am re. Donauufer erstreckenden Marktes benützt man zunächst die große Straßenbrücke und wechselt auf ihr die Uferseite. In Oberlandshaag hält man sich li. und folgt bergan der vielgewundenen Landesstraße hinauf nach St. Martin im Mühlkreis (549).

Skizze 15 Mühlviertel-Runde

An der Abzw. beim Weiler Dunzendorf biegt man li. ein und fährt hinab zur Burg Neuhaus a.d. Donau (428) und weiter auf einer ausgeprägten Spitzkehre hinab nach Untermühl. Die Große Mühl überwindet man nahe ihrer Einmündung in die Donau. Die Bergstraße hinauf zum besuchenswerten Wildpark Atzesberg bei Altenfelden ist sowohl landschaftlich als auch fahrtechnisch von touristischem Interesse. In Altenfelden wird die neu trassierte B 127 nur gekreuzt, weil man die Rundtour über Sarleinsbach (561) nach Kollerschlag fortsetzt. Den Ameisberg (941), dessen Gipfel nicht mehr öffentlich anfahrbar ist, läßt man li. liegen; seinen Aussichtsturm können nur noch Fußgänger erreichen.

Ab Kollerschlag durchmißt die kurvenreiche Straße den von der Kleinen und Großen Mühl durchflossenen Landesteil und berührt die Orte Peilstein, Julbach und Ulrichsberg (626). In Aigen i.M. (596) befindet sich der Kopfbahnhof Aigen-Schlägl; durch den Bau der Mühlkreisbahn verlor der Schwarzenberg'sche Schwemmkanal (→ Abstecher) seine wirtschaftliche Bedeutung und wurde aufgelassen. Die Prämonstratenser-Abtei Schlägl liegt zirka 1 km s. von Aigen an der B 127; sehenswert ist die renovierte Stiftskirche Mariä Himmelfahrt.

Die Rundtour wird auf der Landesstraße, welche über das li. Hochufer der Großen Mühl verläuft und die Orte Minihof und Damreith berührt, fortgesetzt, ehe man nach Haslach a.d. Mühl mit seinen gut erhaltenen Befestigungsanlagen gelangt. Sie erfährt ihre Fortsetzung im stark gegliederten Landstrich über St. Stefan am Walde, Afiesl (839) und Guglwald (750), welche alle eine bemerkenswerte Aussichtslage haben. Gegenüber dem „Grenzland-Gasthaus Baumann" in Guglwald steht als Gedenkstätte der vertriebenen Böhmerwäldler eine Kapelle zur Erinnerung an ihre verlorenen Heimatpfarreien. Bei Hinterweißenbach trifft man auf die gut ausgebaute B 38, welche am Fuß des Sternsteins in den Kurort Bad Leonfelden (750) zieht.

Für die Rückfahrt zum Markt Aschach a.d. Donau benützt man zunächst die B 126 über Zwettl a.d. Rodl bis Hellmonsödt. Dort wählt man wegen ihrer landschaftlichen Vielfalt die Strecke auf Nebenstraßen via Kirchschlag und Lichtenberg nach Gramastetten (545). Bei Walding (303) gelangt man über die Große Rodl und fährt geradeaus weiter Richtung Pösting. Schließlich leitet die modern ausgebaute B 131 über Freudenstein zurück zum Ausgangsort.

Variante: Von Hellmonsödt über Waxenberg, Herzogsdorf, Gerling und Mühllacken zur B 131 ö. von Oberlandshaag. Auf dieser Alternativstrecke fährt man von einer Kurve in die andere. Im anmutig gelegenen Waxenberg lohnt es sich, eine kurze Rast einzulegen und auf dem „Hubertusweg" einen Rundgang um die ehem. Burg zu unternehmen oder über Stufen und Leitern die hervorragende Aussichtswarte auf dem Felsriegel (808) mit der Burgruine zu ersteigen. Minus 8 km. Fahrtechnische Beurteilung: mittel.

Den **Schwarzenberg'schen Schwemmkanal** kann man von der Jst. „Blauer Hirsch“ aus nur mehr zu Fuß besichtigen → Route 15, Mühlviertel-Runde. Foto Tourismusregion Mühlviertel

Abstecher: Von Ulrichsberg (626) über Schöneben (936) zur Aussichtswarte „Moldaublick“ (1040). In Ulrichsberg achte man auf die grüne HT „Moldaublick“ und folge der guten Straße zunächst nach Lichtenberg. Ihre Fortsetzung leitet mit 12% Steigung nach Schöneben (936) hinauf. Beim Gh. „Im Böhmerwald“, 4.6 km ab Ulrichsberg, biegt man re. ab. Den EP der durch dichten Wald führenden Asphaltstraße bildet eine Lichtung mit geräumigem Parkplatz und einer im Blockhausstil errichteten Jausenstation. Die dahinter stehende Stahlkonstruktion der 24 m hohen Aussichtswarte bietet nach Überwindung von 137 Stufen u.a. den Blick über die aufgestaute Moldau hinweg nach Oberplan in Böhmen, dem Geburtsort von Adalbert Stifter. Hin und zurück 18 km. Fahrtechnische Beurteilung: leicht bis mittel.

Abstecher: Von Ulrichsberg über Schöneben nach Sonnenwald zum Schwarzenberg'schen Schwemmkanal. Zunächst wie oben beschrieben zum Gh. „Im Böhmerwald“ in Schöneben. Wenig weiter geradeaus steht neben der Straße das Kirchlein der Heimatvertriebenen und kurz darauf hat man re. die Zufahrt zur Jausenstation „Blauer Hirsch“; sie war im Bj. zwar asphaltiert, befand sich jedoch in einem miserablen Zustand. Für Kfz endet die Fahrt nach 3.2 km ab Gh. „Im Böhmerwald“ an einem Schranken mit Fahrverbot; der den Schwemmkanal durch ausgedehnten Hochwald begleitende, einspurige Schotterweg Richtung Oberhaag (833) ist nur Radfahrern und Fußgängern vorbehalten.

Der Bau des Schwemmkanals wurde 1789 im Auftrag des Fürsten Schwarzenberg begonnen. Die 44 km lange Triftanlage ermöglichte die Bewirtschaftung des Urwaldgebietes im S von Plöckenstein und Hochficht. Zur Abkürzung wurde der Kanal 400 m durch den überhaupt ersten Tunnel Mitteleuropas geleitet. Nach Überwindung der Wasserscheide Elbe/Donau gelangte das Triftholz über die Große Mühl zur Donau und auf Kehlheimer Plätten verladen, nach Wien. Diese wohl bedeutendste forstwirtschaftliche Transportanlage ihrer Zeit erforderte zur Trift rund 700 Beschäftigte. Während der zirka 90 Jahre andauernden Blütezeit wurden der Stadt Wien fast 14 Millionen Raummeter Brennholz zugeführt. – Hin und zurück 16 km. Fahrtechnische Beurteilung: leicht bis mittel.

16 Südöstlicher Bayerischer Wald und Nationalpark*

Route: Passau (313) – Obernzell – Wegscheid – Breitenberg – Klafferstraß – Neureichenau – Altreichenau – Frauenberg – Haidmühle – Bischofsreut – Philippsreut – Mitter-Firmiansreut (1139) – Mauth – Neuhüttenwald – Infozentrum Neuschönau – Spiegelau – Frauenau – Zwiesel (Ortsteil Lichtenthal) – Rinchnach – Kirchdorf im Wald – Schönberg – Eberhardsreut – Umfahrung Tittling – Neukirchen im Wald – Passau. 196 km.

Fahrtechnische Beurteilung: leicht bis mittel

Zeitaufwand: Tagestour

Die einzigartige Lage der Dreiflüssestadt Passau an der Vereinigung von Donau, Inn und Ilz begründet die über 2000-jährige Geschichte bis zurück zur Keltensiedlung in vorchristlicher Zeit. Bereits 739 wurde Passau Bischofssitz, im 12. Jh. Nibelungenstadt. Der ursprünglich gotische Passauer Dom ist Mutterkirche des St.-Stephans-Doms in Wien; in ihm befindet sich der Welt größte Kirchenorgel.

Passau zählt zu den schönsten Städten Deutschlands. Beherrschend über der Stadt liegt zwischen Donau und Ilz die Veste Oberhaus (eindrucksvolle Tiefblicke auf die drei Flüsse) mit ihrem Kulturgeschichtlichen Museum und der Bischöflichen Diözesansammlung. Die bemerkenswerte Tradition des einstmals größten Bistums im Hl. Röm. Reich zeigen der Domschatz und das Diözesanmuseum in der Neuen Bischöflichen Residenz. Das Passauer Glasmuseum im

Blick vom **Dreisessel-Massiv** auf die wie ein Fleckerlteppich anmutende, hügelige Landschaft → Route 16, Südöstlicher Bayerischer Wald und Nationalpark. Foto Tourismusbüro Neureichenau

Im bekannten **Museumsdorf Bayerischer Wald** bei Tittling gibt es nicht nur alte, bäuerliche Gerätschaften, sondern auch rustikale Einrichtungsgegenstände zu besichtigen → Route 16, Südöstlicher Bayerischer Wald und Nationalpark. Foto Verlagsarchiv

Wilden Mann gilt als der Welt schönstes Glashaus, wo 30.000 Gläser das berühmte „Böhmische Glas“ dokumentieren. Jenseits des Inn leitet eine Wallfahrtsstiege zum Kloster Mariahilf.

Beginnt man die vorgegebene Runde in Passau, so benützt man zunächst die linksufrige Donaustraße in Richtung Obernzell (Keramikmuseum), um dann auf der B 388 zum Grenzort Wegscheid (718) hinaufzufahren. Im Raum von Maierhof tangiert die Straße den Ranna-Erholungssee. Eine vielgewundene Strecke leitet von Wegscheid an den w. Abhängen des Friedrichsberges (930) vorbei nach Breitenberg (Webereimuseum). Die grenznah verlaufende Route gewinnt bergauf-bergab den kleinen Ort Klafferstraß und angesichts des Hochkammes (Plöckenstein, Hochstein) Neu- und Altreichenau.

Man durchfährt Frauenberg (857) und hat wenig weiter re. die Abzw. der bewaldeten Bergstraße zum Parkplatz unterhalb des Dreisesselberges, HT. Die ausgebaute Hauptstraße erreicht 3 km weiter den Grenzort Haidmühle am Dreisesselberg mit dem Übergang für Fußgänger und Radfahrer in die Tschechische Republik. Im weiteren Anstieg gelangt man auf vorwiegend bewaldeter und verkehrsarmer Strecke nach Bischofsreut (982) und nach Philippsreut, wo man die wichtige B 12 kreuzt, welche direkt von Passau über Freyung heraufzieht und bei Silnice den nur 4 km entfernten Straßenübergang nach Tschechien erreicht.

Auf unserer Route gewinnt man im weiteren Anstieg das auch als Schizentrum bekannte Mitter-Firmiansreut, um durch den ausgedehnten Annathaler Wald den Ort Mauth (821), welcher einen Schlüsselpunkt im Nationalpark darstellt, zuzustreben. Die daran anschließende, bis Spiegelau führende Nationalparkstraße und deren Fortsetzung zeichnen sich durch ihre hervorragende Streckenführung durch das ausgedehnte Waldgebiet besonders aus und verdienen das Prädikat IMFS (Ideale Motorradfahrer-Strecke). Sie verlaufen fast flach, sind aber windungsreich. Ihre Geschwindigkeitsbeschränkung wurde mit 80 km/h festgesetzt.

Zwiesel umfährt man im S auf der großzügig ausgebauten B 12 und findet zirka 4 km außerhalb des Ortes die beschilderte Abzw. nach Rinchnach (564), bekannt durch seine besuchenswerte Pfarrkirche, deren Baumeister J. M. Fischer war. Schließlich folgt man der „Bay-

Skizze 16 Südöstlicher Bayerischer Wald und Nationalpark

erischen Ostmarkstraße", als B 85 bez., dicht an Kirchdorf im Wald vorbei über Eberhardsreut und Neukirchen hinab nach Passau (sehr lohnende Stadtbesichtigung).

Variante: Abzw. ö. von Passau nach Thyrnau und über Hauzenberg (545) nach Breitenberg (695). Die wohl kürzere Alternativstrecke ist sehr windungsreich und im Durchschnitt von geringerer Fahrbahnbreite. Man überwindet in mehrfachem Auf und Ab eine hügelige und relativ dicht besiedelte Region, welche von mehreren Wasserläufen durchzogen wird und nicht ohne landschaftlichen Reiz ist. Minus 13 km. Fahrtechnische Beurteilung: mittel.

Variante: Von Altreichenau über Freyung nach Spiegelau. Dank ihrer fast konstanten Höhenlage zwischen 600 und 800 m und ihres günstigen Verlaufes über Mittelgebirgsterrassen bietet sie zwischen Altreichenau und Grafenau zahlreiche freie Ausblicke auf das Gebirge. Gegen Spiegelau zu dominieren die ausgedehnten Waldgebiete. Der Ausbauzustand ist wechselhaft. Die Stadt Freyung wird im W von der großzügig ausgebauten B 12 kreuzungsfrei umfahren. Minus 6 km. Fahrtechnische Beurteilung: leicht bis mittel.

Variante: Von Mauth (820) nach Finsterau (998) und zum Freilichtmuseum Bayerischer Wald. Zurück nach Neuhüttenwald (762) an der Nationalparkstraße. Diese Variante verläuft in einer großen, nach N gerichteten Schleife. Bis Finsterau hat man eine normale Fahrbahnbreite, dann ist sie für Pkw nur mehr knapp zweispurig, keine Probleme für Motorradfahrer. Beim Freilichtmuseum gibt es Parkplätze sowohl für Busse als auch fur Pkw. Plus 10 km. Fahrtechnische Beurteilung: mittel.

Variante: Vom Infozentrum Neuschönau über die Böhmstraße hinauf zum Lusen-Parkplatz (1176). Abfahrt über Waldhäuser (1020) zur Nationalparkstraße. Die ö. Rampe, unter der Bez. „Böhmstraße" bekannt, war im Bj. in ihrem unteren Abschnitt für Pkw knapp zweispurig breit und mit Asphaltbelag versehen, im oberen Abschnitt nur mehr einspurig Man fährt durch einen ausgedehnten, lichten Buchenwald und hat während der Fahrt kaum Aussicht. Rastplätze waren nur im unteren Streckenabschnitt angelegt. Die Scheitelhöhe ist an Schönwettertagen meist total verparkt, weil von dort die beliebten Wanderwege hinauf zum Lusen-Schutzhaus (1340) und zum aussichtsberühmten Lusen (1373) ihren Ausgang nehmen.

Die 3 km lange Rampe hinab zum Erholungsort Waldhäuser wurde normal breit ausgebaut und beiderseits der Straße mit bez. Rastplätzen ausgestattet. Die Waldhäuserstraße leitet hinab in das romantische Tälchen der kleinen Ohe und mündet nahe der ehem. Graupsäge wieder in die Nationalparkstraße ein. Plus 5 km. Fahrtechnische Beurteilung: Böhmstraße mittel bis schwierig, Waldhäuserstraße leicht.

Variante: Da Tittling (528) von der B 85 umfahren wird, erreicht man den Ort nur über die alte Straße. Km gleichbleibend. Fahrtechnische Beurteilung: leicht.

Abstecher: Nö von Frauenberg (857) nimmt die 8.2 km lange Straße zum Parkplatz (1230) des Dreisesselhauses bzw. des Hochsteins (1332) von der Durchzugsstraße ihren Ausgang. Sie leitet fast zur Gänze über die bewaldeten, nach N und S geneigten Abhänge ohne Aussicht zu bieten. Die asphaltierte Bergstraße ist zweispurig ausgebaut und weist ausgeglichene Steigungsverhältnisse von zirka 9% auf. Schließlich mündet sie in einen 400 m

Die markante, dreiteilige Felsformation gab dem **Dreisesselberg** seinen Namen; direkt daneben steht der Berggasthof → Route 16, Südöstlicher Bayerischer Wald und Nationalpark.

Steht man auf dem **Dreisesselfelsen (1312)**, so ist die deutsch-tschechische Grenzlinie, welche vom weißen Grenzstein im Vordergrund durch das ehem. Wachhaus und die in den Wald geschlagene Schneise verläuft, deutlich zu erkennen → Route 16, Südöstlicher Bayerischer Wald und Nationalpark.

Das **Dreisesselmassiv** bietet bei klarem Wetter weitreichende Ausblicke in die Umgebung → Route 16, Südöstlicher Bayerischer Wald und Nationalpark. Foto Alfons Hellauer

langen, gebührenpflichtigen und bewachten Parkplatz ein. Von dort sind es noch 700 m bzw. 10 Gehmin. zum Bergghh. „Dreisessel" direkt an der tschechischen Grenze. Die Aussicht vom daneben stehenden Dreisesselfelsen (1312) reicht an Schönwettertagen bis zu den Alpen. Hin und zurück 17 km. Fahrtechnische Beurteilung: leicht.

Abstecher: Von Spiegelau (769) über die Schwarzachstraße zum Gfäll-Parkplatz (950), dem Ausgangspunkt für Bergwanderungen im Rachelgebiet, so zur Rachelkapelle (1212) und zum Großen Rachel (1453). Hin und zurück 10 km. Fahrtechnische Beurteilung: leicht.

Abstecher: Von Finsterau (998) öffentliche, zirka 5 m breite Straße zum Parkplatz Wistelberg (1074). Auf einem 300 m langen, kurvigen Streckenabschnitt wurden 17 % max. Steigung ausgeschildert. Im Bj. übernahm ein Elektrobus (Shuttle) die Beförderung von Personen auf der restlichen Strecke bis zur Grenzübertrittsstelle Buchwald (1150). Dieser Übergang in die Tschechische Republik ist nur für Fußgänger und Radfahrer zugelassen, ab Wistelberg wurde bis zur Grenze ein allg. Fahrverbot verhängt, wovon Radfahrer ausgenommen sind. Die mit Batterien ausgerüsteten Busse fuhren im Probebetrieb. Die Verwaltung des „Naturparks Bayerischer Wald" liebäugelt mit dem Einsatz von umweltfreundlichen Fahrzeugen auch auf anderen Strecken ihres Territoriums. Hin und zurück 9 km. Fahrtechnische Beurteilung: mittel.

Abstecher: Das bekannte „Museumsdorf Bayerischer Wald“ bei Tittling befindet sich w. der B 85 (HT „Thurmannsberg“) und in unmittelbarer Nähe vom Hotel „Dreiburgensee“. Es zeigt die historischen Bauformen des Bayerischen Waldes zwischen dem 15. Jh. und dem 19. Jh. mit zirka 50 bäuerlichen Anwesen. Hierzu zahlreiche landwirtschaftliche Geräte und Werkzeuge, Sägewerke und Mühlen. Hin und zurück 4 km. Fahrtechnische Beurteilung: leicht.

Naturpark Bayerischer Wald** 17

Route: Deggendorf (315) – Ruselabsatz (856) – Regen – Langdorf – Bodenmais – Großer Arbersee – Sporthotel Brennes (1034) – Hindenburg-Kanzel – Scheiben-Sattel (1050) – Lohberg – Bahnhof Lam – Arrach – Eck-Sattel (843) – Ambruck – Wiesing – Blossersberg – Viechtach – St. Englmar (900) – Mühlbogen – Schwarzach – Niederwinkling – Offenberg – Deggendorf. 123 km.

Fahrtechnische Beurteilung: leicht bis mittel

Zeitaufwand: Tagestour

Sämtliche Strecken zwischen Deggendorf und dem Wendepunkt in Arrach sind mit wenigen Ausnahmen modern ausgebaut. Die vorgegebene Route vermittelt einen typischen Querschnitt durch die vielseitige Landschaft des Bayerischen Waldes. Die Strecke zwischen Arrach und Arnbruck nach Viechtach überwindet den Bergkamm mit dem Kaitersberg (1034) an seiner niedrigsten Stelle, dem Eck-Sattel. Diese Anhöhe ist Ausgangspunkt mehrerer Wanderwege. Zwischen Viechtach und Schwarzach sind mehrere, windungsreiche Streckenabschnitte zu durchfahren. Vor unübersichtlichen Kurven ist erhöhte Aufmerksamkeit nötig! Von großer touristischer Bedeutung sind alle, in der Skizze eingezeichneten Varianten.

Vom Ortszentrum Deggendorf zunächst auf der landschaftlich reizvollen Strecke hinauf zum Ruselabsatz (856). Im S erhebt sich der Hausstein (916). Auf der anschließenden Scheitelstrecke tangiert man den Golfplatz Rusel und die Einmündungsstelle der über Schaufling und die Bavaria-Klinik führenden Alternativstrecke. Die gut ausgebaute B 11 leitet nun hinab nach Regen (536), wo sie w. der Stadt in die B 85 einmündet.

Im Zentrum biegt man an der ampelgeregelten Kreuzung li. ab, um den Schwarzen Regen zu überbrücken und der HT „Bodenmais“ zu folgen. Mit einem kräftigen Anstieg bei unübersichtlichen Kurven überwindet man die Terrasse von Schönhöh und kommt an Langdorf vorbei. Im S von Bodenmais (689) verläßt man die seit längerem umtrassierte Straße, um re. in den meistbesuchten Ferienort am Fuße des Großen Arbers abzubiegen.

Die Durchfahrt im Ballungszentrum Bodenmais ist während der Saison häufig zeitraubend, doch bietet eine Auffahrt über die vorzüglich ausgebaute Arberseestraße (mehrere Serpentinen und lange Geradstrecken) weit mehr als jene von Regenhütte im N von Zwiesel. Letztere folgt dem Arberseebach bergwärts. Straßenvereinigung kurz vor dem Arberseehaus (934) und Blick hinauf zum Arberschutzhaus. Abstellplätze findet man längs der Brennesstraße. Li. Zufahrt zur modernen Biathlon-Anlage Arbersee, wo auch während des Sommers die Kombination zwischen Schilanglauf und Scheibenschießen geübt wird.

Die nunmehr normal breite Straße tangiert die Talstation der Doppelsesselbahn, welche zum bewirtsch. Arberschutzhaus (1375) hinaufleitet. Die Gipfelregion vermittelt nach S eine bemerkenswerte Aussicht. Parkplätze findet man neben der Straße. Wenig weiter gelangt man beim Sporthotel „Brennes“ (1034) zur Einmündungsstelle der von Bayerisch-Eisenstein heraufführenden Bergstraße.

Auf einer Kammstrecke fährt man am Parkplatz der Hindenburgkanzel (1049) vorbei, welche einen vortrefflichen Ausblick nach NW zum markanten Gebirgsriegel des Hohen Bogen (1079) vermittelt. Eine vorwiegend bewaldete, 4 km lange Strecke leitet über den Scheiben-Sattel (1050) zur li. abzweigenden Zufahrt nach Oberhaiderberg (881). Die Scheibenstraße führt nunmehr durch Lohberg in den Lamer Winkel hinab und trifft außerhalb von Lam auf die Strecke entlang dem Weißen Regen, welcher man bis zur Kreuzung mit der Straße Eckhöhe-Haibühl folgt.

Dort biegt man li. in die nach S führende Bergstraße ein, welche am Bahnhof Arrach vorbeiführt und dann stetig durch ein ausgedehntes Waldgebiet im SO des Kaitersberges leitet. Sie ist normal breit und durchgehend staubfrei. Den HU von runden 350 m bis zum Eck-Sattel (843) bewältigt sie mit nur fünf Kehren ohne bemerkenswerte

Skizze 17 Naturpark Bayerischer Wald

Aussicht zu bieten, auch nicht von der Scheitelhöhe! Auf der Südrampe hat man eine knapp 6 km lange Bergstraße, welche bei ausgeglichenem Gefälle den Zellertaler Ort Arnbruck (581) erreicht.

Arnbruck ist mit einer 10 km langen, kurvenreichen Straße über Blossersberg mit Viechtach (435) verbunden, welches eine Kessellage im Tal des Schwarzen Regen hat. Die abwechslungsvolle Runde setzt

Ein beliebtes Ausflugsziel ist der **Große Arbersee**; an seinem Ufer gibt es auch einen Tretbootverleih → Route 17, Naturpark Bayerischer Wald. Foto Michael Braun

Vortrefflich ausgebaut ist die Bergstrecke von Arrach über den **Eck-Sattel (843)** nach Arnbruck mit ihren gut ausgeglichenen Steigungen → Route 17, Naturpark Bayerischer Wald. Foto Michael Braun

man über den Viechtacher Marktplatz fort, indem man bei 13% Steigung zur B 85 hinauffährt und diese bei der Kapelle St. Anton kreuzt. Im weiteren Verlauf steigt diese mit Parkplätzen ausgestattete Touristenstraße stets mäßig bis zur Abzw. in das neu errichtete Ferienzentrum St. Englmar an.

Eine weitere Abzw. bildet die Zufahrt in den alten Ortsteil; ihre Fortsetzung führt durch ein romantisches, vielgewundenes Tälchen an mehreren Sägewerken vorüber. Über Hilm-Haigrub und dann li. am Ausgang der Wolfsschlucht vorbei, gelangt man zum Straßendreieck Mühlbogen. Die Weiterfahrt erfolgt durch die Ausläufer des Gebirges nach Schwarzach und unter der A 3 hindurch nach Niederwinkling, wo man li. die alte Straße nach Deggendorf hat. Diese leitet zuletzt über das Mettenufer in die verkehrsbedeutende Stadt.

Variante: Von Deggendorf über Schaufling zum Ruselabsatz. Von Deggendorf zunächst in ö. Richtung bis zur Ortschaft Schaufling. Im Abschnitt von Schaufling bis zum Rusel-Golfplatz, wo man in die Hauptstraße nach Regen einmündet, ist die Bavaria-Klinik an den Abhängen des sonnseitigen Haus-stein (917) weithin sichtbar. Die meist bewaldete Straße ist normal breit ausgebaut. Zwischen den Kehren, welche in ihren Wendepunkten jeweils einen sehr engen Radius aufweisen, liegen langgezogene Geradstrecken. Die Bergstraße ist mit beschilderten Parkplätzen ausgestattet. Plus 7 km. Fahrtechnische Beurteilung: mittel.

Variante: Von Regen (536) über Zwiesel (Umfahrung) zur Siedlung Regenhütte und hinauf zum Arberseehaus (934). Bleibt man ab Regen auf der B 11 und benützt die moderne, kreuzungsfreie Umfahrung von Zwiesel, so folgt man dieser bis zur Brücke bei der Siedlung Regenhütte (Glasfabrik) und hat dann nur mehr die 4 km lange Bergstrecke bis zum Arberseehaus zurückzulegen. Plus 4 km. Fahrtechnische Beurteilung: leicht bis mittel.

Variante: Von Regen über Zwiesel und Regenhütte (wie bereits als Variante beschrieben) nach Bayerisch-Eisenstein (724) und zum Sporthotel „Brennes". Die direkte, 7 km lange Zufahrt zum Brennes bzw. zum Berggh. „Mooshütte" nimmt von der B 11 in Bayerisch-Eisenstein ihren Ausgang. Diese grenznahe verlaufende Bergstraße durch den Eisensteiner Wald wurde modern ausgebaut. Auf halber Strecke und am Brennes-Sattel wurden mehrere Parkplätze angelegt. Plus 7 km. Fahrtechnische Beurteilung: leicht bis mittel.

Variante: Von Arnbruck Neubaustrecke nach Drachselried und über Grafenried, Bahnhof Gumpenried, Teisnach, Patersdorf, Ruhmannsfelden, Achslach, Kalteck (728), Egg und Metten nach Deggendorf. Diese durch den Hinteren Bayerischen Wald verlaufende Variante meidet alle besonders frequentierten Straßen und durchzieht eine landschaftlich abwechslungsreiche Region. Minus 3 km. Fahrtechnische Beurteilung: mittel bis schwierig.

Abstecher: Interessierte können von Schaufling einen kurzen Abstecher in die Gemeinde Stritzling machen, wo sich das Fahrzeugmuseum des Albert Streicher befindet. Neben Nobelkarossen wie Rolls Royce und Bugatti gibt es dort über 2.500 Modellautos zu sehen. Hin und zurück 5 km. Fahrtechnische Beurteilung: leicht.

Abstecher: Von Brennes zum Berggh „Mooshütte". Nach W zeigt eine HT die Zufahrt zur bewirtsch. Mooshütte an, welche unterhalb von Brennes am Wanderweg zum Kleinen Arbersee (915) liegt. Hin und zurück 6 km. Fahrtechnische Beurteilung: mittel.

18 Vorderer Bayerischer Wald*

Route: Regensburg (442) – Regenstauf – Nittenau – Walderbach (Heimatmuseum) – Roding – Michelsneukirchen – Zinzenzell – Wäscherszell – Ascha a.d. Kinsach – Falkenfels – Saulburg – Obermiethnach – Zinzendorf – Hofdorf – Wörth a.d. Donau – Sulzbach a.d. Donau – Donaustauf – Regensburg. 132 km.

Fahrtechnische Beurteilung: leicht bis mittel

Zeitaufwand: Halbtagestour

Die vorgegebene Route folgt zunächst von Regensburg bis Roding dem Lauf des Regen durch eine abwechslungsvolle Flußlandschaft. Man benützt von Regensburg entweder die A 93 bis zur Ausfahrt Regenstauf oder die B 15, welche man in Regenstauf am Aussicht bietenden Schloßberg verläßt, um auf gut ausgebauter Straße flußaufwarts weiterzufahren. Zwischen dem Hohenstein (578) und dem Schwarzberg (513) beschreibt der Regen ein ausgeprägtes Flußknie und wechselt seine Fließrichtung in einer großen Schleife.

Man passiert den Ort Nittenau (350) und gelangt wenig weiter im O nach Walderbach mit seiner besuchenswerten, romanischen Hallenkirche St. Nikolaus (ehem. Zisterzienser-Abtei). Nach einer kurzen Fahrt durch den Rodinger Forst erreicht man schließlich den s. Ortsteil von Roding (370), den Wendepunkt dieser Halbtagesroute.

Während der Fahrt von Regenstauf nach Nittenau öffnen sich immer wieder idyllische Blicke auf den Regen wie hier bei **Ramspau** → Route 18, Vorderer Bayerischer Wald. Foto Michael Braun

Von Roding hat man bis Michelsneukirchen nur 9 km auf einer mäßig frequentierten Strecke zurückzulegen. Die Route setzt sich von Michelsneukirchen in sö. Richtung fort und berührt die Orte Regelsmais, Zinzenzell (719), Hötzelsdorf, Wäscherszell mit dem außerhalb auf einem Hügel stehenden Wallfahrtskirchlein (613) und Ascha a.d. Kinsach.

Dort biegt man re. in die vielgewundene Straße nach Wörth a.d. Donau ein, welche über Falkenfels (543), manche schöne Aussicht bietend, Saulburg, Obermiethnach, Zinzendorf und Hofdorf in das Donautal leitet. – Zurück nach Regensburg benützt man entweder die linksufrige Landesstraße über Sulzbach a.d. Donau und Donaustauf oder die re. der Donau bis Sinzing verlaufende und meist stark frequentierte A 3.

Variante: Von Michelsneukirchen führt die Nebenstraße im S des Haiberberges (584) nach Falkenstein (573) mit seiner bewirtsch. Burg aus dem 11. Jh. Vielgewunden und teilweise mit unübersichtlichen Kurven zieht man durch den Vorderen Bayerischen Wald nach Wörth a.d. Donau (560), einer alten Kleinstadt mit achttürmiger Burganlage; ihr Burghof ist frei zugänglich. Minus 18 km. Fahrtechnische Beurteilung: mittel.

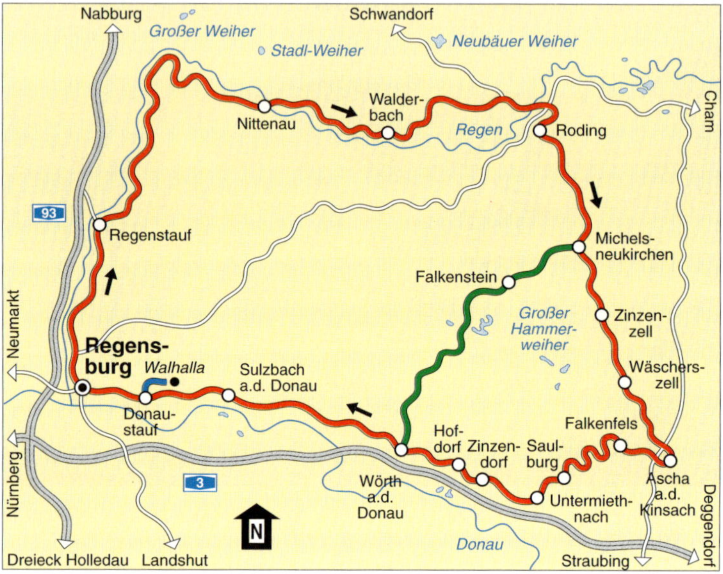

Skizze 18 Vorderer Bayerischer Wald

Abstecher: Von Donaustauf (360) leitet eine beschilderte Zufahrt zur Walhalla (411) hinauf. Dieser „Ruhmestempel der Deutschen“ wurde aus Marmor errichtet und hat ein griechisches Vorbild. Seine Fertigstellung war 1842. Hervorragende Persönlichkeiten deutschen Stammes wurden darin durch Marmorbüsten in eine ehrenvolle Erinnerung gebracht. An Föhntagen reicht die Fernsicht von der Walhalla bis zu den Alpen. Hin und zurück 6 km. Fahrtechnische Beurteilung: leicht.

Beachten Sie die Wild-Warnschilder! Die meisten Unfälle mit Wild ereignen sich während der Dämmerung und in der Nacht. 75% der registrierten Fälle beziehen sich auf das Rehwild. Zusammenstöße mit diesen Tieren können nur in seltenen Fällen verhindert werden, weil die Reaktionsfähigkeit der Rehe nachts vermindert ist und sie vom Scheinwerferlicht geblendet werden. Auf wenig befahrenen Straßen ist das Risiko in der Dunkelheit für Mensch und Tier am größten. Wenn Sie daher Wildtiere am Straßenrand bemerken, so sollten Sie nicht damit rechnen, daß diese Ihr Vorbeifahren abwarten oder gar umkehren. Im Gegenteil, sie springen oft erst im letzten Augenblick direkt vor das herannahende Fahrzeug. Auch Abblenden und starkes Hupen kann die panikartige Flucht erst auslösen. Reduzieren Sie daher unbedingt die Fahrgeschwindigkeit! Bei den meist in Rudeln auftretenden Rehen, bei Rotwild und bei Wildschweinen müssen Sie damit rechnen, daß in fast allen Fällen dem Leittier noch weitere Artgenossen nachfolgen.

Seltene Begegnung mit einem liebevoll restaurierten MZ-Oldtimer aus dem Zschopauer Werk. Im Hintergrund der Ort **Walderbach** → Route 18, Vorderer Bayerischer Wald. Foto Christine Braun

Die **Burg Falkenstein** steht auf einem Hügel hoch über dem gleichnamigen Ort und ist bereits von weither sichtbar → Route 18, Vorderer Bayerischer Wald. Foto Michael Braun

19 Oberer Bayerischer Wald*

Route: Cham (374) – Chamerau – Miltach – Kötzting – Hohenwarth – Bahnhof Arrach – Haibühl (529) – Engelshütt – Tanneneck (740) – Neukirchen beim Heiligenblut – Eschlkam – Furth im Wald – Gleißenberg – Waldmünchen – Schönthal – Steegen – Wenzenried – Bernried – Schatzendorf – Stamsried – Pösing – Wetterfeld – Ried am Pfahl – Altenmarkt – Chammünster – Cham. 117km.

Fahrtechnische Beurteilung: leicht bis mittel

Zeitaufwand: Halbtagestour

Der „Naturpark Oberer Bayerischer Wald“ liegt im Landkreis Cham. Er zeichnet sich durch wohltuendes Grün aus, soweit das Auge reicht. Dazwischen ragen stattliche Berge wie Osser (1293), Schwarzeck (1238), Kaitersberg mit Großem Riedelstein (1132) und Schwarzriegel (1079) im Hohen Bogen auf. Drei Flüsse, der Regen, die Schwarzach und der Chamb bewässern den ausgedehnten Naturpark. Die Kreisstadt Cham mit ihren derzeit 17.000 Einwohnern liegt im Schnittpunkt der von Straubing über Furth im Wald zur tschechischen Grenze bei Vollmau hinaufziehenden B 20 mit der B 22 und der B 85; die beiden letztgenannten sind Teilstrecken der „Bayerischen Ostmarkstraße“. Die Wahrzeichen von Cham sind das Biertor und der Straubinger Turm mit seinem Storchennest. Eine gute Aussicht in die Talung des Regen vermittelt das Wallfahrtskirchlein Lamberg (601).

Von Cham folgt man der stark frequentierten B 85 über Chamerau bis Miltach (382), 12 km. Die nach Kötzting führende Straße zweigt hier li. ab. S. von Kötzting (408) kommt man am Zusammenfluß des aufgestauten Schwarzen Regen mit dem, aus dem Lamerwinkel herabziehenden Weißen Regen vorbei. Hohenwarth umfährt man im N und folgt der Neubaustrecke bis zur Straßenkreuzung beim Bahnhof Arrach. Dort zweigt man scharf li. ab, überbrückt den Weißen Regen und erreicht nach einer kräftigen Steigung von 15% den Ort Engelshütt. Der Straßenverlauf bleibt übersichtlich.

An einer Sprungschanze vorbei setzt sich die Bergstraße zur Scheitelhöhe auf dem Tanneneck fort, dessen frühere Bez. „Absetz“ lautete. Re. neben der Straße befindet sich die ruhige Gasthof-Pen-

Flußlandschaft des **Regen** zwischen Chamerau und Miltach; Bahn, Straße und Fluß verlaufen dort parallel → Route 19, Oberer Bayerischer Wald. Foto Michael Braun

sion. – Die modern angelegte Rampe durch den Rittsteiger Wald nach Neukirchen beim Heiligen Blut (497) vermittelt bemerkenswerte Ausblicke in den Hohen-Bogen-Winkel mit dem Nachbarort Eschlkam und der bedeutenden Grenzstadt Furth im Wald (407). Das Gefälle hinab in den Winkel ist gut ausgeglichen. Die großzügigen Schleifen in der Straßenführung erhöhen Übersicht und Sicherheit.

Die direkte Straße von Furth im Wald nach Waldmünchen leitet in nw. Richtung über den klimatisch begünstigten Ort Gleißenberg (420), der auch als „Bayerisches Meran" bezeichnet wird. – Landschaftlich anspruchsvoller ist allerdings der „Weg über das Gebirge", welcher am Fuß der Dreiwappenfelsen (917) im Gibachtgebiet vorbeizieht → Variante.

In Waldmünchen (512) hat man wiederum die Wahl, entweder der vorgegebenen Route über die Wallfahrtskirche Ast nach Schönthal zu folgen oder den lohnenden Umweg über Treffelstein (525) und Tiefenbach im Tal der Schwarzach mit dem Silbersee zu unternehmen → Variante. Am n. Ortsrand von Waldmünchen verdient der nahegelegene Perlsee mit seinem Strandbad einen Besuch.

Blick von der meist durch Wald führenden Straße am Westufer des Silbersees auf den Ort **Treffelstein** mit dem Drachenturm → Route 19, Oberer Bayerischer Wald.

Von Schönthal (449), das von der „Bayerischen Ostmarkstraße" im S umfahren wird, nunmehr auf einem Nebensträßchen über die Schwarzach hinüber nach Steegen und weiter über Wenzenried nach Bernried. Die Route wird dann über Stamsried (400) mit seiner sehenswerten Mariensäule nach Pösing und Wetterfeld fortgesetzt, um jenseits der Regenbrücke wieder auf die B 85 zu treffen, welche, hervorragend ausgebaut, zum Straßenknoten Cham zurückleitet.

Variante: Von Kötzting leitet ein Sträßchen re. des Weißen Regen, den w. Ausläufer des Hohen Bogen mit dem Burgstall (976) tangierend, über Liebenstein und Grafenried nach Furth im Wald. Minus 20 km. Fahrtechnische Beurteilung: mittel.

Variante: Von Beckendorf ö. Kötzting führt ein Sträßchen li. des Weißen Regen über Grafenwiesen (410) und den Erholungsort Rimbach mit seiner sehenswerten Burg Lichtenegg (700), dann die w. Flanke des Hohen Bogen tangierend, nach Furth im Wald. Minus 17 km. Fahrtechnische Beurteilung: mittel.

Variante: Eine asphaltierte Nebenstraße leitet von Furth im Wald über das Gebirge nach Waldmünchen. Sie verläuft unterhalb von Voithenberg, welches durch sein Schloß, seine Hammerschmiede und seinen schön gelegenen Golfplatz bekannt wurde, in nw. Richtung. Zum „Blasihäusl" am Dachs-

Skizze 19 Oberer Bayerischer Wald

riegel (826) gibt es eine kurze Zufahrt. Wenig weiter gewinnt man im Gibachtgebiet den höchsten Punkt (934) der Straße unterhalb des Dreiwappenfelsens. Der Dreiwappenfelsen an der böhmisch-bayerischen Grenze (nur zu Fuß erreichbar) stellt anläßlich der Grenzziehung von 1766 die Wappen der damals angrenzenden Länder Königreich Böhmen, Kurfürstentum Bayern und Kurfürstentum Pfalz dar. Minus 4 km. Fahrtechnische Beurteilung: mittel.

Variante: Von Waldmünchen lohnt es sich, den Umweg über den Ferienort Treffelstein (597) mit seiner besuchenswerten Pfarrkirche Heilig Dreikönig und dem Drachenturm zu nehmen, um über den Ferienort Tiefenbach (524) mit seinem Kalvarienberg zum Silbersee zu gelangen. Mit der Schleife durch das Schwarzachtal beendet man auf dem schmalen Sträßchen zwischen Hiltersried und Schanthal diese Variante. Plus 15 km. Fahrtechnische Beurteilung: mittel.

Variante: Als kürzere, landschaftlich keinesfalls nachstehende Alternative bietet sich zwischen Schatzendorf und Cham das Sträßchen an, welches durch Pemfling am Fuße des Sattelberges (511) und vorbei an Rhanwalting direkt in die Kreisstadt Cham leitet. Minus 7 km. Fahrtechnische Beurteilung: mittel.

Das auf einem Höhenrücken gelegene **Leuchtenberg** mit seiner Burganlage ist schon aus der Ferne gut zu sehen → Route 20, Rund um Oberpfälzer- und Böhmerwald.

Hoch über dem Wasser spannt sich die moderne Brücke über die **Talsperre Eixendorf**; an ihrem Ostufer wurde ein Parkplatz angelegt → Route 20, Rund um Oberpfälzer- und Böhmerwald.

Rund um Oberpfälzer- und Böhmerwald* 20

Route: Weiden (397) – Zeßmannsrieth – Umfahrung Waldthurn (557) – Neuenhammer – Georgenberg (589) – Leßlohe (659) – Waidhaus (524) – Eslarn – Schönsee – Schönau – Tiefenbach – Hiltersried – Rötz (453) – Neunburg vorm Wald – Schwarzenfeld – Nabburg (385) – Pfreimd – Wernberg-Köblitz – Wittschau – Bernrieth – Michldorf – Weiden. 151 km.

Fahrtechnische Beurteilung: leicht bis mittel

Zeitaufwand: Tagestour

Die vorgegebene Rundtour weist sehr unterschiedliche Straßenzustände auf, die dem Motorradfahrer auch viel Abwechslung bieten: so hat er von Weiden bis Neuenhammer keinen neuzeitlichen Straßenverlauf. Mit dem Prädikat IMFS läßt sich die durchgehend bis Waidhaus beschriebene Trassenführung auszeichnen. An der Einmündungsstelle in die B 14 biegt man im Ort nach re. ein und hat bereits wenig weiter die für Pkw zweispurig angelegte Grenzlandstraße über Eslarn, Schönsee und Schönau nach Rötz. Diese weist auch merkliche Steigungen und Gefälle auf. Sie durchmißt manchen ausgedehnten Wald. In der unmittelbaren Umgebung des Lindauer Landhauses tangiert sie ein größeres Wildgehege.

Normal breit aber kurvig ist die Anschlußstrecke bis Schwarzenfeld, welche die Seenplatte mit den zahlreichen Weihern bzw. Teichen im N begrenzt. Zwischen Schwarzenfeld und Nabburg benützt man die w. der A 93 verlaufende, nur wenig frequentierte Nebenstraße, welche sich durch Pfreimd nach Wernberg-Köblitz fortsetzt und wegen ihrer unübersichtlichen Kurven erhöhte Aufmerksamkeit erfordert.

Schließlich trifft man bei Wernberg auf die modern ausgebaute B 14 als Zubringer zur „Bayerischen Ostmarkstraße“; sie mündet bei Bernrieth in diesen stark frequentierten Verkehrsweg ein. Man umfährt dann den breiten Burghügel von Leuchtenberg (572), das sowohl von O her als auch von NO anfahrbar ist. Die B 22 leitet abwechslungsvoll nach Weiden zurück. An Schönwettertagen wird diese Strecke durch den Weidener Ausflugsverkehr stärker belastet.

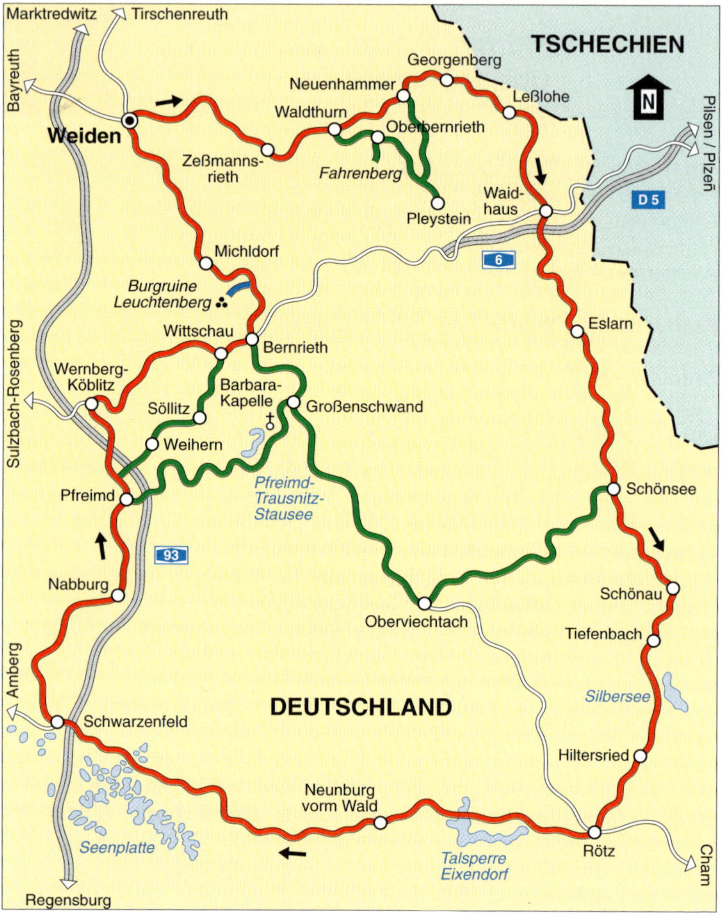

Skizze 20 Rund um Oberpfälzer- und Böhmerwald

Variante: Von Waldthurn über Oberbernrieth (704) und Pleystein nach Neuenhammer. Besonders sehenswert ist in Pleystein die Kreuzkirche auf dem Schloßberg, der auch bemerkenswerte Ausblicke auf die Stadt und ihre waldreiche Umgebung vermittelt. – Von Oberbernrieth leitet eine 1 km lange Auffahrt zum Aussichtspunkt Fahrenberg (801) mit der Wallfahrtskirche „Mariä Heimsuchung"; im oberen Teil gibt es eine Schleife mit Einbahnregelung. – Plus 12 km. Fahrtechnische Beurteilung: mittel.

Die Fahrt von **Eslarn** nach **Schönsee** nahe der deutsch-tschechischen Grenze verläuft durch Wald und ausgedehnte Kornfelder → Route 20, Rund um Oberpfälzer- und Böhmerwald.

Variante: Von Schönsee (655) läßt sich die vorgegebene Runde entscheidend abkürzen, indem man den Weg durch das romantische Tal der Ascha nach Oberviechtach nimmt, um dort auf die „Bayerische Ostmarkstraße" zu treffen; letztere durchmißt landschaftsverbunden den Naturpark des hügeligen Oberpfälzer Waldes. In Bernrieth trifft man wieder auf die Hauptroute. Minus 51 km. Fahrtechnische Beurteilung: leicht.

Variante: Als parallel verlaufende Verbindungsstraße zur Hauptroute läßt sich die landschaftlich reizvolle Spange zwischen Pfreimd über Großenschwand (586) nach Bernrieth auffassen. Sie wird bis zum Ostufer des Pfreimd-Trausnitz-Stausees vom Gewässer der stark gewundenen Pfreimd begleitet und führt dann an der Barbara-Kapelle in Kressau vorüber, um bei Großenschwand in die B 22 einzumünden. Plus 3 km. Fahrtechnische Beurteilung: mittel.

Variante: Als weitere Alternative bietet sich die zielstrebig angelegte Straße an, welche 1 km n. Pfreimd vom Naabufer im re. Winkel abzweigt und über Weihern nach Söllitz und Wittschau zur „Ostmarkstraße" leitet. Minus 2 km. Fahrtechnische Beurteilung: leicht.

Abstecher: Von der B 22 auf den Burghügel von Leuchtenberg (572). Zirka 3 km n. von Bernrieth zeigen Hinweisschilder li. die Auffahrt an. Der Burgfried bietet weitreichende Blicke auf den Oberpfälzer Wald. Hin und zurück 2 km. Fahrtechnische Beurteilung: mittel.

Fränkische Alb

Der „Naturpark Altmühltal“ umfaßt das reizvolle Altmühltal mit seinen abwechslungsreichen Seitentälern, welche die Frankenalb gliedern. Die Ausblicke von den Jurahöhen schweifen über wellige Hochflächen, Waldbestände sowie Wiesentäler und bleiben an faszinierenden Schlössern und Burgen hängen, die meist auf schroffen, steil abfallenden Felspartien stehen. Der „Naturpark Altmühltal“ ist der größte unter den über 60 deutschen Naturparks. Er umschließt s. des Neuen Fränkischen Seenlandes eine vielgestaltige Mittelgebirgslandschaft im Herzen Bayerns zwischen den Ballungszentren mit ihren großen Siedlungen. Achse des Naturparks ist das Altmühltal zwischen Gunzenhausen und Kehlheim. – Kelten, Alemannen und Römer haben hier deutliche Spuren hinterlassen. Kirchliche und weltliche Bauten zeigen die schöpferische Kraft von Romanik, Gotik, Renaissance und Barock. – Die Juralandschaft ist ein einzigartiges Bilderbuch der Entstehungsgeschichte unserer Erde und ihrer Lebewesen. Weißgelb leuchten die ausgedehnten Steinbrüche um Treuchtlingen, Solnhofen und Eichstätt. In den Museen begegnen einem Versteinerungen als Zeugen des Lebens im Jurameer vor mehr als 140 Millionen Jahren; darunter befindet sich auch der weltberühmte Urvogel. – Eine Fülle von Freizeiteinrichtungen hat der Verein „Naturpark Altmühltal“ in den letzten Jahren geschaffen. Hierzu gehören Park-, Rast-, Spiel-, Picknick- und Grillplätze. Wanderwege, Lehrpfade, Wildgatter und Botanische Schutzgebiete werden gerne besucht. Baden kann man sowohl in fließenden Gewässern als auch in den wärmeren Seen. Innerhalb des von namhaften touristischen Straßen gebildeten Dreieckes Nördlingen–Dinkelsbühl–Gunzenhausen erhebt sich der anfahrbare Hesselberg (689), welcher dank seiner Höhe ein umfassendes Panorama der Fränkischen Alb vermittelt. AP der 3 km langen Gipfelstraße ist der Ort Gerolfingen (423). Im geschichtsträchtigen Raum der Fränkischen Alb eignen sich Regentage ganz besonders zum Besuch eines Museums je nach Interessenslage.

Das im Jura entstandene **Altmühltal** bei Riedenburg. Interessant zu beobachten ist der Schiffsverkehr auf dem Main-Donau-Kanal → Route 21, Rund um die Fränkische Alb, Ost.

Ein besonderer Blickfang für den Tourenfahrer sind im **Altmühltal** die zahlreichen Felsgestalten wie hier bei Kipfenberg → Route 21, Rund um die Fränkische Alb, Ost.

21 Rund um die Fränkische Alb, Ost**

Route: Kinding im Altmühltal (378) – Beilngries – Berching – Winterzhofen – Holnstein – Schnufenhofen – Wissing – Kemnathen – Breitenbrunn – Dietfurt – Riedenburg – Essing – Oberau – Kehlheim – Kloster Weltenburg – Eining – Neustadt a.d. Donau – Mindelstetten – Sandersdorf – Pondorf – Denkendorf – Kipfenberg – Kinding. 146 km.

Fahrtechnische Beurteilung: leicht bis mittel

Zeitaufwand: Tagestour

Auf dieser Route dringt man in das Herzstück des „Naturparks Altmühltal" ein. Wegen der zahlreichen Sehenswürdigkeiten in dieser Kulturlandschaft soll man sich mehr Zeit als anderswo nehmen und Aufenthalte entsprechend einplanen. Der Straßenverlauf wurde auf längeren Strecken durch Donau und Altmühl vorgezeichnet und ist daher auch windungsreich. Sieht man vom Ballungsraum Kehlheim ab, so sind die vorgegebenen Strecken eher als verkehrsarm zu bezeichnen. Die stark befahrene, dreispurige A 9 München–Berlin berührt den erfaßten Raum nur kurz im W dieser Runde.

Die verkehrsmäßig günstig gelegene Ausgangs-Marktgemeinde Kinding bildet das „Tor" zum „Naturpark Altmühltal". Ihr Wahrzeichen ist die Wehrkirche aus dem 14. Jh., welche auf noch älteren Grundmauern steht. Dem Lauf der Altmühl folgend, gelangt man auf prächtig ausgebauter Straße nach 10 km in den Nachbarort Beilngries am Zusammenfluß von Sulz und Altmühl. Der historische Altstadtkern mit seinen behäbigen Bürgerhäusern und engen Gassen wird von einer teilweise erhalten gebliebenen Stadtmauer mit neun Türmen umgeben. Eines regen Besuches erfreut sich das dortige Brauereimuseum mit seinem Felsenkeller-Labyrinth.

Die Fahrt wird nach Berching (383) an der Sulz fortgesetzt. Kaum eine andere Stadt in Bayern bietet ein so geschlossenes, mittelalterliches Stadtbild. Die um 1450 errichtete Wehranlage mit 13 Türmen und vier Stadttoren ist vollständig erhalten. Die alte Klosterkirche Plankstetten, gegründet im 12. Jh., befindet sich re. der Sulz im S der Stadt.

Skizze 21 Rund um die Fränkische Alb, Ost

Ein Nebensträßchen verbindet Berching über Winterzhofen mit dem idyllischen Tal der Weißen Laaber, welches man bei Holnstein erreicht. Hügelauf und hügelab setzt man die Runde über Schnufenhofen und Wissing nach Kemnathen (437) fort. In Breitenbrunn, bekannt durch die „Tillymonstranz", einer außergewöhnlichen gotischen Silberarbeit, folgt man der Wissinger Laaber bis Dietfurt (364). Dietfurt, an der Altmühl gelegen, bezeichnet sich als „Siebentälerstadt".

Das ökologisch wertvolle Altmühltal mußte zwischen Dietfurt und Kehlheim 34 km für den Bau des Main-Donau-Kanals hergeben. Es bleibt zu hoffen, daß die länderverbindende Wasserstraße zwischen der Nordsee und dem Schwarzen Meer auch ausreichend genutzt wird und der Straßenverkehr dadurch eine spürbare Entlastung erfährt. –

Den wohl hervorragendsten Streckenabschnitt bildet nunmehr die „Deutsche Ferienstraße Alpen-Ostsee", welche der Altmühl und dem Main-Donau-Kanal über das besuchenswerte Städtchen Riedenburg (354) nach Kehlheim folgt.

Besondere Anziehungspunkte sind das Schloß Rosenburg im W von Riedenburg mit seinem Jagdfalken-Hof und dem Falknereimuseum. Ö. davon steht das Schloß Prunn auf einem 70 m hohen Felsen; es ist eine der besterhaltenen Ritterburgen Bayerns. Das Kristallmuseum mit der Welt größten Bergkristallgruppe hat seinen Ausstellungsraum bei der „Faßlwirtschaft". In Essing zeigt sich die Burgruine Randeck aus dem 11. Jh. mit ihrem Aussichtsturm. Die Tropfsteinhöhle „Schulerloch" befindet sich bei Oberau. Die bis zu 400 m in den Fels reichenden Gänge wurden von der Ur-Donau ausgespült.

Das Wahrzeichen von Kehlheim (343) ist seine Befreiungshalle auf dem Michelsberg im W der Stadt; sie erinnert an die Befreiungskriege gegen die napoleonische Herrschaft. Kehlheim ist eine Drehscheibe für Ausflugsfahrten mit dem Schiff auf der Donau (romantischer Stromdurchbruch zum Kloster Weltenburg) und auf der Altmühl bzw. dem Main-Donau-Kanal.

Abwechslungsvoll gestaltet sich die Weiterfahrt von Kehlheim auf dem re. Donauufer bis Neustadt a.d. Donau (354). An einer Donauschlinge, 5 km außerhalb von Kehlheim, steht das bekannte, von den Brüdern Asam erbaute und reich ausgestattete Kloster Weltenburg. Das dort ausgeschenkte, dunkle Spezialbier ist besonders begehrt. Bei Eining trifft man auf die Reste des ehem. Römischen Kastells Albusina. Die ganze Region ist ein Hort von Zeugen aus der früheren Vergangenheit, wozu auch die Keltenschanze bei Holzharlanden, die Hadriansäule und die Teufelsmauer bei Haggenhill zählen.

Neustadt a.d. Donau bildet den s. Wendepunkt unserer Runde. Über Berg und Tal leitet die B 299 an Mindelstetten und Sandersdorf vorbei, um ab Pondorf auf einer guten Nebenstraße Denkendorf und Kipfenberg (394) an der Altmühl mit seinem besuchenswerten Heimatmuseum zu erreichen. – Das private Motorradmuseum „Lohmühle" im sw. gelegenen Ort Schambach war im Bj. nicht mehr zugänglich. – Den Abschluß der vielfältigen Runde bildet die Uferstraße, welche bis zum Zusammenfluß von Altmühl und Schwarzach unterhalb Kinding leitet.

Die meist verkehrsarme Nebenstraße über das sonnige Plateau von **Haunstetten** ist teilweise von Obstbäumen gesäumt → Route 21, Rund um die Fränkische Alb, Ost.

Die Auffahrt von **Kinding** nach **Haunstetten** leitet durch Wald und an steilen Felspassagen vorbei; am Ende der Steigungsstrecke wurde ein Rastplatz mit Tischen und Bänken eingerichtet – ideal für eine gemütliche Brotzeit → Route 21, Rund um die Fränkische Alb, Ost. Foto Thanalak Denzel

Variante: Von Kinding über Haunstetten nach Beilngries. Die zirka 12 km lange Verbindungsstraße hoch über der Altmühl bietet sowohl fahrtechnisch als auch landschaftlich mehrere Anreize. Gleich zu Beginn leitet eine felsige Passage mit 8% Steigung zu einem Rastplatz hinauf; die folgende, fast eben verlaufende Strecke ist im Frühjahr, wenn die Obstbäume blühen, besonders schön. Minus 1 km. Fahrtechnische Beurteilung: leicht bis mittel.

Variante: Von Riedenburg über Altmannstein durch das Schambachtal nach Sandersdorf. Diese Alternative wartet mit einem landschaftlich besonders reizvollen Tal auf und bietet mehrere kulturelle und geschichtliche Sehenswürdigkeiten wie beispielsweise die „Teufelsmauer", einen Teil des ehem. 166 km langen Rätischen Limes. Die Steinmauer ist bis zu 3 m hoch. Altmannstein besitzt sowohl ein besuchenswertes Heimatmuseum als auch eine Wappen- und Hammerschmiede aus dem 15. Jh. mit einem wasserradgetriebenen Eisenhammer. Minus 39 km. Fahrtechnische Beurteilung: mittel.

22 Rund um die Fränkische Alb, West**

Route: Donauwörth (403) – Harburg – Wemding – Polsingen – Hechlingen – Heidenheim – Spielberg (599) – Gnotzheim – Gunzenhausen – Büchelberg – Haundorf – Seitersdorf – Kalbensteinberg – Spalt – Stirn – Pleinfeld – Fliegenstall – Bergen – Reinwarzhofen – Thalmässing – Greding – Kinding – Enkering – Pfahldorf – Eichstätt – Marienstein – Dollnstein – Wellheim – Rennertshofen – Marxheim – Leitheim – Donauwörth. 208 km.

Fahrtechnische Beurteilung: leicht bis mittel

Zeitaufwand: Tagestour

Als günstig gelegener AP bietet sich die mittelalterliche, bayerisch-schwäbische Stadt Donauwörth mit ihrem besuchenswerten Archäologischen Museum an. Interessierte Besucher erfreut das im Geiste von Käthe Kruse errichtete Puppenmuseum. Ihre lebensnah wirkenden Puppen wurden noch in mühsamer Handarbeit hergestellt. Im Hintermeierhaus auf der Insel Ried ist ein kleines Heimatmuseum untergebracht.

Die Ausfahrt erfolgt auf der B 25 in Richtung Harburg (484), dessen Schloß sehenswert ist. In der nahegelegenen Stadt Wemding (456) ist die Altstadt mit dem Marktplatz, die Stadtbefestigung, die Stadt-

Blick Richtung Osten auf den **Igelsbachsee** und den dahinter liegenden **Großen Brombachsee**; beide zählen zum „Neuen Fränkischen Seenland“ → Route 22, Rund um die Fränkische Alb, West.

kirche, das Rathaus und das Heimatmuseum einen Aufenthalt wert. Auf der Weiterfahrt nach Heidenheim hat man an der Oettinger Straße die Wallfahrtskirche „Maria Brünnlein“. Zwischen Polsingen und Heidenheim fährt man durch eine landschaftlich besonders ansprechende Region mit dem Hahnenkammsee; der Hügel mit der Kapellen-Ruine bei Hechlingen vermittelt eine gute Aussicht auf den Hahnenkamm.

Das Ries, ein durch gewaltigen Meteoriteneinschlag entstandenes Becken mit einem Durchmesser von mehr als 20 km, bildet die Grenze zwischen dem Fränkischen und dem Schwäbischen Jura. Sein Zentrum bildet die sehenswerte Stadt Nördlingen mit ihrem kreisrunden Stadtkern; ihre Stadtmauer ist vollständig erhalten und begehbar. – Die Burg Spielberg (599) bei Gnotzheim am n. Ende des Hahnenkammes ist ein hervorragender Aussichtspunkt. In unmittelbarer Nachbarschaft befindet sich der anfahrbare Gelbe Berg (628).

Am Rande des noch relativ neuen „Fränkischen Seenlandes“ liegt die Stadt Gunzenhausen (420) idyllisch zwischen Altmühl- und Brombachsee. Segeln, Surfen, Baden und Bootfahren bilden hier ein stark gefächertes Freizeitangebot. An Schlechtwettertagen empfiehlt sich auch ein Besuch des Badefreizeitzentrums „Juramare“, ein Hallenbad mit Freischwimmbecken.

Von Gunzenhausen setzt man seine Fahrt auf der Nebenstraße nach Haundorf fort, welche hinter Buchelberg zwischen dem Haundorfer und dem Eichenberger Weiher hindurchleitet. Am Fuße des Mittelberges (509) erreicht man Seitersdorf und mündet wenig weiter in die B 466 ein, welche man aber kurz darauf wieder verläßt, um den weiteren Weg durch das bekannte Kirschenanbaugebiet von Kalbensteinberg (Kirschblüte Ende April/Anfang Mai, Kirschenernte Ende Juni/Anfang Juli) zu nehmen.

Der Ort Spalt (369) an der Fränkischen Rezat zählt mit seiner unmittelbaren Umgebung zu den größten Hopfenanbaugebieten in Europa. Auf der verkehrsarmen Nebenstraße über das hübsch auf einem Bergrücken gelegene, schmucke Dorf Stirn gelangt man in den Markt Pleinfeld, an der Schwäbischen Rezat gelegen; er ist das n. Tor zum „Naturpark Altmühltal“ und verfügt über ein besuchenswertes Heimat- und Brauereimuseum.

Die Hauptroute wird wiederum auf einer verkehrsarmen Nebenstraße über Fliegenstall und Bergen nach Reinwarzhofen fortgesetzt, wo im NW ein von weither sichtbarer Sendemast (612) emporragt. Über einen kleinen Umweg lohnt sich für den Tourenfahrer die Bergstraße hinab nach Thalmässing (418) und zum Thalbach. Man überquert die sechsspurige Autobahn München–Berlin und ist bald im kleinen Städtchen Greding (392) an der Schwarzach.

Greding wurde bereits im 6. Jh. gegründet und gehörte lange Zeit zum Fürstbistum Eichstätt. Die Ringmauer blieb teilweise erhalten, auch die Mehrzahl der insgesamt 21 Türme. Das Prähistorische Museum und das heimatkundliche Museum „Natur und Mensch“ befinden sich im Schloß. – Mit einer langgezogenen Schleife über der Schwarzach wird der Markt Kinding mit seiner weithin sichtbaren Wehrkirche rasch angefahren.

Um den Anschluß in Richtung Eichstätt über die „Jura-Hochstraße“ zu finden, muß man zunächst hinab in die breite Talung zum AA-Altmühltal. Über Enkering (380) gelangt man nach Pfahldorf, wo man den ehem. Limes überquert. Die Hochstraße überwindet die Eichstätter Alb und kreuzt die ehem. Römerstraße, bevor sie sich mit 10% hinab nach Eichstätt in das Tal der Altmühl senkt.

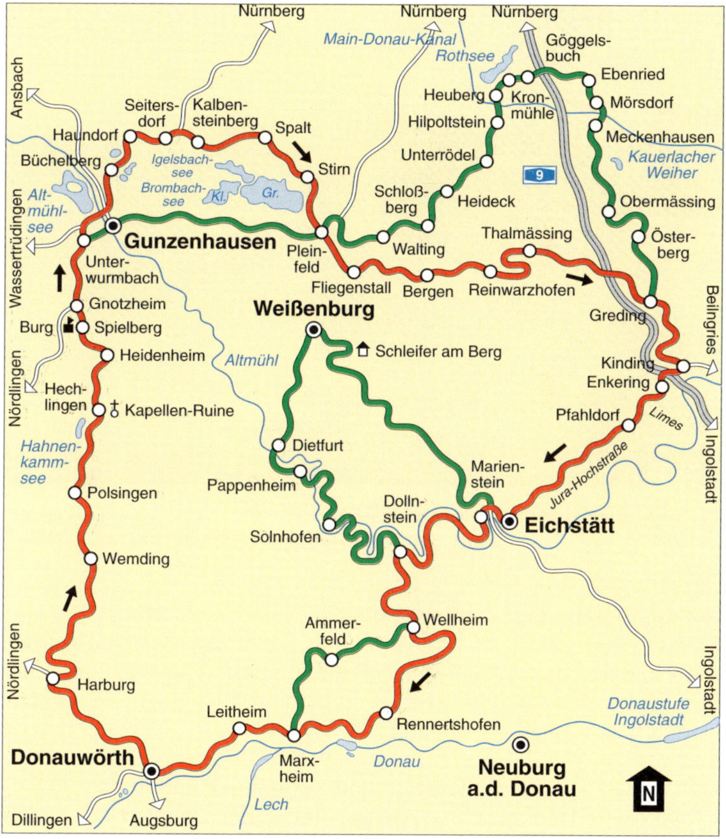

Skizze 22 Rund um die Fränkische Alb, West

Unter den zahlreichen Sehenswürdigkeiten von Eichstätt, das zugleich Barock-, Bischofs- und Universitätsstadt ist, ragt der Dom mit den Hans-Holbein-Glasfenstern, dem Kreuzgang und dem steinernen „Pappenheimer Altar" besonders hervor. Einem großen Interesse begegnen das Diözesanmuseum, die Fürstbischöfliche Residenz und das Jura-Museum in der Willibaldsburg; es zeigt u.a. das versteinerte Skelett des Urvogels Archaeopteryx. Im S der Stadt steht das Kloster Rebdorf, eine ursprünglich romanische Pfeilerbasilika mit barockem Arkadenhof.

Die Schiffsanlegestelle des **Main-Donau-Kanals** nördlich von **Hilpoltstein** bietet Gelegenheit zur Rast; gegenüber liegt das Dorf Heuberg → Route 22, Rund um die Fränkische Alb, West.

Auf der Straße über Marienstein nach Dollnstein lernt man weitere Schönheiten des Altmühltales kennen. Dollnstein hat eine historische Marktbefestigung und den Petersturm als Wahrzeichen hoch über dem Fluß. Der Talkessel ist durch den Zusammenfluß von Ur-Donau und Altmühl entstanden.

Man verläßt hier das Altmühltal und wendet sich durch das Ur-Donautal auf landschaftlich reizvoller Strecke der Donau zu. Inmitten des Trockentales liegt Wellheim (408), welches auch als Perle des Altmühljuras bezeichnet wird. – Im W von Neuburg ist das Donautal erreicht. Das nördliche Donauufersträßchen leitet über Marxheim (391), das im Einmündungsraum des Lechs in die Donau liegt, an Leitheim vorbei in das Stadtzentrum von Donauwörth.

Variante: Von Unterwurmbach bei Gunzenhausen im S des „Neuen Fränkischen Seenlandes" nach Pleinfeld. Durch die größte wasserwirtschaftliche Baumaßnahme Deutschlands ist ein ausgedehntes, mit Wasserflächen, Wald und Wiesen durchsetztes Erholungsgebiet entstanden. Das „Fränkische Seenland" setzt sich aus Altmühlsee, Igelsbachsee, Kleinem und Großem Brombachsee sowie dem Rothsee zusammen. Besonders Wassersportarten wie Rudern, Segeln, Surfen, Baden und Angeln erfreuen sich hier großer Beliebtheit, aber auch zum Wandern, Radfahren und für andere Sportarten gibt es reichlich Möglichkeiten. Der Altmühlsee mit seiner Vogelinsel und der Große Brombachsee werden durch ringförmig verkehrende Schiffahrtslinien erschlossen. Minus 12 km. Fahrtechnische Beurteilung: leicht.

Variante: Von Pleinfeld über Hilpoltstein und den Rothsee nach Greding. Über Walting und Schloßberg gelangt man zunächst nach Heideck. Die Fortsetzung leitet über Unterrödel nach Hilpoltstein (384). Ö. davon, befindet sich bei Bischofsholz die Wasserscheide Rhein/Donau. – Zur näheren Beobachtung des Schiffsverkehrs auf dem Kanal eignen sich sowohl Abschnitte zwischen Hilpoltstein und Berching wie z.B. die Anlegestelle bei Heuberg als auch die Trogbrücke bei Fürth, welche den Kanal 14 m über dem Rednitztal quert.

Von Hilpoltstein setzt sich die Variante über Heuberg, wo man den Main-Donau-Kanal überquert, nach Kronmühle am Ostufer des Rothsees fort. Bei Göggelsbuch unterfährt man die A 9, um nach Ebenried zu gelangen. Auf der weiteren Strecke berührt man die Orte Mörsdorf, Meckenhausen und Obermässing. Aus dem lieblichen Schwarzachtal leitet eine Serpentinenstraße nach Osterberg, der man bis Greding folgt. Plus 25 km. Fahrtechnische Beurteilung: mittel.

Variante: Von Eichstätt über Weißenburg, Dietfurt und Pappenheim nach Dollnstein. Auf dieser Alternativstrecke werden viele kulturelle Sehenswürdigkeiten und solche in der freien Natur erschlossen. Von Eichstätt wählt man zunächst die Ausfahrt auf der B 13 und durchmißt den Naturpark von S her in Richtung Weißenburg. Im Weißenburger Wald erreicht die Strecke ihren höchsten Punkt (575). Wenig weiter zweigt beim „Schleifer am Berg“ re. die Zufahrt zur Renaissancefestung Wülzburg ab, im dortigen Festungsgraben hat man ein Wildgehege angelegt. – In der nahegelegenen Stadt Weißenburg i.B. (422) versäume man nicht einen Besuch des Römermuseums und der aufwendig restaurierten Römischen Therme.

Auf der Weiterfahrt nach Dietfurt benützt man die ausgebaute B 2 in Richtung Donauwörth, überbrückt die Altmühl und hat dann den landschaftlich hervorstechendsten Abschnitt durch das Altmühltal nach Dollnstein. Der vielgewundene Straßenverlauf vermittelt dem Tourenfahrer auch viel Fahrspaß. – In einer ausgeprägten Flußschleife liegt der bekannte Ort Pappenheim. Auch Solnhofen ist einen Aufenthalt wert, um das Bürgermeister-Müller-Museum mit seinen zahlreichen Versteinerungen aus dem Plattenkalk, darunter auch der 6. Urvogel und zahlreiche lithographische Erzeugnisse, zu besichtigen. Plus 45 km. Fahrtechnische Beurteilung: leicht.

Variante: Von Wellheim über Ammerfeld nach Marxheim. Eine Fahrt über das Hochplateau zwischen Altmühl und Donau vermittelt auf schwach frequentierten Straßen sowohl mehr Fahrgenuß als auch mehr landschaftliche Abwechslung. Minus 3 km. Fahrtechnische Beurteilung: leicht bis mittel.

Steinwald und Fichtelgebirge

Bewaldete Berge, bizarre Felsformationen, Weiher und klare Wildwasser charakterisieren den „Naturpark Steinwald“. Ihm ist das Wald-Seen-Gebiet von Wiesau/Schönhaid im O vorgelagert. Die zahlreichen Weiher sind entweder ehem. Kaolingruben oder ursprüngliche Wasserbecken. Sie sind allesamt begehrte Aufenthaltsorte der Vogelwelt. In der Wondrebsenke, einer Übergangszone zwischen dem Oberpfälzer Wald und dem Fichtelgebirge, trifft man Gneise, Granite, Vulkanische Tuffe und Basalte an. – Aufgrund der geographischen Nähe wurde diesem Kapitel eine Runde durch Westböhmen hinzugefügt. Die Straßenzustände sind im grenznahen Tschechien durchaus akzeptabel. Der Reichtum an historischen Burgen und Schlössern ist in Böhmen bemerkenswert, ihre Bausubstanz kann als gut bezeichnet werden und die Sehenswürdigkeiten erfahren auch eine regelmäßige Wartung.

 Das 360°-Panorama von der **Ruine Flossenbürg** mit Orientierungstisch → Route 23.

Rund um Steinwald und Stiftland* 23

Route: Marktredwitz (535) – Waldershof – Pilgramsreuth – Pullenreuth – Trevesen – Erbendorf – Wildenreuth – Kirchendemenreuth – Süßenloher Weiher – Neustadt a.d. Waldnaab – Floß – Flossenbürg – Silberhütte (834) – Hohenthan – Bärnau – Asch – Griesbach – Mähring – Högelstein – Altmugl – Neualbenreuth – Maiersreuth – Waldsassen – Münchenreuth – Grenzlandhütte – Schirnding – Hohenberg – Neuhaus – Thierstein – Thiersheim – Marktredwitz. 149 km.

Fahrtechnische Beurteilung: mittel bis schwierig

Zeitaufwand: Tagestour

Wählt man Marktredwitz als AP, so folgt man der „Bayerischen Ostmarkstraße" über Waldershof und Pullenreuth, dann durch das liebliche Tal der Fichtelnaab zum Straßenknoten Erbendorf (509). Auf der modern ausgebauten B 22 gelangt man dann rasch nach Neustadt a.d. Waldnaab. Im SW erhebt sich unübersehbar der Basaltkegel des Parkstein (548). Kurz vor der Kreuzung mit der A 93 tangiert man den als Badesee gerne besuchten Süßenloher Weiher. In Neustadt wendet man sich nach O und benützt die Straße nach Floß und Flossenbürg (572).

Die schon von weither sichtbare und interessante Ruine Flossenbürg steht auf dem Schloßberg (732), einer zwiebelartig in Schichten aufgebauten Granitkuppe. Der älteste Teil der „Burg zur Flozze" wurde bereits im Jahr 1105 errichtet. Wegen ihres 360°-Panoramas aus 745 m Höhe bildet die Aussichtsplattform auf dem Turm einen besonderen Anziehungspunkt.

Auf der stark bewaldeten Strecke zwischen Flossenbürg und der Silberhütte fährt man von einer Kurve in die andere, was dem Geschmack sportlich eingestellter Motorradfahrer entgegenkommt. Die Siedlung Silberhütte (834) liegt am Fuß des Entenbühl (901), der höchsten Erhebung des Oberpfälzer Waldes auf deutschem Boden; auf böhmischer Seite gilt die Schwarzkoppe (1039) als höchster Berg. Trotz ihres guten Ausbauzustandes ist die Rampe hinab nach Hohenthan (582) nur wenig frequentiert.

Die benachbarte Stadt Bärnau (615) im „Naturpark Nördlicher Oberpfälzer Wald“ ist die kleinste des Stiftlandes und verfügt über eine teilweise noch erhaltene Stadtmauer. Sie ist das Zentrum der deutschen Knopfindustrie und besitzt das einzigartige „Deutsche Knopfmuseum“. Die Grenzübergangsstelle Paulusbrunn, nur wenig von Bärnau entfernt, ist für Fahrzeuge mit dem Kennzeichen des Landkreises Tirschenreuth zugelassen. Einen Besuch verdient auch die nahegelegene Kreisstadt Tirschenreuth mit ihrem informativen Museum für Teichwirtschaft und Fischerei.

Die Straße durch den Griesbacher Wald nach Asch (778) überwindet die Wasserscheide zwischen Donau und Elbe, um dann hügelauf und hügelab das Stiftland über Griesbach, Mähring und Neualbenreuth aussichtsreich zu durchmessen. Der Übergang Mähring wurde für Einheimische diesseits und jenseits der Grenze eingerichtet. Der Tillenberg (939), über den heute die gemeinsame Grenze mit Böhmen verläuft, ist einer der östlichen Ausläufer des Oberpfälzer Waldes und stellt den geographischen Mittelpunkt Europas dar; seine genaue Lage wurde am Westhang des Berges durch eine Granitsäule markiert.

Die Route setzt sich von Neualbenreuth (557) und dem nahegelegenen Maiersreuth, bekannt durch sein Sibyllenbad, im Wernersreuther Forst fort. Kurz vor Waldsassen (477) setzt ein Gefälle von 11% ein. Die Stadt wurde durch ihre großartige Basilika berühmt. Der Ort ist auch Sitz des Stiftlandmuseums. Die historische Bezeichnung des gesamten Landstriches lautet „Stiftland“, da vom Stift Waldsassen Rodung, Besiedlung und Kultivierung ausgingen. Im SW schließt sich der „Naturpark Steinwald“ an.

Die Runde wird nur für eine kurze Strecke außerhalb von Waldsassen auf der B 299 fortgesetzt bis man li. an die beschilderte Abzw. nach Schirnding gelangt. Der für Motorradfahrer vorzüglich geeignete Verkehrsweg berührt Münchenreuth und die Grenzlandhütte der Naturfreunde. Nach Durchmessen des Kohlwaldes gelangt man in den Grenzort Schirnding und hat dort eine verwinkelte Durchfahrt zu bewältigen.

Nachdem man auch das reizvolle, alte Grenzstädtchen Hohenberg an der Eger (525) passiert hat, begibt man sich auf die Straße in Richtung Selb. Der Ortsausgang weist ein Gefälle von 14% auf. Die Neu-

Die besuchenswerte **Ruine Flossenbürg** wurde in bester Aussichtslage auf einer Granitkuppe hoch über dem Ort errichtet → Route 23, Rund um Steinwald und Stiftland.

Blick vom Bergfried der einst weitläufigen Burganlage, welcher eine umfassende Rundsicht bietet, auf den Ort **Flossenbürg**. In der näheren Umgebung lassen sich mehrere Granit-Steinbrüche ausfindig machen → Route 23, Rund um Steinwald und Stiftland.

baustrecke benützt man nur bis li. die beschilderte Abzw. „Kothigenbibersbach“ erreicht ist. Dieser folgt man auf einem schmalen Sträßchen über Neuhaus nach Thierstein, welches wegen seiner beherrschenden Lage den Vorüberziehenden entzückt. Wenig weiter trifft man auf die hervorragend ausgebaute B 15 (Porzellanstraße), welche, ab Thiersheim autobahnmäßig ausgebaut, nach Marktredwitz zurückleitet.

Variante: Von Waldershof über Poppenreuth zur Steinwald-Scheitelhöhe (800) und hinab nach Friedenfels (537) und Erbendorf. In Waldershof (546) verläßt man am n. Ortsrand die „Bayerische Ostmarkstraße“ und folgt der li. abzw., beschilderten Straße in Richtung Fuchsmühl nach Poppenreuth (648). Dort nimmt die neu trassierte Steinwald-Bergstraße, welche als IMFS einzustufen ist, über die Scheitelhöhe nach Friedenfels ihren Ausgang. Ihr Verlauf wurde meisterhaft dem stark gegliederten Gelände angepaßt. Die durchgehend mit Buchen und Fichten bewaldete Strecke ist kurvenreich, weist aber gut ausgeglichene Steigungen bzw. Gefälle auf; ihre Maxima betragen 15%. Enge und unübersichtliche Kurven wurden mit Leitplanken ausgestattet. Mehrere, neben der Straße angelegte Parkplätze laden zu einer Rast ein. Der Bergrücken des granitreichen Steinwaldes bildet die Wasserscheide zwischen Elbe und Donau. Bei Friedenfels berührt man die ausgedehnte Seenplatte des Voitenthaner- und Wiesauer Waldes mit ihren zahlreichen kleinen Seen und Teichen. Von Waldershof bis Friedenfels hat man eine 14 km lange, landschaftlich reizvolle und nur wenig frequentierte Bergstrecke.

Als variable Tourenspange fungiert die kurze Straßenverbindung zwischen Pilgramsreuth (625) und der Straßeneinbindung auf der Scheitelhöhe des Steinwaldes; sie leitet bei umfassender Aussicht auf das Fichtelgebirge und die benachbarten Naturparks über Hohenhard bergwärts. Ihre hauptsächliche Bedeutung hat sie in der günstigen Zufahrt zum bewirtsch. Marktredwitzer Haus (760). – Plus 2 km. Fahrtechnische Beurteilung: leicht bis mittel.

Variante: Von Waldsassen über Eger nach Schirnding. Wer jetzt fast formlos (ohne Einreisevisum und Zwangsumtausch der Währung) dem benachbarten Egerland mit der Stadt Eger (448) einen Kurzbesuch abstatten möchte, dem empfiehlt sich von Waldsassen aus der kurze Umweg über den Grenzübergang Hundsbach nach Heiligenkreuz/Svatý Kříž. Von Eger aus kann man dann über die Grenze bei Schirnding wieder zur vorgegebenen Route in Richtung Hohenberg gelangen. In den Sommermonaten ist zur Reisesaison eventuell mit längeren Wartezeiten an den Grenzübertrittsstellen zu rechnen! Plus 8 km. Fahrtechnische Beurteilung: leicht.

Abstecher: Von Trevesen auf den Armesberg. Zweigt man im romantischen Tal der Fichtelnaab zwischen Pullenreuth und Erbendorf in Trevesen (505) scharf re. ab, so kann man auf durchwegs staubfreien, aber schmalen Wegen

Skizze 23 Rund um Steinwald und Stiftland

über Godas auf den Armesberg (731) hinauffahren, 3 km. Vor dem Gh. „Mesnerhaus" in Erdenweis gibt es genügend Abstellplätze. Den letzten Anstieg zur Wallfahrtskirche muß man in wenigen Min. zu Fuß zurücklegen, weil über das Forststräßchen ein Fahrverbot verhängt wurde. Die Aussicht von der Kirche ist wegen der hochgewachsenen Bäume ringsum nur mehr sehr beschränkt im Gegensatz zur umfassenden Aussicht beim „Mesnerwirt". Hin und zurück 6 km. Fahrtechnische Beurteilung: mittel.

Abstecher: Von der B 22 zweigt im W von Neustadt a.d. Waldnaab beim Süßenloher Weiher ein zirka 7 km langes Sträßchen ab, welches über den Weiler Buch auf den Basaltkegel des Parkstein (548) hinaufleitet. Diese von weither sichtbare, freistehende Kuppe ist Naturschutzgebiet; ihr Panorama

Die berühmte **Dreifaltigkeitskirche Kappel** ist einer der bedeutendsten barocken Rundbauten nördlich der Alpen → Route 23, Rund um Steinwald und Stiftland. Foto Zirlik

Der direkt anfahrbare **Grenzlandturm** des Oberpfälzer Waldvereins **bei Neualbenreuth** mit Jausenstation → Route 23, Rund um Steinwald und Stiftland. Foto Gästeinformation Neualbenreuth

ist bemerkenswert. Eine wesentlich kürzere Zufahrt gibt es von SW her, welche an der B 470 abzweigt. Hin und zurück 14 km. Fahrtechnische Beurteilung: leicht bis mittel.

Abstecher: Von Neualbenreuth lohnt sich das einspurige, aber asphaltierte Sträßchen zum anfahrbaren Grenzlandturm (655) des Oberpfälzer Waldvereins. Bei der Wegeteilung „Maria Frieden“ fährt man an der Kapelle li. vorbei (re. führt das Sträßchen zur Fischzucht bzw. zum Parkplatz des geographischen Mittelpunktes Europas). Der Grenzlandturm hat eine Höhe von 19 m, seine Aussichtsplattform erreicht man über 82 Stufen; Öffnungszeiten von April bis Oktober bei günstiger Witterung von 10 bis 18 Uhr. Hin und zurück 4 km. Fahrtechnische Beurteilung: mittel.

Abstecher: Von Münchenreuth zur Wallfahrtskirche „Kappel“. Die berühmte Dreifaltigkeitskirche „Kappel“, ein bedeutender Rundbau des Barocks n. der Alpen, ist von der Grenzlandstraße Waldsassen–Schirnding günstig erreichbar. Die Abzw. befindet sich li. in Münchenreuth. Die Strecke steigt mit max. 10% durch den Ort an, dann sind es nur mehr weitere 2 km bis zum großen Parkplatz und dem Gh. „Rosner“, unmittelbar neben dem markanten, dreitürmigen Rundbau. – Die im Volksmund als „Kleine Kappel“ bez., schmucke Wallfahrtskirche befindet sich hingegen in Ottengrün, nur 2 km von Neualbenreuth entfernt, auf dem Sträßchen zum Egerer Waldhäusl. – Hin und zurück 4 km. Fahrtechnische Beurteilung mittel.

Naturpark Fichtelgebirge* 24

Route: Bayreuth (341) – Laineck – Weidenberg – Warmensteinach – Oberwarmensteinach – Neubau – Fichtelsee – Einmündung in die B 303 – Tröstau (550) – Furthammer – Wunsiedel – Göpfersgrün – Thiersheim – Kothigenbibersbach – Schirnding – Hohenberg a.d. Eger – Silberbach – Selb – Marktleuthen – Kirchenlamitz – Weißenstadt – Waldstein (773) – Reinersreuth – Zell (614) – Gefrees – Bad Berneck – Frankenhammer – Goldkronach – Dressendorf – Bayreuth. 144 km.

Fahrtechnische Beurteilung: mittel

Zeitaufwand: Tagestour

Von Bayreuth hat man zunächst die Stadtausfahrt über St. Georgen nach Laineck. Wenig weiter gelangt man bei Friedrichsthal in das reizvolle, von der Steinach durchflossene Tal, dem man auf der „Glasstraße“ über Weidenberg (Museum des Fichtelgebirgsvereins) nach

Warmensteinach folgt. Sie setzt sich dann über Neubau zur „Fichtelgebirgsstraße" mit der Bez. 303 fort. Auf dieser Strecke dringt man von Bayreuth aus sehr rasch in das Herz des Fichtelgebirges ein, dessen höchste Erhebungen der Ochsenkopf (1023) und der Schneeberg (1053) sind. Von Bischofsgrün leitet eine Doppelsesselbahn auf den Gipfel des Ochsenkopfes.

Bei Furthammer verläßt man die modern ausgebaute B 303 und fährt nach Wunsiedel (537), dem historischen Zentrum des ehem. Sechsämterlandes, weiter. Mit rund 10.000 Einwohnern ist die heutige Kreisstadt der Mittelpunkt des inneren Fichtelgebirges, dessen Bekanntheitsgrad sowohl durch die Luisenburg-Festspiele als auch durch den „Sechsämtertropfen" in den vergangenen Jahrzehnten gestiegen ist. Kurz vor Thiersheim kreuzt man die autobahnmäßig ausgebaute B 15.

Über den Grenzort Schirnding wird das sehenswerte, alte Städtchen Hohenberg a.d. Eger mit seiner Burg (eindrucksvolle Aussicht in das Egerland) erreicht. Das dort etablierte Museum der Deutschen Porzellanindustrie bietet im ständigen Wechsel spezielle Ausstellungen. – Mit einer Gefällstrecke von 14% gelangt man hinab in das reizvolle Tal der Eger und eine daran anschließende IMFS führt über Silberbach in die besuchenswerte Stadt Selb (541). Sie ist Sitz bedeutender Porzellanfabriken und zählt zirka 20.000 Einwohner. Bemerkenswert sind die künstlerisch gestalteten Porzellanbrunnen und das Porzellanpflaster in der Fußgängerzone.

Die Runde durch den „Naturpark Fichtelgebirge" setzt man auf der Straße nach Marktleuthen (sehenswerte Zinngießerei) fort. In der Umgebung des Nachbarortes Kirchenlamitz gibt es mehrere Aussichtswarten, von denen die Schönburgwarte auf dem Großen Kornberg (827) die wohl lohnendste ist; der Anstieg erfolgt von Niederlamitzerhammer aus. Weißenstadt lädt mit seinem 50 ha Wasserfläche großen See zum Wassersport ein.

Die Bergstraße über das Waldsteingebirge, das sie ö. der Ruine Waldstein überschreitet, kann man auch als Teststrecke für sein Fahrzeug betrachten. Der Schüsselstein bietet eine herrliche Aussicht auf das Fichtelgebirge und den Frankenwald. N. von Reinersreuth ist die spitzwinkelige Wende der hier vorgegebenen Route; bald darauf gelangt man nach Zell. In Gefrees trifft man auf die alte Reichs-

Skizze 24 Naturpark Fichtelgebirge

straße 2, der man nach Bad Berneck folgt. Nur 3 km benützt man dann bis Frankenhammer die B 303, um auf der „Fränkischen Bierstraße" über Goldkronach wieder dem AP Bayreuth zuzustreben.

Variante: Von der Abzw. bei Fleckl über Bischofsgrün zur Einmündung nö. von Neubau. Fichtelgebirgsstraße und Panoramastraße bilden rund um den Ochsenkopf einen 22 km langen Ring, an dem die Orte Fleckl, Grassemann, Bischofsgrün und Neubau liegen. Damit erschließt diese Ringstraße das touristische Herzstück des Fichtelgebirges. Der Fichtelsee wird im Hochsommer gerne als Badesee aufgesucht. Im nahe gelegenen „Gleißinger Fels" befindet sich ein Besucherbergwerk, welches früher der Silber- und Eisengewinnung diente. Plus 15 km. Fahrtechnische Beurteilung: mittel.

Variante: Von der Abzw. n. Fichtelberg (684) über Brand nach Tröstau. Das besuchenswerte Automobil-Museum in Fichtelberg (AMF) ist von April bis Oktober täglich außer montags von 10 bis 18 Uhr geöffnet. Von November bis März ist eine Besichtigung nur Mi., Fr., Sa., So. und feiertags zwischen 10 und 18 Uhr möglich. – Die Alternative folgt weiters dem Lauf der Fichtelnaab durch eine landschaftlich reizvolle Region abwärts bis Brand (613) und zieht dann unterhalb der Kösseine (945) nach Tröstau, wo man wieder Anschluß an die Hauptroute findet. Plus 5 km. Fahrtechnische Beurteilung: mittel.

Variante: Von Kothigenbibersbach über Neuhaus Richtung Selb. Will man den verkehrsstarken Winkel des Stiftlandes mit den Orten Arzberg, Schirnding und Hohenberg a.d. Eger meiden, so benützt man ab Kothigenbibers-

Im oberfränkischen Ort Neuenmarkt wurde Deutschlands größte Sammlung alter Dampfloks angelegt → Route 24, Naturpark Fichtelgebirge. Foto **Deutsches Dampflokomotiv-Museum**

Von der sehenswerten Burg des alten Grenzstädtchens **Hohenberg a.d. Eger** genießt man eine gute Aussicht in das Böhmische Egerland → Route 24, Naturpark Fichtelgebirge. Foto Eduard Denzel

bach die Straßenverbindung über Neuhaus a.d. Eger zur Königsmühle, um dann bergan in die Straße Hohenberg-Selb einzumünden. Minus 6 km. Fahrtechnische Beurteilung: mittel bis schwierig.

Variante: Von Böseneck zum Deutschen Dampflokomotiv-Museum in Neuenmarkt und nach Bad Berneck. Man verläßt die B 2 in Böseneck, 2 km w. von Gefrees und fährt geradeaus nach Marktschorgast (548), dem EP der „Schiefen Ebene". Gefälle- und Bergstrecken verbinden mit dem Nachbarort Wirsberg, von dem aus nur mehr 2 km bis zum vielbesuchten Museum zurückzulegen sind. – Den Anschluß an die B 303 Richtung Bad Berneck findet man leicht im NO von Neuenmarkt an der Straße nach Wirsberg.

Das Deutsche Dampflokomotiv-Museum befindet sich in einem 15-ständigen Ringlokschuppen mit Freigelände des ehem. Bahnbetriebswerkes Neuenmarkt und zeigt seinen Besuchern mehr als 20 Dampfloks aus der Zeit zwischen 1909 und 1956. Auf 15.000 m^2 Museumsgelände vermitteln bayerische, preußische und sächsische Loktypen, Reichsbahn- und Bundesbahnbaureihen aus älterer und neuerer Zeit, eine Dampfspeicherlok, verschiedene Feldbahn- und Industrieloks einen eindrucksvollen Blick in die deutsche Eisenbahngeschichte. Öffnungszeiten: Di. bis So. sowie an Feiertagen von 10 bis 17 Uhr.

Die „Schiefe Ebene" zwischen Neuenmarkt und Marktschorgast ist ein Meisterstück der Ingenieurbaukunst des 19. Jh. Auf knapp 8 km Länge werden auf dieser ältesten Steilstrecke Deutschlands 158 m HU überwunden. Die geologische Bruchstelle ist durch die Lösung des granitenen Fichtelgebirges von den tiefer liegenden Schollen des Oberen Maintales entstanden. Die Trasse wurde weitgehend dem Gelände angepaßt und kann im Adhäsionsbetrieb befahren werden. Die Züge brauchten ursprünglich Vorspann- bzw. Schiebeloks. 1975 wurde die Traktionsart umgestellt. Statt der guten alten Dampflokomotiven befördern seither leistungsstarke Dieselloks die Züge über die außergewöhnliche Bergstrecke. – Von Mai bis November fährt regelmäßig ein nostalgischer Dampfzug zum Bayerischen Brauereimuseum nach Kulmbach und über die „Schiefe Ebene" nach Marktschorgast. Auskünfte über den Fahrplan erteilt das DDM unter Tel. 09227-5700.

Zwischen Neuenmarkt und Marktschorgast wurde ein spezieller Wanderweg angelegt: er ist mit einer roten Dampflokomotive auf weißem Grund markiert. Beim Anstieg wie auch bergab belohnt den Wanderer ein herrlicher Rundblick über das Fichtelgebirge, den Frankenwald und das Obere Maintal. Auf Hinweistafeln werden die baulichen Leistungen der „Schiefen Ebene" näher erläutert. – Plus 23 km. Fahrtechnische Beurteilung: mittel.

Abstecher: Von Zell zum Oberfränkischen Bauernhofmuseum. In der Umgebung von Kleinlosnitz, welches von Zell an der Sächsischen Saale aus erreichbar ist, versäume man nicht, das Oberfränkische Bauernhofmuseum zu besichtigen. Hin und zurück 10 km. Fahrtechnische Beurteilung: leicht.

25 Westböhmisches Bäderdreieck*

Route: Eger/Cheb (448) – Unterschön – Straßenteilung 6/21 – Scheibenreuth/Okrouhlá – Untersandau/Dol. Žandov – Velká Hled'sebe – Marienbad/Mariánské Lázně – Závišín – Klášter – Tepl/Teplá – Mnichov – Petschau/Bečov – Karlsbad/Karlovy Vary – Chodau/Chodov – Lanz/Lomnice – Zwodau/Svatava – Falkenau/Sokolov – Maria Kulm/Clum Svaté Máří – Katzengrün/Kaceřov – Hartessenreuth/N.-Hartoušov – Trebendorf – Franzensbad – Triesendorf – Eger/Cheb. 148 km.

Fahrtechnische Beurteilung: mittel

Zeitaufwand: Tagestour

Diese Route leitet durch die reizvollsten Landstriche Westböhmens, wobei man alle drei der weltberühmten Heilbäder – Franzensbad, Karlsbad und Marienbad – kennenlernen kann. Die Stadt Eger zählt zu den ältesten, ehem. Reichsstädten. Sehenswert sind dort der alte Marktplatz mit dem nicht vollendeten Renaissance-Rathaus, das Pachelbelhaus, in dem der Feldherr Albrecht von Wallenstein im Jahr 1634 ermordet wurde (heute Stadtmuseum), und eine Reihe bemerkenswerter Bürgerhäuser. Auch ein Besuch der Burg kann wärmstens empfohlen werden.

Die Staatsstraße 21 folgt sö. des Jesenice-Stausees der Eisenbahnlinie bis Velká Hled'sebe. An der dortigen Straßenteilung 21/24 hält man sich li. und gelangt nach Marienbad/Mariánské Lázně. Es gilt als einer der traditionsreichsten Kurorte Tschechiens und besitzt 40 natürliche Heilquellen mit unterschiedlichen Zusammensetzungen. Die architektonisch besonders auffallenden Kolonnaden erinnern an seine Blütezeit vor der Jahrhundertwende.

Auf der Straße 24 fährt man nun leicht bergan nach Závišín (629) und zweigt re. in die Nebenstraße zur sehenswerten Klosterkirche in Klášter ab. Von Tepl fährt man über Mnichov durch das reizvolle Teplátal nach Bečov; dort befindet sich die Straßenvereinigung 20/24. Die Einfahrt nach Karlsbad/Karlovy Vary (379) erfolgt über den s. der Stadt gelegenen Flugplatz.

Als architektonisches Kleinod gilt in **Marienbad** die Kolonnade „Maxim Gorki“ aus dem Jahr 1889 → Route 25, Westböhmisches Bäderdreieck. Foto Tschechisches Zentrum, Wien

In **Franzensbad** werden neben dem Moor 21 kohlensaure, stark alkalische Mineralquellen für Kuren genutzt → Route 25, Westböhmisches Bäderdreieck. Foto Tschechisches Zentrum, Wien

Karlsbad, der berühmteste Kurort Tschechiens mit seinen großen Hotels, Promenaden und Parkanlagen, ist in eine anmutige Hügellandschaft eingebettet und von ausgedehnten Wäldern umgeben → Route 25, Westböhmisches Bäderdreieck. Foto Tschechisches Zentrum, Wien

Karlsbad gilt als das größte und mondänste westböhmische Heilbad und ist heute wieder ein bedeutendes Kultur- und Gesellschaftszentrum. Zwölf Heilquellen mit ihrer einzigartigen Zusammensetzung bilden seit jeher die Grundlage für die außergewöhnlich hohen Heilerfolge. Hauptbestandteile der Karlsbader Kur sind Trinkkuren und Diäten. Zu den besonders gepflegten Häusern zählt das renommierte „Grandhotel Pupp", das sich jetzt wieder in Privatbesitz der Familie befindet. Bei den Kurkonzerten treten hervorragende Militärmusik-Kapellen aus dem In- und Ausland auf, so z.B. auch die Kapelle der traditionsreichen Tiroler Kaiserjäger. Das Publikum läßt sich nach wie vor vom „Zauber der Montur" entzücken. Erwähnenswert sind in Karlsbad auch die zahlreichen Grünanlagen. Bei „Leckermäulern" sind die echten Karlsbader Oblaten natürlich stets sehr gefragt.

Nach Franzensbad schlägt man den Weg über Chodau, Lanz, Zwodau, Falkenau, Maria Kulm und Katzengrün durch das Hügelland, vornehmlich auf Nebenstraßen, ein. Im Raum von Trebendorf berührt

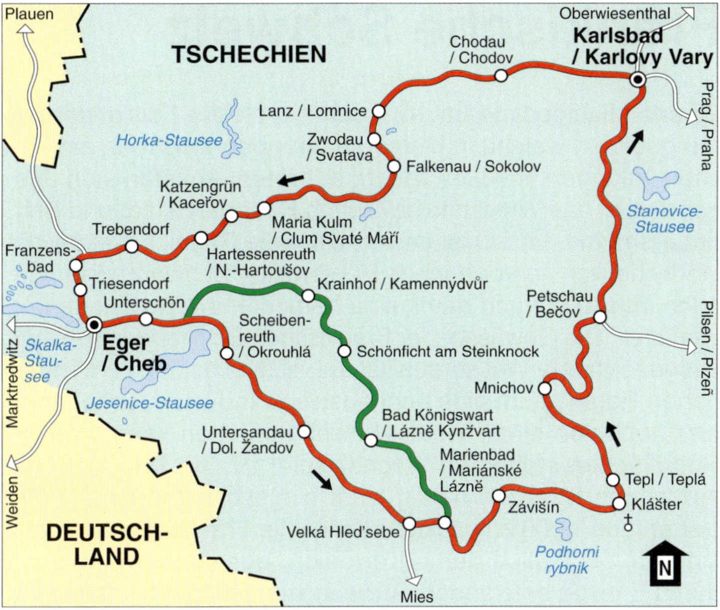

Skizze 25 Westböhmisches Bäderdreieck

man das einsame „Naturschutzgebiet Soos". Die Einfahrt in Franzensbad erfolgt von O her. Es ist ein typisches Familienbad, sehr schön restauriert, auffallend sauber und mit gepflegten Kuranlagen ausgestattet. Das vornehmlich als Frauenbad aufgesuchte Franzensbad liegt inmitten von Wäldern. Als Kurmittel dient eisensulfatiges Moor, das direkt im Ort gewonnen wird. Nur wenige Kilometer trennen den Heilbadeort von der grenznahen Stadt Eger, der man zumindest eine Stippvisite widmen sollte.

Variante: Von der Straßenteilung 6/21 ö. von Unterschön über Schönficht und Bad Königswart nach Marienbad. Diese lohnende Strecke berührt Krainhof, Schönficht am Steinknock (734), den Abhang des Judenhau (982) und Bad Königswart (619). Die gegenüber der Hauptstrecke landschaftlich reizvollere Variante leitet durch den Kaiserwald. In Bad Königswart/Lázně Kynžvart ist das Schloß des Fürsten Metternich bemerkenswert. In Marienbad trifft man wieder auf die Hauptroute. Plus 9 km. Fahrtechnische Beurteilung: mittel bis schwierig.

Fränkische Schweiz

Dieses Mittelgebirge hat sich durch groteske Felslandschaften gebildet, welche in kleineren Gruppen zwischen zahlreichen Talungen und Gewässern auftreten. Am stärksten ausgeprägt ist das Wiesenttal zwischen Ebermannstadt und Behringersmühle. Im SO ist es vor allem die Pegnitz, welche die landschaftlich hervorragende Hersbrucker Schweiz windungsreich durchzieht und damit eine bemerkenswerte Gliederung vermittelt. Die Gewässer der Fränkischen Schweiz weisen eine ausgezeichnete Wasserqualität auf, gibt es doch im umschriebenen Raum kaum eine nennenswerte Industrie, sodaß man hier noch von einer heilen Umwelt sprechen kann. Wellige Hochflächen stehen im Wechselspiel zu den Talungen, die auf langen Strecken häufig stark eingeschnitten sind. – Die bisher rund 1.000 entdeckten Höhlen der Fränkischen Schweiz sind hauptsächlich durch Korrosion, ausnahmsweise auch durch Erosion entstanden. Auswaschungen durch kohlensäurehaltiges Wasser führten dann zu Höhlenbildungen. Das Tropfsteinwachstum beginnt an der Höhlendecke, wobei sich schlanke Stalaktiten bilden. Beim Auftreffen der Wassertropfen am Boden entstehen Stalagmiten, welche meist größer werden. Wachsen Stalaktiten und Stalagmiten zusammen, so entstehen Tropfsteinsäulen. – Die Verkehrsgeographie wurde geologisch vorgezeichnet, demnach auch die Anlage und der Verlauf eines Straßennetzes innerhalb des Städtedreiecks Nürnberg–Bayreuth–Bamberg. Dieses Netz ist engmaschig, die einzelnen Straßen befinden sich fast ausnahmslos in einem guten und sicheren Ausbauzustand. Die Hauptverkehrsadern bilden das Gerippe, welches vor allem durch die drei Autobahnen A 9, A 70 und A 73 sowie die vier Bundesstraßen B 2, B 14, B 22 und B 470 verwirklicht wurde. Ihre Linienführung folgt mit Ausnahme der B 470 den alten Reichsstraßen. Der Rest setzt sich aus akzeptablen Staats- und Gemeindestraßen zusammen. Verkehrsmittelpunkt ist das Siedlungsgebiet der Behringersmühle mit dem nahegelegenen Wallfahrtsort Gößweinstein.

Fränkische Schweiz, Süd und Hersbrucker Alb* 26

Route: Nürnberg (390) – Lauf a.d. Pegnitz – Hersbruck – Vorra – Rupprechtstegen – Velden – Neuhaus a.d. Pegnitz – Krottensee – Königstein – Lunkenreuth – Auerbach – Kirchenthumbach – Rußweiher – Speinshart – Neustadt am Kulm – Plössen – Kirchenlaibach – Seidwitz – Creussen – Lindenhardt (557) Trockau – Hohenmirsberg (562) Pottenstein – Tüchersfeld – Behringersmühle – Muggendorf – Streitberg – Ebermannstadt – Pretzfeld – Kirchehrenbach – Egloffsteinerhüll – Egloffstein – Gräfenberg – Heroldsberg – Nürnberg. 216 km.

Fahrtechnische Beurteilung: leicht bis mittel

Zeitaufwand: Tagestour

Von Nürnberg auf der B 14 zunächst nach Lauf und in das langgestreckte Städtchen Hersbruck (336). In Lauf a.d. Pegnitz versäume man nicht den Besuch des Gewerbe- und Frühindustriemuseums. Zu besichtigen gibt es dort einen Aufwerf-Eisenhammer, eine Mahlmühle sowie eine Stromerzeugung mittels Wasserrad und Generator. Hersbruck wartet mit seinen malerischen Winkeln und Gassen, alten Stadttoren und Kirchen auf. Das Deutsche Hirtenmuseum beherbergt eine einmalige Sammlung zur Kultur des Hirtenstandes aus aller Welt.

Während die B 14 in Richtung Sulzbach-Rosenberg nach O leitet, folgt man der mittleren Pegnitz nach Vorra und hat dann den landschaftlich reizvollsten Flußabschnitt bis Neuhaus a.d. Pegnitz mit seiner Burg Veldenstein. Der Straßenverlauf ist zwischen Vorra, Rupprechtstegen und Velden vielgewunden und weist einige enge Passagen auf. Der Schwerverkehr meidet diese, für ihn problematische Strecke. – In Neuhaus verläßt man das Pegnitztal und wendet sich nach SO den Orten Krottensee und Konigstein (490) zu. Eine gute Straße verbindet mit Lunkenreuth an der „Bayerischen Eisenstraße“, doch muß man sich an der Straßengabelung s. des Ortes li. halten. Noch vor dem Parkplatz „Brentenfels“ tangiert man den ausgedehnten Truppenübungsplatz Grafenwöhr, dessen zeitweiser Geschützdonner unüberhörbar ist.

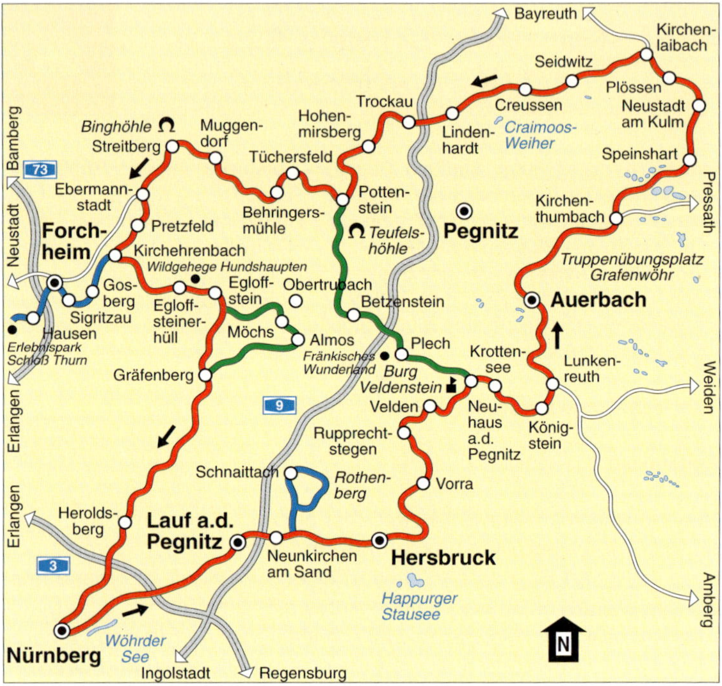

Skizze 26 Fränkische Schweiz, Süd und Hersbrucker Alb

Die modern ausgebaute B 85 umgeht den Markt Auerbach i.d. Oberpfalz im S und man setzt die Rundtour auf der B 470 bis Kirchenthumbach fort. Über die Rußweiher und Speinshart kommt man nach Neustadt (516) am Rauhen Kulm; der weithin sichtbare Kegel (682) dieses Berges ist vulkanischen Ursprungs und bietet Aussicht nach allen Seiten. Über Plössen gelangt man zum Eisenbahnknoten Kirchenlaibach und auf einer bergigen Nebenstraße über Seidwitz (410) in die Töpferstadt Creussen, deren Krüge und andere keramische Erzeugnisse sehr begehrt sind. Im benachbarten Markt Lindenhardt soll man sich eine Besichtigung des Matthias-Grünewald-Altargemäldes nicht entgehen lassen.

Nachdem man bei Trockau die A 9 gekreuzt hat, dringt man in das Herz der Fränkischen Schweiz mit Richtung auf Pottenstein ein. Die zwar kurvige, jedoch ausgebaute Straße verläuft unterhalb der Platte

Blick vom Tiergärtnertorplatz auf die besuchenswerte **Kaiserburg** im N der Nürnberger Altstadt → Route 26, Fränkische Schweiz, Süd und Hersbrucker Alb. Foto Tourismus-Zentrale Nürnberg

(614), einem bemerkenswerten Aussichtsberg, durch den Ort Hohenmirsberg. Die Kleinstadt Pottenstein liegt im Püttlachtal an der Vereinigung mit dem Weihersbachtal und dem Mariental. Der Talkessel wird von Dolomitenfelsen umrahmt. Die Umgebung ist reich an Höhlen. Einzigartig in seiner landschaftlichen Struktur ist das Felsendorf Tüchersfeld, welches jährlich Tausende von Schaulustigen anzieht. Das „Museum der Fränkischen Schweiz“ in Tüchersfeld verfügt über geologische und volkskundliche Sammlungen. Der benachbarte Ort Behringersmühle stellt als Mittelpunkt des Straßenverkehrs innerhalb der Fränkischen Schweiz eine Art „Wegespinne“ dar.

Die B 470 folgt gewunden dem Wiesenttal sanft abwärts. Von Muggendorf (324) wurde der früher gebräuchliche Name „Muggendorfer Gebürg“ für das felsige Kerngebiet der heutigen Fränkischen Schweiz gebildet. Der Markt Wiesenttal, bestehend aus den Gemeinden Muggendorf und Streitberg; er macht auf seine sehenswerte Binghöhle aufmerksam, deren Besuch als ein unvergeßliches Erlebnis zu werten ist. Auf der rund 12 km langen Strecke von Behringersmühle nach Ebermannstadt verkehrt in den Sommermonaten eine Dampfeisenbahn, welche bereits zu einer Attraktion wurde. Bald weitet sich das Tal der Wiesent zu einer breiten Au, in der Ortsteile von

Landschaftlich einzigartig ist das **Felsendorf Tüchersfeld**; die ausgeprägten Felsgestalten ziehen auch zahlreiche Besucher an → Route 26, Fränkische Schweiz, Süd und Hersbrucker Alb.

Wohlgeformte Tropfsteingebilde gibt es in der **Binghöhle** zu bestaunen; im Bild die sogenannte Riesensäule → Route 26, Fränkische Schweiz, Süd und Hersbrucker Alb. Foto Verkehramt Streitberg

Ebermannstadt liegen. Einen besonderen Erholungswert vermittelt das beheizte Freibad mit Erlebnisschwimmbecken, Wildbach, Wasserfall und Unterwasserbach!

Nachdem man in Ebermannstadt die B 470 verlassen hat, folgt man der linksufrigen Straße nach Pretzfeld und durch das mühlenreiche Trubachtal nach Egloffstein. Das 45 ha große Wildgehege Hundshaupten breitet sich im NW von Egloffstein aus und ist über Egloffsteinerhüll (426) leicht erreichbar. Im Wildpark gibt es Rotwild, Damwild, Muffelwild, Steinwild, Schwarz- und Niederwild in ihren natürlichen Lebensräumen. – Von Egloffstein fährt man zur Straßenteilung bei Hammermühle weiter, worauf die Straße nach Gräfenberg (434) merklich ansteigt. Außerhalb des Ortes findet man, gut ausgeschildert, den Anschluß an die B 2, welche über Heroldsberg in den Nürnberger Stadtteil Weigelshof n. der Pegnitz leitet und relativ verkehrsarm ist.

Variante: Von Neuhaus a.d. Pegnitz über Betzenstein nach Pottenstein. Die auch als Teil der „Fränkischen Bierstraße“ bez. Strecke durch den Veldensteiner Forst verkürzt zwar wesentlich die Hauptroute, erschließt jedoch touristische Attraktionen, welche ansonsten nur über größere Umwege zu erreichen sind. Von Neuhaus zunächst nach Plech (461), wo man den ausgedehnten Freizeitpark „Fränkisches Wunderland“ besuchen kann; er ist zwischen Ostern und Mitte Oktober täglich von 9 bis 18 Uhr geöffnet. Es gibt dort u.a. eine Westernstadt, verschiedene Shows, Indianer und einen vielbenützten Rodeo-Simulator. Weitere Informationen findet man auch im Internet unter www.wunderland.de. – Von Pottenstein aus läßt sich die im nahen Weihersbachtal gelegene, sehenswerte Teufelshöhle mit ihrer Tropfsteinpracht leicht erreichen. Minus 63 km. Fahrtechnische Beurteilung: leicht bis mittel.

Variante: Von Egloffstein über Möchs nach Gräfenberg. Außerhalb von Egloffstein hält man sich bei der Hammermühle zunächst Richtung Obertrubach (434), um kurz vor dem Ort re. zum Motorrad-Museum Manfred Brünner in Möchs abzuzweigen. Bei der sehenswerten Sammlung handelt es sich um zirka 120 Exponate aus dem Zeitraum 1928 bis 1992, deren Hauptattraktion eine NSU 501 TS mit 11 PS ist. Geöffnet ist das Museum tagsüber ohne besondere Zeitenregelung. – Weiterfahrt nach Almos; dort erreicht man die B 2, der man nach Gräfenberg folgt. Plus 11 km. Fahrtechnische Beurteilung: leicht bis mittel.

Abstecher: Von Neunkirchen am Sand nach Schnaittach und rund um den Rothenberg. Diese kleine Runde, welche auch das Gipfelplateau (656) einschließt, lohnt sich wegen ihrer landschaftlichen Vielfalt. Hin und zurück 15 km. Fahrtechnische Beurteilung: mittel.

Abstecher: Von Kirchehrenbach a.d. Wiesent über Gosberg, Sigritzau, Forchheim und Hausen zum Schloß Thurn bei Heroldsbach. Diese Strecke verläuft fast durchwegs flach. Das Stadtgebiet von Forchheim wurde seit Fertigstellung der A 73 spürbar entlastet. Sehenswert ist die historische Altstadt mit ihren zahlreichen Fachwerkbauten. Besonders hervorzuheben ist das prächtige Rathaus, die Martinskirche, das Katharinenspital und das im Volksmund als „Kaiserpfalz" bez. ehem. Schloß der Bamberger Fürstbischöfe, in dem heute das Pfalzmuseum untergebracht ist. Badegästen sei das beheizte Freibad Käsröthe 4 empfohlen.

Im S der Stadt verdient der Main-Donau-Kanal-Beachtung; diese Wasserstraße führt bekanntlich über Täler, Flüsse, Autostraßen und Schienenwege. Sie erforderte den Bau von drei großen Sparschleusen, welche insgesamt eine Senkung der Schiffe von knapp 50 m bewirken. Die nahegelegene Schleuse Hausen vermittelt außer der technischen Sehenswürdigkeit auch bemerkenswerte Ausblicke in die Fränkische Schweiz.

Ein von jung und alt gern besuchtes Ziel ist der Erlebnispark beim Wasserschloß Thurn in Heroldsbach, w. von Hausen; er wartet u.a. mit exotischen Tieren, einem Indianerdorf, einem Streichelzoo, einer Western-Dampfeisenbahn und Oldtimerautos auf. – Für Eisenbahnfans ist die zirka 19 km lange Museumseisenbahn zwischen Forchheim und Höchstadt a.d. Aisch von Interesse. Hin und zurück 29 km. Fahrtechnische Beurteilung: leicht.

27 Fränkische Schweiz, Nord*

Route: Bayreuth (341) – Donndorf – Eschen – Thurnau – Kasendorf – Zultenberg (534) – Neudorf – Weismain – Kleinziegenfeld – Roßdorf am Berg – Ludwag – Neudorf bei Scheßlitz – Herzogenreuth (554) – Burggrub – Heiligenstadt – Aufseß – Waischenfeld – Doos – Behringersmühle – Oberailsfeld – Kirchahorn – Volsbach – Glashütten – Mistelgau – Mistelbach – Bayreuth. 133 km.

Fahrtechnische Beurteilung: leicht bis mittel

Zeitaufwand: Tagestour

Eine Befahrung dieser Runde nimmt mindestens einen halben Tag in Anspruch, je nach Interessenlage kann sie auch auf den ganzen Tag ausgedehnt werden. An Sonn- und Feiertagen muß man im Raum Behringersmühle-Gößweinstein mit zahlreichen Touristen rechnen, welche auch die angeführten Ziele anfahren. – Die Ausfahrt von

Im Hochsommer bringt ein Spaziergang durch den kuriosen **Felsengarten Sanspareil** wohltuenden Schatten und angenehme Kühle → Route 27, Fränkische Schweiz, Nord.

Das **Schloß Greifenstein** des Grafengeschlechtes Stauffenberg mit seiner Waffensammlung kann im Rahmen von Führungen besichtigt werden → Route 27, Fränkische Schweiz, Nord.

Bayreuth leitet auf der B 22 zunächst nach Donndorf (410) mit dem ehem. markgräflichen Schloß Fantaisie und ausgedehnten Schloßpark. Hinter dem kleinen Ort Eschen (466) hält man sich an der Straßenteilung re. und fährt am Rand des Limmersdorfer Forstes in Richtung Thurnau weiter bis man auf den Straßenknoten trifft; dort folgt man der Beschilderung „Kasendorf“. Ein schmales Sträßchen verbindet Kasendorf (381) mit dem bergwärts gelegenen Ort Zultenberg, von dem sich prächtige Ausblicke, vor allem nach N zum Mainecker Forst bieten. An Schönwettertagen reicht die Fernsicht bis in den Frankenwald. Das sich gegen Gorau (513) sanft neigende Gelände wird von Para- und Hängegleitern gerne aufgesucht. Die Tour wird von Zultenberg auf dem Sträßchen über Neudorf hinab in den malerischen Ort Weismain (314) fortgesetzt.

Nun folgt man dem romantischen Kleinziegenfelder Tal mit seinen zahlreichen Naturdenkmälern hinauf in den gleichnamigen Ort; diese Strecke ist auch von fahrerischem Interesse. Zwischen Kleinziegenfeld und Stadelhofen trifft man auf die alte Landesstraße und folgt ihr re. über Ludwag und Neudorf bei Scheßlitz (570) nach Herzogenreuth. Die als „Fränkische Bierstraße“ bez. Strecke durch den Veldensteiner Forst leitet an Heiligenstadt vorbei nach Aufseß. Das Schloß Greifenstein steht beherrschend hoch über dem Leimleitertal und ist mit seiner reichhaltigen Waffensammlung der Öffentlichkeit nur im Rahmen von Führungen zugänglich; diese finden zwischen 8 Uhr 30 und 11 Uhr 15 sowie zwischen 13 Uhr 30 und 16 Uhr 45 statt. Eine Besichtigung ist auch im Schloß Unter-Aufseß möglich; es handelt sich dabei um die Stammburg des Gründers vom Germanischen Nationalmuseum in Nürnberg. – Das nächste Etappenziel ist Waischenfeld (372) im Truppachtal; sehenswert ist seine spätgotische Kirche. Auf stark gewundener Straße durch eine abwechslungsreiche Flußlandschaft gelangt man über Doos und das Schottertal nach Behringersmühle.

Die Rückfahrt in den Raum von Bayreuth vollzieht man weiterhin auf der „Fränkischen Bierstraße“ bleibend, welche Kirchahorn und Volsbach berührt und dann den bewaldeten Riegel nahe der Neubürg (587) überwindet. Auf gut ausgebauter, meist wenig frequentierter Bergstraße gelangt man nach Glashütten (421). In Mistelgau hat man die Wahl, entweder über Mistelbach auf guter Straße zur Vereinigung mit der B 22 zu kommen oder seine Tour durch den Hummelgau über Eckersdorf in das Bayreuther „Altstadtviertel“ fortzusetzen.

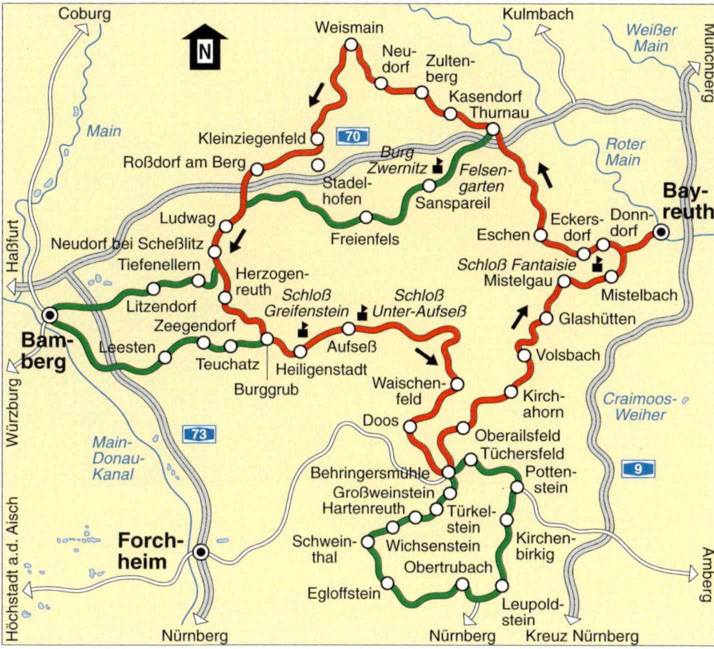

Skizze 27 Fränkische Schweiz, Nord

Variante: Von Thurnau über Freienfels nach Ludwag. Von Thurnau bietet sich alternativ eine lohnende Strecke durch den „Naturpark Fränkische Schweiz" an, welche direkt am Felsengarten von Sanspareil und der Burg Zwernitz vorbeileitet. Das Naturtheater liegt in einem Buchenhain mit teilweise altem Baumbestand. Sanspareil wurde als erster „Englischer Garten" auf dem europäischen Festland durch die Markgräfin Wilhelmine von Bayreuth angelegt. – In Freienfels trifft man auf die B 22, welche durch das idyllische Wiesenttal leitet, um sich dann nahe der Würgauer Wand in das Talbecken von Scheßlitz zu senken. N. von Ludwag trifft man wieder auf die vorgegebene Hauptroute. Minus 7 km. Fahrtechnische Beurteilung: mittel.

Variante: Von Neudorf bei Scheßlitz über Bamberg nach Burggrub. Fahrerische Abwechslung vermittelt das zirka 2 km s. von Neudorf re. abzweigende Serpentinensträßchen, welches durch einen Engpaß hinab nach Tiefenellern (386) leitet. Es stellt eine kurze und verkehrsarme Verbindung mit der alten Bischofs- und Kaiserstadt Bamberg her. Die Durchfahrt von Littendorf erfordert erhöhte Aufmerksamkeit. Der Weg in die Altstadt führt über den Main-Donau-Kanal. – Als herausragende Sehenswürdigkeit gilt der viertürmige Dom

Wenig Verkehr, aber viele Kurven hat die **Burgenstraße** wie hier im Abschnitt zwischen Teuchatz und Burggrub; im Hintergrund Schloß Greifenstein → Route 27, Fränkische Schweiz, Nord.

mit dem Bamberger Reiter. In der Neuen Residenz ist eine bedeutende Gemäldegalerie untergebracht. Die alten Fischerhäuser an der Regnitz sind unter dem Sammelbegriff „Kleinvenedig" bekannt. Eine Kuriosität stellt das Alte Rathaus dar, welches mitten auf der Oberen Brücke erbaut wurde. Wegen der guten Aussicht auf die Altstadt sei eine Besteigung des kleinen Turmes im Innenhof des Schlosses Geyerswörth, ganz in der Nähe des Tourist-Info-Büros empfohlen; er ist jedoch nur Mo. bis Do. von 9 bis 16 Uhr und Fr. von 9 bis 12 Uhr zugänglich. – Für die Rückfahrt zum Rundkurs wählt man die Strecke über den Verkehrsknoten Bamberg-Süd und Leesten. Im Raum Zeegendorf-Teuchatz überwindet die Straße nach Burggrub mit 18% Steigung einen aussichtsreichen Höhenzug. Plus 33 km. Fahrtechnische Beurteilung: mittel.

Variante: Ringschleife von und nach Behringersmühle. Man nimmt zunächst die Auffahrt zur Freizeitanlage (Höhenbad) Gößweinstein und bleibt dann auf der Höhe, um das Plateau im S der Wiesent zu queren. Der weitere Weg führt über Türkelstein und Hartenreuth, am Haidekreuz vorbei, nach Wichsenstein (588) mit seiner Barockkirche. Das Sträßchen leitet am „Hängenden Fels" vorüber nach Schweinthal (384) und durch das Trubachtal nach Egloffstein. Im Anschluß berührt man die Orte Obertrubach und Leupoldtstein, wo man li. in die Verbindungsstraße über Kirchenbirkig zum Püttlachtal einbiegt. Zwischen Pottenstein und Behringersmühle (→ Runde 26, Fränkische Schweiz, Süd und Hersbrucker Alb) ist an Sonn- und Feiertagen mit einem starken Verkehrsaufkommen zu rechnen. Plus 42 km. Fahrtechnische Beurteilung: mittel.

Frankenwald und Thüringer Wald

Beide Regionen haben mehrere touristische Zusammenhänge, die zwar seit jeher vorhanden, aber während des geteilten Deutschlands in ihrer Völkerverbindung stark beeinträchtigt waren. Bekanntlich wurden wichtige Straßenverbindungen wie beispielsweise die Autobahn München–Berlin im angrenzenden Vogtland gesperrt, die Straße von Nordhalden nach Lobenstein und die B 85 von Ludwigsstadt nach Probstzella-Saalfeld unterbrochen, Neustadt bei Coburg-Sonneberg und andere, ehemals grenzüberschreitende Straßen stillgelegt. Ein ähnliches Schicksal hatten Schienenstränge, welche abrupt abgebaut wurden. – In den vergangenen Jahren hat man altbewährte Verbindungen nicht nur wiederhergestellt, sondern als Verkehrsträger in ihrer Leistungsfähigkeit wesentlich erhöht. Im Bayerischen Vogtland konnte zudem die wichtige Autobahn von Hof nach Dresden vollendet werden. Ein landschaftspflegerisches Lob verdienen die vorwiegend noch erhaltenen, alten Alleen, welche nicht nur gegen Regen und Hagel schützen, sondern mit ihren Laubbäumen auf längeren Streckenabschnitten wohltuenden Schatten spenden. – Der Thüringer Wald ist ein größtenteils bewaldetes Mittelgebirge, welches sich unter Einschluß des Thüringischen Schiefergebirges von der Oberen Saale bei Saalfeld bis zur Werra im S von Eisenach erstreckt. Er dehnt sich im engeren Sinn von Hörschal an der Werra im NW bis zur Linie Schleusingen–Gehren im SO aus; dort geht er in das Thüringische Schiefergebirge über. In seinem Kerngebiet erreicht er Höhen zwischen 800 und 900 m. Höchste Erhebung ist der Große Beerberg (982) im Raum von Suhl, gefolgt vom Schneekopf (978). In Lagen über 500 m Höhe gibt es im Thüringer Wald überdurchschnittlich viele Niederschläge, die auch ein Absinken der Temperaturen bewirken. – Der als Fernwanderweg bekannte Rennsteig verläuft vorwiegend auf der Kammlinie dieses Waldgebirges.

28 Rund um den Frankenwald*

Route: Kronach (309) – Pressig – Rothenkirchen – Buchbach – Langenau – Sattelgrund – Alexanderhütte – Kleintettau – Ebersdorf – Falkenstein – Steinbach a.d. Haide – Ludwigsstadt – Haßlach – Teuschnitz (615) – Rappoltengrün – Tschirn – Nordhalben – Heinersberg – Langenbach – Carlsgrün – Bad Steben – Thierbach – Marxgrün – Naila – Marlesreuth – Döbra – Schwarzenbach a.W. (667) Schwarzenstein – Löhmarmühle – Schübelhammer – Wallenfels – Zeyern – Oberrodach – Kronach. 135 km.

Fahrtechnische Beurteilung: mittel

Zeitaufwand: Tagestour

Der Frankenwald ist ein Mittelgebirge, welches sich zwischen dem Fichtelgebirge und dem Thüringer Wald erstreckt. Seine Fläche ist zu zirka 70% mit Wald bedeckt, wozu auch Moorgebiete zählen. Klimatisch wird er durch seine Staulage beeinflußt und gilt daher als niederschlagsreich. Das typische Frankenwaldhaus hat eine Schieferverkleidung und besitzt ein Schieferdach. Die Ködeltalsperre, jetzt unter dem Namen „Mauthaus-Talsperre“ besser bekannt, ist die größte Trinkwassertalsperre Bayerns.

Sowohl die A 9 und die A 72 als auch mehrere, neuzeitlich ausgebaute Bundesstraßen bilden für den Frankenwald eine verkehrsgünstige Lage, vor allem für Zu- und Abfahrten in das bzw. aus dem Kerngebiet. Die „Frankenwald-Hochstraße“ verbindet zahlreiche touristisch bedeutsame, meist höher gelegene Orte untereinander. Sie befindet sich für den Motorradfahrer in einem akzeptablen Zustand. Als „Frankenwaldstraße“ bezeichnet man die zwischen Kronach und Selbitz (Naila) verlaufende B 173 und auch den Streckenabschnitt der B 303 zwischen Kronach und Mitwitz. Die von Kronach nach Saalfeld führende B 85 ist unter dem touristischen Namen „Bier- und Burgenstraße“ bekannt. Der Döbraberg (795) s. von Schwarzenbach a.W. ist die höchste Erhebung des Frankenwaldes. Ein Anstieg erfolgt vom Ort Döbra aus.

Man verläßt die besuchenswerte, alte Stadt Kronach, deren Hauptanziehungspunkt die Festung Rosenberg mit der Fränkischen Galerie alter Meister ist, auf der B 85 und folgt ihr über Pressig (374)

Skizze 28 Rund um den Frankenwald

nach Rothenkirchen, wo die „Frankenwald-Hochstraße" ihren s. Ausgang nimmt. Sie durchmißt eine bewaldete Hügellandschaft. Beiderseits der Straße wurden mehrere Parkplätze für Autowanderer angelegt. Hinter Buchbach umfährt man li. die Langenauer Höhe (662) und gelangt in den Ort Langenau. Bei Sattelgrund erreicht man das Tal der Tettau. Die Alexanderhütte (639) und das Glasmalerdorf Kleintettau (690) sind die nächsten, anfahrbaren Punkte.

Nun steigt man gegen den Rennsteig zu an und berührt den Wappenstein. Der 168 km lange Rennsteig zwischen Werra und Sächsischer Saale war einst ein Fuß- und Reitweg für Eilboten von und zur Wartburg; er verband die Strecken von Sattel zu Sattel über den schmalen First des stark bewaldeten Gebirges. Über den Höllgrund

Landschaftlich reizvoll ist eine Fahrt auf der gut ausgebauten **Frankenwald-Hochstraße**; im Bild die Strecke zwischen Tschirn und Nordhalben → Route 28, Rund um den Frankenwald.

Malerischer Innenhof der **Burg Lauenstein**, in der heute über 20 Räume besichtigt werden können → Route 28, Rund um den Frankenwald.

setzt sich die Straße hinab nach Ebersdorf (463) fort und strebt dann dem Loquitztal zu, in das sie n. von Ludwigsstadt (447) in die B 85 einmündet. Man folgt nun der Hauptstraße bis Falkenstein, um dann re. in das Sträßchen nach Steinbach a.d. Haide (567) mit seinem besuchenswerten Schiefermuseum einzubiegen. Um nach Ludwigsstadt zu gelangen, beschreibt die „Frankenwald-Hochstraße" eine große Schleife um den Schwarzen Berg (627).

Der B 85 folgt man nunmehr bis zum Erholungszentrum von Steinbach am Wald, um dort li. abzuzweigen und den weiteren Weg über Haßlach bei Teuschnitz (582) zu nehmen. In Teuschnitz wendet man sich nach O und fährt auf der „Frankenwald-Hochstraße" über Rappoltengrün (584) hinauf zum reizvoll gelegenen Bergdorf Tschirn (651). Nach Überschreitung der Tschirner Ködel gelangt man auf meist bewaldeter Strecke zur großen Straßenkreuzung oberhalb von Nordhalben (630), bekannt durch seine Klöppelschule und internationale Spitzensammlung.

Die weitere Route leitet nach Überwindung einer Steigung von max. 18% auf einer hervorragend ausgebauten Nebenstraße durch ein ausgedehntes Waldgebiet und berührt die Orte Heinersberg, Langenbach und Carlsgrün (643), ehe sie sich nahe dem Gh. „Schöne Aussicht" hinab nach Bad Steben mit seinen Kurhäusern neigt. Über Thierbach fährt man nun weiter hinab in das Tal der Selbitz, welche man bei Marxgrün (493) erreicht.

Auf überbreiter Straße setzt man seine Fahrt durch Naila fort, überquert im S der Stadt die B 173, um die „Frankenwald-Hochstraße", welche über Marlesreuth (661) aussichtsreich durch ein Hügelland nach Schwarzenbach am Wald leitet, zu benützen. Vom Döbraberg grüßt der Prinz-Luitpold-Turm herab. – Ab Schwarzenbach bleibt man auf der Talstraße und fährt über Schwarzenstein und die Löhmarmühle zur Einmündung in die B 173 nahe Schübelhammer. Durch den Grund der Wilden Rodach gelangt man schließlich über Wallenfels, Zeyern und Oberrodach zurück nach Kronach.

Variante: Von der Abzw. bei der Leinenmühle s. von Ludwigsstadt über Lauenhain und Reichenbach zur Einmündung in die „Frankenwald-Hochstraße". Für den Motorradfahrer empfiehlt sich diese über Lauenhain (620) führende, verkehrsarme Alternative, welche sich in einem durchaus akzeptablen Zustand befindet. Minus 1 km. Fahrtechnische Beurteilung: leicht bis mittel.

Variante: Von Tschirn über Nurn nach Nordhalben. Zunächst fährt man über den Grundberg (648) zur Hubertushöhe (595) und über den Geräumberg nach Nurn. Auf dieser Strecke gibt es kaum Schwerverkehr, da dieser hauptsächlich durch das eingeschnittene Tal der Rodach rollt. Besuchenswert ist die kleine, direkt neben der Straße gelegene Museumsmühle „Teichmühle“ (HT) nahe der Einmündung ins Rodachtal n. von Steinwiesen; sie ist vom 1. Mai bis 31. Oktober nur sonn- und feiertags zwischen 14 und 17 Uhr geöffnet. Hier wendet man sich nach NO, um sich an der Straßengabelung in Mauthaus li. zu halten. Im Raum von Ködelberg findet der Wanderer geeignete Parkplätze. Schließlich gelangt man über Wetthof nach Nordhalben. Plus 14 km. Fahrtechnische Beurteilung: mittel.

Variante: Von Nordhalben über Lobenstein nach Marxgrün. Diese Strecke ist geeignet, über den Frankenwald hinaus sich etwas im benachbarten Thüringisch-Fränkischen Schieferbegirge umzusehen. Zwischen dem Straßenkreuz oberhalb Nordhalben und dem Rennsteig bei Rodacherbrunn (700) hat man eine 4 km lange IMFS durch den Wald, die sich jenseits des Kammes in Richtung Neundorf fortsetzt. Man kommt hinab nach Lobenstein und bei Harra an die aufgestaute Saale heran. Der Rennsteig endet beim ehem. Grenzort Blankenstein. In Lichtenberg (564) ist die Aussichtswarte oberhalb des Burgfrieds von Interesse. Schließlich mündet man in Marxgrün wieder in die Hauptroute. Plus 10 km. Fahrtechnische Beurteilung: leicht bis mittel.

Variante: Von Naila über Selbitz und Schauenstein nach Döbra. Selbitz (521) ist die östliche Pforte des „Naturparks Frankenwald“ und eignet sich auch für Ausflüge in das benachbarte Fichtelgebirge und in den Thüringer Wald. Der alte Ort Schauenstein wartet mit einem Schloß und einer Wehrkirche auf. Im Schloß befindet sich sowohl das besuchenswerte Feuerwehrmuseum als auch das Heimatmuseum, in dem alte Handwerkerstuben und eine Mineraliensammlung zu besichtigen sind. Beide Museen sind von Anfang April bis Ende Oktober an Sonn- und Feiertagen zwischen 13 und 17 Uhr geöffnet. Plus 9 km. Fahrtechnische Beurteilung: leicht bis mittel.

Abstecher: Vom Ort Lauenstein zur gleichnamigen Burg und zur Thüringer Warte (678) auf dem Ratzenberg. Diese Ziele im nördlichsten Zipfel Bayerns kann man von Lauenstein (445) aus, das nur wenig abseits der stark frequentierten Durchzugsstraße B 85 liegt, über eine 7 km lange Ringstraße erreichen. Sie ist zwar nur einspurig, jedoch durchgehend asphaltiert; ihre max. Steigung bzw. ihr max. Gefälle beträgt 15%. Vom Parkplatz am Kulminationspunkt sind es 5 Gehmin. mäßig bergan zur Thüringer Warte; nach Überwindung von 117 Stufen genießt man ein 360°-Panorama. – Die Burg Lauenstein, in der neben Rüstungen und Waffen auch eine bemerkenswerte Sammlung von Schlüsseln und Schlössern besichtigt werden kann, ist von April bis September zwischen 9 und 18 Uhr geöffnet. – Hin und zurück 7 km. Fahrtechnische Beurteilung: mittel.

Lohnend ist eine Befahrung der einspurigen, aber asphaltierten Ringstraße bei **Lauenstein**, beeindruckend die Aussicht von der **Thüringer Warte** → Route 28, Rund um den Frankenwald.

Die **Mantelburg Lauenstein**, welche auf das 12. Jh. zurückgeht, wurde einst durch einen Wehrgang und einen Wassergraben geschützt → Route 28, Rund um den Frankenwald.

29 Rund um den Thüringer Wald

Route: Coburg (297) – Rodach – Hildburghausen – Schleusingen – Suhl – Großer Erleshügel (639) – Schmiedefeld – Bahnhof Rennsteig – Allzunah – Neustadt – Masserhammer – Forsthaus Blechhammer – Scheibe-Alsbach – Forsthaus Limbach – Steinheid (868) – Steinach – Sonneberg – Neustadt bei Coburg – Rödental – Coburg. 147 km.

Fahrtechnische Beurteilung: leicht bis mittel

Zeitaufwand: Halbtagestour

Die Stadt Coburg breitet sich am Südabhang des Thüringer Waldes aus und wird von ihrer mächtigen Veste (464) überragt. Der gepflegte Hofgarten zieht am Berghang zur Burg hinauf, welche eine der größten Deutschlands ist und im 16. Jh. errichtet wurde. Auf halbem Weg dorthin laden das Naturmuseum mit Tieren aus aller Welt und die völkerkundlichen Sammlungen zum Besuch ein.

Auf der ordentlichen Staatsstraße nach Hildburghausen verläßt man die sehenswerte Stadt in Richtung Rodach, das mit 34°C die wärmsten Thermen Bayerns besitzt. Hildburghausen (372) wartet mit sehenswerten, mittelalterlichen Bürgerhäusern am Marktplatz auf. Im SO dominieren die Langen Berge mit der Sennigshöhe (523) und dem weithin sichtbaren Sendemast. Im SW erheben sich, inmitten eines LSG gelegen, die Gleichberge (Großer Gleichberg 679).

Die Tour setzt sich von Hildburghausen am w. Rand eines LSG durch eine bewaldete Region nach Schleusingen (371) fort, das von der Bertholdsburg, einem von vier Türmen flankierten Renaissancebau, überragt wird; im Schloß selbst wurden naturkundliche und regionalgeschichtliche Ausstellungen untergebracht. Auf der B 247 strebt man nunmehr der ins Lautertal eingebetteten Stadt Suhl (445) zu, welche durch die Herstellung von Jagdwaffen weltweiten Ruf erwerben konnte. Im ehem. Malzhaus am Herrenteich im W der Stadt finden daran Interessierte das Waffenmuseum. Auf dem Friedberg-Plateau im S wurde eine Schießsportanlage mit allen Raffinessen eingerichtet, um international beschickte Wettbewerbe veranstalten zu

Auf der waldreichen Strecke zwischen dem **Straßenkreuz Schwalbenhaupt** und **Masserhammer** bietet sich so manches Plätzchen für ein Picknick → Route 29, Rund um den Thüringer Wald.

Das im Renaissancestil erbaute **Schloß Bertholdsburg** in Schleusingen weist vier wuchtige Ecktürme auf → Route 29, Rund um den Thüringer Wald.

Skizze 29 Rund um den Thüringer Wald

können. Besonders gut erhaltene Fachwerkbauten gibt es im nahegelegenen Ortsteil Heinrichs. Höchste Erhebung im Umfeld von Suhl ist der Adlersberg (849).

Auf der Rundtour wendet man sich nun nach O und benützt die vielgewundene Bergstraße über den Großen Erleshügel (639) hinab nach Schmiedefeld und zum Bahnhof Rennsteig. – Der Rennsteig war ein Fuß- und Reitweg für Eilboten, der die über das Gebirge führenden alten Rennsteige auf dem langen und schmalen First des Gebirges miteinander verband und von einem Sattel zum nächstgelegenen Sattel leitete. Urkundlich fand er erstmals 1330 Erwähnung. Der bekannte Höhenwanderweg von Blankenstein an der Saale bis Hörschel an der Werra mißt 168 km.

Beim verkehrsbedeutenden **Straßenkreuz Schwalbenhaupt** wurde ein großer Parkplatz für Wanderer und alle Rastsuchenden eingerichtet → Route 29, Rund um den Thüringer Wald.

Nun gelangt man in das Herzstück des Thüringer Waldes, berührt die Häusergruppe Allzunah und den Ort Neustadt am Rennsteig. Beim großzügig angelegten Parkplatz „Schwalbenhaupt" (703) hält man sich Richtung Masserhammer li. Im romantischen Schwarzatal passiert man das Forsthaus „Blechhammer" und Scheibe-Alsbach (617). Beim Forsthaus „Limbach" verläßt man den Rennsteig und wechselt über Steinheid in das Tal der Steinach hinüber.

Der Ort Steinach (492) liegt an der von Lauscha herabziehenden Straße in einer Talweitung. Man fährt nun auf windungsreicher Straße durch den Talboden in die, durch Puppen- und Spielzeugherstellung bekannte Stadt Sonneberg; in ihrem Spielzeugmuseum sind Erzeugnisse aus allen Kontinenten zu sehen. – Die Rückfahrt nach Coburg vollzieht man über Neustadt bei Coburg (344), das auch einen interessanten Aufenthalt und eine Besteigung des aussichtsreichen Muppberges (516) bietet. Die Einfahrt nach Coburg erfolgt über Rödental an der „Fränkischen Bierstraße".

Verkehrswege sind ständigen Veränderungen unterworfen. Hinweise und Ergänzungsvorschläge nimmt unsere Redaktion stets dankend entgegen.

Denzel-Verlag, Maximilianstraße 9, A-6020 Innsbruck

30 Lange Berge, Gleichberge, Haßberge*

Route: Coburg (297) – Tremersdorf – Mirsdorf a.d. Sennigshöhe (523) – Ottowind – Grattstadt – Hildburghauser Höhe (461) – Veilsdorf – Hildburghausen – Waldhaus zwischen den Gleichbergen (418) – Römhild – Milz – Trappstadt – Bad Königshofen – Gabolshausen – Aub – Bundorf – Stöckach – Eichelsdorf – Hofheim – Ostheim – Unfinden – Königsberg in Bayern – Altershausen – Jesserndorf – Ebern – Untermerzbach – Kaltenbrunn – Gleußen im Itzgrund – Unnersdorf – Kloster Banz (416) – Schönsreuth – Buch am Forst – Grub – Coburg. 162 km.

Fahrtechnische Beurteilung: mittel

Zeitaufwand: Tagestour

Von Coburg Ausfahrt auf der B 4 durch das Lautertal bis li. die Bergstraße zur Sennigshöhe in den Langen Bergen abzweigt. Über Mirsdorf und Ottowind gelangt man nach Grattstadt und auf die Hildburghauser Höhe. – Die Abfahrt nach Veilsdorf, wo man auf die B 89 trifft, war im Bj. nicht ausgebaut. Begleitet von der Werra fährt man in die sehenswerte Stadt Hildburghausen (372) mit ihrem mittelalterlichen Marktplatz. Hildburghausen ist ein bedeutender Straßenknotenpunkt zwischen Thüringen und Franken.

Auf dem Weg nach Römhild leitet die Straße zwischen den Gleichbergen hindurch. Weiter geht es in s. Richtung. Man passiert den Ort Milz und überbrückt dort den gleichnamigen Fluß, ehe man nach Trappstadt gelangt, das jetzt im NW umfahren wird. Das Grabfeld, in das man noch vor Trappstadt eintritt, quert man als n. Teil des „Naturparks Haßberge“. In Bad Königshofen, das ein modernes Heilbad gegen Rheumaerkrankungen hat, trifft man auf die B 279, der man li. nur eine Strecke von knapp 5 km bis zur Abzw. Bundorf-Hofheim folgt. Ab Gabolshausen begegnet man der Bezeichnung „Straße der Fachwerkromantik“, doch wendet sich diese touristische Straße bald dem Ort Maroldsweisach zu.

Unsere Route quert den Höhenzug der Haßberge im S der Nassacher Höhe (506) und des daran anschließenden Bettenburger Waldes. Das Schloß Bettenburg wird nicht berührt, weil die vorge-

Imposant sind die Ausmaße des ehem. **Benediktiner-Klosters Banz**; es steht westlich von Lichtenfels hoch über dem Main → Route 30, Lange Berge, Gleichberge, Haßberge.

Von Dorf zu Dorf geht die Fahrt auf dem **Höhenrücken der Langen Berge**; im Bild baumgesäumter Streckenabschnitt bei Ottowind → Route 30, Lange Berge, Gleichberge, Haßberge.

gebene Route durch Eichelsdorf nach Hofheim (265) leitet. Dort befindet sich am Bahnhof das „Eisenbahnmuseum Emil Lehmann“, ein nostalgisches, privates Sammelsurium. – Wegen seines Freizeit- und Erholungswertes sei auf den Ellerthäuser See, wenige Kilometer s. von Stadtlauringen (282) und bereits außerhalb des Naturparkes liegend, hingewiesen. – Über Ostheim und Unfinden, das durch seine Holzbildhauer bekannt wurde, gelangt man nach Königsberg in Bayern (276). Das reizvolle Städtchen liegt am Rande des „Naturparks Haßberge“. Malerische Fachwerkhäuser umsäumen hier, wie im nahen Unfinden, die alten Pflasterstraßen. Bemerkenswert ist das Glockenspiel auf dem Rathaus.

Zurück zu den Haßbergen führt die Straße über die Ortschaften Altershausen und Jesserndorf nach Ebern (269). Die über 750 Jahre alte Stadt ist stolz auf ihr historisches Zentrum mit den schmucken Fachwerkhäusern, aber auch auf ihr einzigartiges Heimatmuseum. Nachdem man die dem Main zustrebende Baunach überbrückt hat, schlägt man den weiteren Weg in Richtung Fierst und Untermerzbach ein; die Nordrampe dieser Bergstraße weist mehrere Serpentinen auf. Die Ruine Rotenhan liegt weiter n. an der Straße nach Gereuth, etwas im Wald versteckt; es handelt sich dabei um eine ehem. Monolithenburg aus dem 13. Jh.

Von Untermerzbach zunächst weiter nach Kaltenbrunn und durch den Itzgrund zu den Banzbergen mit dem Kloster Banz, einer ehem. Benediktiner-Abtei aus dem Beginn des 11. Jh., jetzt Seminarstätte der Hanns-Seidel-Stiftung. Die Klosterkirche wartet mit einem prunkvollen Inneren auf. Im Museum sind zahlreiche Versteinerungen ausgestellt. – Mit Ausblicken auf das Obere Maintal und 14% Gefälle leitet die Route nach Schönsreuth und Buch am Forst weiter. Zuletzt passiert man den ausgedehnten Lichtenfelser Forst und gelangt nach Grub. Die Einfahrt in das Coburger Stadtzentrum erfolgt über die B 4.

Variante: Von Trappstadt nach Bundorf gibt es eine Alternativstrecke über den Büchelberg (410), der Ausblicke nach allen Seiten vermittelt. Die Straße setzt sich nach Sulzdorf a.d. Lederhecke (331) mit seinem einladenden Badesee fort. Minus 6 km. Fahrtechnische Beurteilung: leicht bis mittel.

Abstecher: Von Aub aus läßt sich über Althausen und eine Steigungsstrecke mit max. 12% der Märchenwald „Sambachshof“ erreichen; dieser Freizeitpark in den Haßbergen ist besonders für Kinder besuchenswert. Hin und zurück 11 km. Fahrtechnische Beurteilung: leicht.

Skizze 30 Lange Berge, Gleichberge, Haßberge

Abstecher: Von Eichelsdorf zur Schwedenschanze (487). Kurz bevor man nach Eichelsdorf hinabkommt, zweigt re. ein einspuriges, kurviges Asphaltsträßchen mit Ausweichstellen auf Sicht ab, Geschwindigkeitsbeschränkung 30 km/h. Es leitet vorwiegend durch Buchenwald zum geräumigen Parkplatz; von dort sind noch zirka 200 m zu Fuß zur Schwedenschanze mit dem Aussichtsturm zurückzulegen. Die daneben stehende Krahmer-Hütte wird an Samstagen, Sonn- und Feiertagen bewirtschaftet. Hin und zurück 5 km. Fahrtechnische Beurteilung: mittel.

Abstecher: Von Unnersdorf über Staffelstein zur Wallfahrtskirche Vierzehnheiligen. W. vom Kloster Banz zweigt re. die Straße nach Staffelstein (260) ab. Eine große Anziehungskraft, besonders für Fotografen, übt dort das Fachwerk-Rathaus aus. Über Grundfeld gelangt man hinauf zur Wallfahrtskirche Vierzehnheiligen. Die hoch aufragende, zweitürmige Basilika wurde 1743-72 von Balthasar Neumann erbaut und gilt als das bedeutendste Bauwerk des fränkischen Barocks. Prunkvolle Innenausstattung. Hin und zurück 17 km. Fahrtechnische Beurteilung: mittel.

Kurvig und teilweise steil ist die Auffahrt von Tremersdorf zur **Sennigshöhe (523)**, wo man das Hochplateau der Langen Berge erreicht → Route 30, Lange Berge, Gleichberge, Haßberge.

Die weithin bekannte, barocke **Wallfahrtskirche Vierzehnheiligen** bei Staffelstein zieht besonders an Sonn- und Feiertagen unzählige Besucher an, weshalb dann der obere Teil der Zufahrt für den allgemeinen Kfz-Verkehr gesperrt ist und die Auffangparkplätze benützt werden müssen → Route 30, Lange Berge, Gleichberge, Haßberge. Foto Thanalak Denzel

Steigerwald

Die vom Steigerwald erfaßten Höhenzüge kennen kaum Durchzugsverkehr. Die verkehrsarmen Straßen und Sträßchen eignen sich daher besonders gut für Motorradfahrten. Der Waldbestand, welcher sich vornehmlich aus Buchen und Fichten zusammensetzt, ist teilweise sehr dicht und schützt vor allem den bedeutenden Rebenbestand zwischen den westlichen Ausläufern des Steigerwaldes und der großen Mainschleife vor den gefürchteten Frösten. Höchste Erhebung des Steigerwaldes ist der Hohenlandsberg (498). Im Mittelpunkt der Schleife liegen die weinberühmten Orte Volkach, Dettelbach, Kitzingen und viele andere, welche den größten Weinlandkreis Bayerns bilden. In Tallagen gibt es reichen Obst- und Gemüseanbau, vor allem Zwetschgen und Spargel. Die Hochflächen hingegen sind durch den Anbau von Getreide und Zuckerrüben gekennzeichnet. In Mainfranken vollzieht sich der Wechsel zwischen westlichem, maritimem Klima und europäischem Kontinentalklima. Der geringe Niederschlag im Westen des Steigerwaldes macht die Region zu einer der trockensten und wärmsten Mitteleuropas, wozu die umliegenden Randgebirge wie die Rhön im N, Odenwald und Spessart im W als eine Art „Regenfänger" wirken. Die jährliche Sonnenscheindauer nimmt im Weinlandkreis Kitzingen einen Spitzenplatz unter den deutschen Weingebieten ein und ist sogar mit dem Hügelland Burgunds in Frankreich vergleichbar! – Der Steigerwald grenzt sich nach W durch eine ausgeprägte Stufe, aus Keupersandstein bestehend, ab, nach O ist eine sanfte Abdachung zur Fränkischen Senke zu beobachten; im S wird der Steigerwald durch die Aisch von der Frankenhöhe (Hohe Steig, 460 m), deren Naturpark von der A 7 Ulm–Würzburg durchmessen wird, im N durch den Main von den Haßbergen geschieden. Die zahlreichen Waldparkplätze wie auch das dichte Netz der Wanderwege (insgesamt über 1300 km lang) werden von einer Arbeitsgemeinschaft betreut, die sich aus dem Steigerwaldklub und dem Naturpark Steigerwald e.V. zusammensetzt.

31 Steigerwald-Höhenstraße, Nord*

Route: Bamberg (262) – Bischberg – Eltmann – Unterschleichach – Fabrik Schleichach – Rauhenebrach – Ebrach – Großbirkach – Füttersee – Wasserberndorf – Schlüsselfeld – Wachenroth – Mühlhausen – Steppach – Herrnsdorf – Frensdorf – Vorra – Stegaurach – Bamberg. 99 km.

Fahrtechnische Beurteilung: leicht bis mittel

Zeitaufwand: Halbtagestour

Ausgangspunkt für eine abwechslungsvolle Rundfahrt ist die Stadt Bamberg, welche viel Sehenswertes zu bieten hat; keinesfalls darf man eine Besichtigung des Domes, des Alten Rathauses und der St. Michaelskirche auf dem Michaelsberg versäumen, wo sich die ehem. Benediktinerabtei befand! – Bamberg ist Sitz der berühmten Bamberger Symphoniker, welche jetzt ihr Domizil im Neuen Kongreßzentrum haben und als „Symphonie a.d. Regnitz“ auftreten.

In Begleitung des Mains folgt man von Bamberg über Bischberg auf der B 26 nach Eltmann (240). Auf dieser Strecke läßt sich die Main-Schiffahrt sehr gut beobachten. In Eltmann beginnt li. die gut ausgeschilderte „Steigerwald-Höhenstraße“. Bergauf und bergab quert man bei Unterschleichach das Aurachtal und steigt merklich bis zur Fabrik Schleichach (471) an, um anschließend in das Tal der Rauhen Ebrach und in den gleichnamigen Ort hinabzufahren. In Ebrach kreuzt man die B 22, welche die direkte Verbindung über Dettelbach mit Würzburg herstellt.

Im S von Ebrach, das durch seine ehem. Zisterzienser-Abtei im Lande bekannt wurde, beginnt ein aussichtsreicher Anstieg der Höhenstraße in Richtung Wasserberndorf. Man passiert die Orte Großbirkach und Füttersee, ehe man in das Tal der Reichen Ebrach hinabsteigt, durch das auch die A 3 leitet. Man setzt die Rundtour allerdings nicht auf der Autobahn, sondern auf ausgebauten Landstraßen fort, wobei die Orte Schlüsselfeld, Mühlhausen, Steppach und Herrnsdorf berührt werden, ehe man sich wieder der Bischofsstadt Bamberg zuwendet. Bei Frensdorf n. von Herrnsdorf lädt ein Bauern-

Das öffentlich zugängliche Türmchen im Innenhof von Schloß Geyerswörth bietet eine gute Aussicht auf das Zentrum von **Bamberg** → Route 31, Steigerwald-Höhenstraße, Nord.

Die Ufer der schiffbaren Regnitz mit der idyllischen Zeile der ehem. Fischerhäuser in **Bamberg** nennt man auch „Klein-Venedig“ → Route 31, Steigerwald-Höhenstraße, Nord.

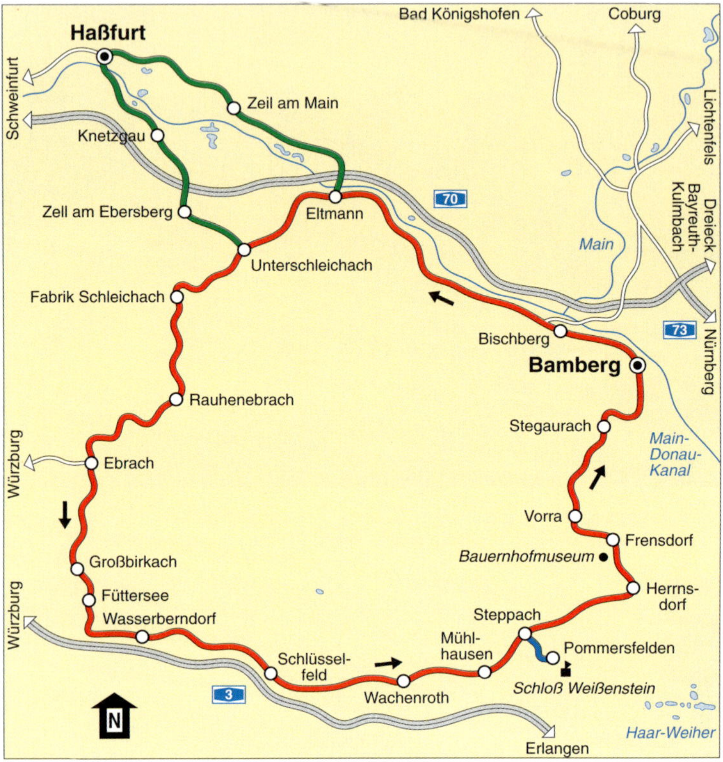

Skizze 31 Steigerwald-Höhenstraße, Nord

hofmuseum den Vorüberziehenden zu einer Besichtigung ein. Die Rückfahrt nach Bamberg vollzieht man über Stegaurach und gelangt über den Kaulberg in das Stadtzentrum.

Variante: Von Eltmann über Zeil am Main nach Haßfurt und über Zell am Ebersberg nach Unterschleichach. Offiziell wird diese Schleife als „Nordvariante“ der „Steigerwald-Höhenstraße“ bezeichnet. Die Umgebung von Zeil am Main, einem mittelalterlichen Fachwerkstädtchen am Fuß der Haßberge, wird als Weinbaugebiet sehr geschätzt. – Die Kreisstadt Haßfurt mit ihren zirka 11.600 Einwohnern ist eine alte, liebliche und zugleich auch eine aufstrebende, moderne fränkische Stadt, welche zwischen den beiden Naturparks „Haßberge“ und „Steigerwald“ eingebettet liegt. Von der Geschichte geprägt, ist sie heute ein Wirtschafts-, Freizeit-, Kultur-, Schul- und Verwaltungszen-

Das großartige **Schloß Weißenstein** in Pommersfelden ist wegen seiner prunkvollen Ausstattung auf alle Fälle eine Besichtigung wert → Route 31, Steigerwald-Höhenstraße, Nord.

Kurioserweise wurde im 18. Jh. das Alte Rathaus von **Bamberg** auf der mittelalterlichen Oberen Brücke über die Regnitz erbaut → Route 31, Steigerwald-Höhenstraße, Nord.

Wegen der vortrefflichen Aussicht auf die Altstadt und die Stadtmauer lohnt es sich in **Rothenburg** die Stufen des Röderturmes zu erklimmen → Route 32, Steigerwald-Höhenstraße, Süd.

Blick vom begehbaren, vorbildlich renovierten Wehrgang der Stadtbefestigung **Rothenburgs** auf die Gerlachschmiede und den Röderturm → Route 32, Steigerwald-Höhenstraße, Süd.

trum. Sehenswert sind im Ort die spätgotische Ritterkapelle mit 226 Adelswappen, welche außen am Chor angebracht sind. Der Tourist begegnet einem historischen Stadtbild mit Fachwerkhäusern und Stadttürmen sowie den Resten der ehem. Stadtmauer. Plus 23 km. Fahrtechnische Beurteilung: leicht.

Abstecher: Von Steppach zum Schloß Weißenstein in Pommersfelden. Der prachtvolle Barockbau mit seinem sehenswerten Treppenhaus, dem Spiegelkabinett, dem Marmorsaal und anderen prunkvollen Räumlichkeiten sowie der berühmten Gemäldegalerie, welche Meister des 16. bis 18. Jh. zeigt, wurde von J. L. Dientzenhofer errichtet. Das reich ausgestattete Schloß kann man nur im Rahmen von Führungen besichtigen; vom 1. April bis 31. Oktober täglich zwischen 10 und 17 Uhr geöffnet. Hin und zurück 3 km. Fahrtechnische Beurteilung: leicht.

Steigerwald-Höhenstraße, Süd* 32

Route: Rothenburg ob der Tauber (425) – Ohrenbach – Uffenheim – Herbolzheim – Sugenheim – Markt Bibart – Scheinfeld – Oberrimbach – Burghaslach – Schlüsselfeld – Aschbach – Burgwindheim – Ebrach – Neuses am Sand – Prichsenstadt – Wiesentheid – Wiesenbronn – Rödelsee – Iphofen – Markt Einersheim – Nenzenheim – Ippesheim – Gollhofen – Aub – Waldmannshofen – Frauental – Craintal – Rothenburg. 193 km.

Fahrtechnische Beurteilung: leicht bis mittel

Zeitaufwand: Tagestour

Die sehenswerte Kleinstadt Rothenburg ist vor allem wegen ihres mittelalterlichen Stadtbildes weit über die Grenzen Bayerns hinaus bekannt. Für eine Besichtigung des unter Denkmalschutz stehenden Stadtkernes sollte man sich ausreichend Zeit nehmen. Um die Altstadt wurden mehrere gut beschilderte, gebührenpflichtige Parkplätze angelegt. Sie wartet mit dem prächtigen Rathaus am Marktplatz, der St.-Jakob-Kirche mit dem Heiligblutaltar von Tilman Riemenschneider im Westchor und dem malerischen Plönlein auf. Besonders reizvoll ist eine Begehung des Wehrganges auf der Stadtmauer, welche vom Spitaltor über das Rödertor bis zum Klingentor möglich ist. Wegen der guten Aussicht lohnt sich eine Besteigung des Röderturmes. Originell präsentiert sich das Kriminalmuseum.

Skizze 32 Steigerwald-Höhenstraße, Süd

Die ersten Kilometer führen uns auf der parallel zur A 7 verlaufenden Nebenstraße in n. Richtung nach Uffenheim. Dort trifft man auf die Südroute der „Steigerwald-Höhenstraße“, welche sich nach Herbolzheim, Sugenheim und Markt Bibart wendet. Auf dem Weg nach Schlüsselfeld passiert man die Orte Scheinfeld, Oberrimbach, und Burghaslach. Im Nachbarort Aschbach biegt man re. nach Burgwind-

Die nur nach Bezahlung zugängliche **Wallfahrtskirche Maria im Weingarten** birgt die Rosenkranz-Madonna von Tilman Riemenschneider → Route 32, Steigerwald-Höhenstraße, Süd.

Eine Augenweide ist das Rödelseer Tor im Weinort **Iphofen** → Route 32, Steigerwald-Höhenstraße, Süd.

Astheim liegt mitten im Rebenmeer der **Volkacher Mainschleife**; im Vordergrund sieht man den Kirchturm des Nachbarortes Escherndorf → Route 32, Steigerwald-Höhenstraße, Süd.

Im besuchenswerten **Prichsenstadt** findet man eine fast noch vollständig erhaltene Stadtmauer vor; im Bild die Rundtürme mit dem Westtor → Route 32, Steigerwald-Höhenstraße, Süd.

Eines der beliebtesten Fotomotive in der malerischen Altstadt von **Rothenburg ob der Tauber** ist das Plönlein; dort herrscht stets reges Treiben → Route 32, Steigerwald-Höhenstraße, Süd.

heim mit seiner Wallfahrtskirche ab. Um zügig nach Ebrach mit seiner prunkvollen Klosteranlage und Neuses am Sand zu gelangen, benützt man die gut ausgebaute B 22; dort ändert man beim Schloßweingut „Wörner“ die Fahrtrichtung nach S.

Prichsenstadt mit seinem doppeltürmigen Vorstadttor und den Fachwerkhäusern, vor allem in der Luitpoldstraße, wird von Kennern auch als „Perle des Steigerwaldes“ bezeichnet. Aber auch die an der „Bocksbeutelstraße“ gelegenen Orte, welche so wohlklingende Namen wie Wiesentheid, Wiesenbronn, Rödelsee und Iphofen tragen, lohnen einen Besuch. Die Weine dieser Gegend werden vorwiegend in flache, bauchige Flaschen, welche „Bocksbeutel“ genannt werden, abgefüllt. In Wiesentheid befindet sich die Schönbornsche Residenz mit ihrem gepflegten Schloßpark. Im romantischen Weinort Iphofen sind die drei mittelalterlichen Torburgen bemerkenswert. Der als Weinberg bekannte Julius-Echter-Berg befindet sich in nächster Umgebung.

Die Runde setzt sich über Markt Einersheim, Nenzenheim und Ippesheim nach Gollhofen fort. Man überquert die A 7 und folgt dem Lauf der Gollach bis Aub. Das Feuerwehrmuseum von Waldmanns-

Prichsenstadt ist ein altfränkisches Städtchen, das seinen mittelalterlichen Charakter zum überwiegenden Teil bewahren konnte → Route 32, Steigerwald-Höhenstraße, Süd.

hofen wurde im dortigen Schloß untergebracht. Über das Kloster Frauental erreicht man Craintal und folgt im Taubertal der „Romantischen Straße" zurück nach Rothenburg.

Variante: Von Neuses am Sand über Volkach und Dettelbach nach Rödelsee. Man folgt zunächst der B 22 und gelangt über Dimbach in das besuchenswerte Städtchen Volkach. In der Wallfahrtskirche St. Maria im Weingarten (für die man Eintritt bezahlen muß!) befindet sich die Rosenkranz-Madonna des berühmten Schnitzmeisters Tilman Riemenschneider. Das von Rebhängen geprägte Gebiet der Mainschleife ist bekanntlich auch die zweitgrößte Frühzwetschgenregion Deutschlands. Im Frühjahr verwandeln sich dort die Obstbauanlagen in ein uferloses Blütenmeer! Von Mitte Mai bis Mitte Juni lockt jährlich die Spargelsaison unzählige Gäste an. Eine beeindruckende Aussicht bietet das Wegstück über die Vogelsburg nach Dettelbach. Gut erhalten ist dort die Stadtmauer mit ihren 36 Türmen. Man überbrückt bei Hörblach die A 3, passiert Großlangheim und trifft in Rödelsee wieder auf die Hauptroute. Plus 19 km. Fahrtechnische Beurteilung: leicht bis mittel.

Abstecher: Von Craintal nach Creglingen. Für kunsthistorisch Interessierte lohnt sich der kleine Umweg zur s. der Tauber gelegenen Herrgottskirche. Der berühmte Marienaltar zählt zu den Hauptwerken Tilman Riemenschneiders. Hin und zurück 7 km. Fahrtechnische Beurteilung: leicht.

Escherndorf an der Bocksbeutelstraße zählt zu den typischen Winzerorten der klimabegünstigten, interessanten **Volkacher Mainschleife** → Route 32, Steigerwald-Höhenstraße, Süd.

Blick vom Röderturm auf den nördlichen Teil der Stadtmauer von **Rothenburg**; der Wehrgang lädt zu einem romantischen Spaziergang ein → Route 32, Steigerwald-Höhenstraße, Süd.

Schwäbische Alb

Die Schwäbische Alb, in Jahrmillionen aus einem gewaltigen Meeresboden emporgehoben, erstreckt sich heute über 200 km Länge und 40 km Breite. Das unverwechselbare Landschaftsbild ist geprägt von sanften Bergrücken, Wacholderheiden, roten Kalkfelsen, Tropfsteinhöhlen, Wasserfällen und Thermalquellen. In weiten Teilen ist sie noch eine unberührte, herbe Landschaft. Die Silberdistel und der Wanderschäfer mit seiner Herde sind Ihre Symbole. Naturgeschützte Sehenswürdigkeiten ziehen vielerorts Besucher an. Von zirka 500 Höhlen der Schwäbischen Alb ist ein gutes Dutzend zu Schauhöhlen ausgebaut worden wie z.B. die Bärenhöhle, die Nebelhöhle oder die Wimsener Höhle. Zu diesen Besonderheiten zählen auch die Karstquellen und die Quelltöpfe, deren bekanntester bei Blaubeuren anzutreffen ist. Zur Schwäbischen Alb gehören nicht nur Burgen und Berge; in ihren Tälern und zu ihren Füßen liegen auch Städte mit hervorragenden Kulturdenkmälern. Die Stammburgen von zwei Kaisergeschlechtern – der Staufer und der Hohenzollern – stehen auf der Schwäbischen Alb. Auch der niedere Adel hat Burgen bzw. Burgruinen hinterlassen. Ob Hohenneuffen oder Hohenurach, Burg Teck oder die Burgruine Rechberg, alle sind heute lohnende Ausflugsziele, vor allem für motorisierte Touristen. – Die Schwäbische Alb wird in der Nord-Süd-Richtung zwischen Aalen und Ulm von der A 7, in der Nordwest-Südost-Richtung von der A 8 vorwiegend im Transitverkehr belastet. Das regionale Straßennetz ist dicht und versorgt alle touristisch interessanten Landstriche und deren Ziele, ihrer jeweiligen Bedeutung gemäß, ausreichend. Kenner meiden die hauptsächlichsten Ballungsräume im Verkehrsgeschehen mit den Städten Kirchheim unter Teck, Nürtingen, Metzingen, Reutlingen, Tübingen und Balingen. Im Zweifelsfall ist es vernünftiger, einen Umweg in Kauf zu nehmen als sich unter oft hohen Zeitverlusten durch ein Verkehrsgetümmel zu zwängen; dies gilt vor allem an Wochenenden.

Albuch und Heidenheimer Alb* 33

Route: Geislingen a.d. Steige (464) – Stötten – Schnittlingen – Donzdorf – Lauterstein – Degenfeld – Furtlepaß (630) – Weiler i.d. Bergen – Bargau – Heubach – Bartholomä – Steinheim am Albuch – Gerstetten – Heuchlingen – Hürben – Lontal – Bissingen ob Lontal – Setzingen – Nerenstetten – Weidenstetten – Ettlenschieß – Stubersheim – Schalkstetten – Geislingen. 129 km

Fahrtechnische Beurteilung: leicht bis mittel

Zeitaufwand: Halbtagestour

Die im SO der Schwäbischen Alb gelegene Fünftälerstadt Geislingen a.d. Steige eignet sich hervorragend als Stützpunkt für Touren in alle Himmelsrichtungen. Sehenswert ist die spätgotische Stadtkirche, das Alte Rathaus mit seinem Glockenspiel und der Alte Bau, ein aus dem 16. Jh. stammendes, prächtiges Fachwerkhaus, in dem heute das Heimatmuseum untergebracht ist. – Von Geislingen folgt man der langsam ansteigenden, waldgesäumten Straße nach Stötten und erreicht eine fast freie, hügelige Hochfläche. Auf der Strecke nach Schnittlingen gewährt eine Kuppe schöne Blicke über die Alb. Am Ortseingang wendet man sich li. in Richtung Donzdorf.

Eine zuerst weitgeschwungene Straße verläuft über die hügelige Alb und leitet dann in einer scharfen Rechtskurve mit 7% Gefälle talwärts. Vorbei am Messelstein (749), überwindet man zwei Kehren und mehrere Kurven, bevor Donzdorf erreicht wird. Hier biegt man re. auf die B 466 ein und folgt der „Stauferstraße" durch ein obst- und ackerbaugenütztes Tal, welches von bewaldeten Hügeln umgeben wird, bis Lauterstein.

Sobald man li. nach Degenfeld abgebogen ist, weitet sich das Tal und führt zum Furtlepaß. Mit 8% Gefälle geht es vom Scheitel zunächst gerade, dann mit einigen engen Kehren bergab, wobei man schöne Fernblicke genießt. In Weiler erreicht man die Ebene; wenig weiter sollte man re. die HT „Bargau" nicht verfehlen. Am Rande der Alb fährt man nun nach Heubach mit seinem schönen Fachwerk-Rathaus aus dem 16. Jh. und biegt dort re. nach Bartholomä ab. Der

Nicht wegzudenken von der Albvegetation sind die Wacholdersträucher wie hier im **Hungerbrunnental** zwischen Altheim und Heuchlingen → Route 33, Albuch und Heidenheimer Alb.

Bereits aus großer Ferne kann man den behäbigen, achteckigen Kirchturm von **Weidenstetten** mit seiner Zwiebelkuppe erkennen → Route 33, Albuch und Heidenheimer Alb.

Skizze 33 Albuch und Heidenheimer Alb

nun folgende Anstieg zur Alb weist 12% Steigung auf und leitet teilweise windungsreich durch lichten Wald. Man kommt auf einer längeren geraden Allee und über eine weite Hochfläche mit Wacholderheiden nach Bartholomä.

Dort hält man sich in Richtung Heidenheim und passiert dabei das malerische, waldige Wental mit seinen interessanten Felsformationen, bevor die Straße durch Felder und Obstanlagen mit 9% und einigen scharfen Kurven nach Steinheim fällt. Hier kann man das Meteorkratermuseum besichtigen. Nachdem man die B 466 überquert hat, steigt die Straße in weiten Kurven nach Gerstetten an. Hier befindet sich die Endstation der von Amstetten über die Stubershei-

Auf der Südrampe des **Furtlepasses (630)** fährt man an zahlreichen Obstkulturen vorbei; von der Scheitelhöhe gelangt man zum Hornberg → Route 33, Albuch und Heidenheimer Alb.

mer Alb führenden Museumseisenbahn; die 18 km lange Strecke wird heute sporadisch mit einer 790 PS starken, badischen Dampflokomotive aus dem Jahr 1921 befahren.

In leichtem Bergauf-Bergab verläuft die Runde Richtung Altheim. Noch vor dem Ort biegt man li. spitzwinkelig nach Heuchlingen ab und fährt über eine weite Feldlandschaft, die von Wäldchen durchsetzt ist. Man quert das wacholderbestandene Hungerbrunnental, ehe die Landschaft wieder flacher und intensiv landwirtschaftlich genutzt wird. Am Ende der großzügigen Umfahrung von Dettingen folgt man der HT „Giengen". Das etwas n. gelegene Eselsburger Tal ist wegen seiner bizarren Felslandschaft mit den „Steinernen Jungfrauen" bekannt.

Man unterquert die A 7 und gelangt auf einigen Kurven hinab nach Hürben. Dort sollte man sich einen Besuch der Charlottenhöhle (nur Führungen) mit ihren schönen Tropfsteinen nicht entgehen lassen. Im Ort hält man sich Richtung Burgberg; kurz danach biegt man re. ab, um dem malerischen Lonetal zu folgen. Die Fahrbahn verengt sich hinter Lontal zu einem einspurigen, welligen Sträßchen mit mehreren, fast rechtwinkeligen Kurven. Auf sanfter Steigung verläßt man schließlich das Lonetal re. in Richtung Bissingen.

Dort zweigt eine kleine, aber gut ausgebaute Straße li. nach Öllingen ab, die in eine bewaldete Senke führt. Kurz vor Öllingen, nachdem die Straße wieder angestiegen ist, wendet man sich re. nach Setzingen und quert eine weitläufige Hochfläche. Über Nerenstetten und an Börslingen vorbei, erreicht man auf der „Niederen Alb" Weidenstetten. Bei der gefährlichen Kreuzung im Ort fährt man geradeaus und kommt nach Ettlenschieß, wo man re. nach Schalkstetten auf der Stubersheimer Alb abbiegt. Bei der Burgruine Helfenstein mit dem Ödenturm senkt sich die Straße schließlich hinab in das Zentrum von Geislingen.

Abstecher: Vom Furtlepaß (630) zweigt man li. ab zum Hornberg. Eine Asphaltstraße leitet auf diese aussichtsreiche Hochfläche, auf der sich ein Segelflugplatz und das Höhenrestaurant „Hornberg" befindet. Hin und zurück 3 km. Fahrtechnische Beurteilung: mittel.

Zwischen Blaubeurer und Niederer Alb* — 34

Route: Geislingen a.d. Steige (464) – Amstetten-Bahnhof – Urspring – Lonsee – Westerstetten – Bernstadt – Beimerstetten – Tomerdingen – Temmenhausen – Bermaringen – Asch – Sonderbuch – Blaubeuren – Schelklingen – Schmiechen – Springen – Böttingen – Magolsheim – Breithülen – Heroldstatt – Feldstetten – Laichingen – Machtolsheim – Merklingen – Nellingen – Türkheim – Geislingen. 123 km.

Fahrtechnische Beurteilung: leicht bis mittel

Zeitaufwand: Halbtagestour

Als Ausfahrt von Geislingen nimmt man die gut ausgebaute, parallel zur Eisenbahnlinie München–Stuttgart verlaufende B 10. Man passiert Amstetten-Bahnhof von wo zwei Museumseisenbahnen der Ulmer Eisenbahnfreunde e.V. ihren Ausgang nehmen: nach Gerstetten fährt die dampfbetriebene Lokalbahn auf Normalspur, nach Oppingen das „Albbähnle" auf Schmalspur, wobei eine Dampflok aus dem Jahr 1904 zum Einsatz kommt. Auskünfte über die Fahrpläne kann man unter Tel. 07302-6306 oder Tel. 07331-7979 einholen. – In Urspring biegt man li. nach Lonsee ab, um durch die leicht hügelige, teilweise bewaldete Gegend zunächst nach Westerstetten und dann

Skizze 34 Zwischen Blaubeurer und Niederer Alb

auf der Römerstraße nach Bernstadt zu gelangen. Von dort aus geht es re. nach Beimerstetten; hier folgt man der HT „Tomerdingen". Im Ort selbst wendet man sich in Richtung Temmenhausen.

Die vorgegebene Route überbrückt die A 8 und führt nach Bermaringen, ehe sich die Straße mit 7% und z.T. engen Kurven in ein bewaldetes Tal absenkt. Ein Bach wird überquert und es geht sanft ansteigend hinauf nach Asch. Eine weite Fläche kennzeichnet den Streckenabschnitt nach Sonderbuch, der noch nicht erahnen läßt, daß es hinter dem Ort auf einer malerischen Talfahrt mit 8% Gefälle hinab nach Blaubeuren geht. Zu Beginn hat man eine scharfe Rechtskurve; die Randsicherung schützt vor der Tiefe. Die Straße wurde meisterhaft in den steilen Berghang trassiert. Die wenig befahrene Strecke bietet immer wieder Ausblicke auf Blaubeuren mit seinem mittelalterlichen Stadtbild. Man sollte dort unbedingt die sehenswerte

Im landschaftlich reizvollen **Mühltal** zwischen Springen und Böttingen befindet man sich fast einsam auf weiter Flur bzw. kurviger Strecke → Route 34, Zwischen Blaubeurer und Niederer Alb.

Klosterkirche mit ihrem wertvollen, gotischen Schnitzaltar und den bekannten Quelltopf der Blau besichtigen, wo sich auch die historische Hammerschmiede befindet. – Von Blaubeuren aus folgt man der HT „Ehingen" und gelangt im anfangs noch recht malerischen Tal der Blau auf der B 492 nach Schelklingen mit seinen sehenswerten Fresken aus dem 13. Jh. in der alten Friedhofskapelle St. Afra. In Schmiechen biegt man von der B 492 re. in Richtung Münsingen ab. Der folgende Streckenabschnitt führt durch das liebliche Mühltal, wobei die Straße zunächst leicht, später stärker mit 9% zur Albhochfläche ansteigt und ab Springen enge Kurven aufweist. Bei der Einmündung in die Hauptstraße ö. von Böttingen geht es re. in vielen Windungen über die rauh wirkende Alblandschaft in Richtung Laichingen weiter, wobei man Magolsheim, Breithülen und Heroldstatt (777) passiert. Vor Feldstetten kurz re. auf die B 28 und dann li. nach Laichingen.

Auf dem Weg nach Nellingen umfährt man sowohl Machtolsheim als auch Merklingen und überbrückt die A 8. Die Landschaft der Rauhen Alb ist von einer weiten, oft eintönig wirkenden Hochfläche gekennzeichnet. In Nellingen sollte man für einen kurzen Besuch der spätgotischen Pfarrkirche mit ihren einzigartigen Wandmalereien ver-

Als kleines Wunder der Natur gilt der **Blautopf**; die außergewöhnliche türkisblaue Wasserfarbe der Karstquelle gab ihm seinen Namen → Route 34, Zwischen Blaubeurer und Niederer Alb.

weilen. Die gut ausgebaute Straße in Richtung Geislingen ermöglicht ein zügiges Vorwärtskommen durch die weiterhin fast unveränderte, jedoch etwas waldreichere Gegend. Kurz nach Türkheim fällt sie zuerst sanft, später ein wenig stärker mit 7%; zudem wird sie kurviger und von felsdurchsetzten, bewaldeten Hügeln gesäumt. Wenn man noch etwas Zeit hat, ist ein Spaziergang durch die Altstadt von Geislingen mit ihren Fachwerkhäusern und der spätgotischen Basilika zu empfehlen.

Variante: Von Beimerstetten über Ulm nach Blaubeuren. W. von Beimerstetten fährt man li. nach Dornstadt, wo die vierspurig ausgebaute B 10 rasch nach Ulm leitet. Dort sollte man die Fahrt für einen Besuch der Altstadt mit dem großartigen Münster, der größten gotischen Kirche Deutschlands, unterbrechen; sie birgt eine reiche Innenausstattung. Zum Münster gehört der 162 m hohe Turm; er ist der höchste Kirchturm der Welt. – Von Ulm nimmt man die B 28 durch das liebliche Tal der Blau bis Blaubeuren. Plus 6 km. Fahrtechnische Beurteilung: leicht.

Abstecher: Von Laichingen auf einem Sträßchen zur Tiefenhöhle, HT. Ein Besuch der tiefsten Schauhöhle Deutschlands (100 m Tiefe) ist unbedingt zu empfehlen (nur mit Führungen). Hin und zurück 3 km. Fahrtechnische Beurteilung: leicht bis mittel.

Durch das Stauferland* 35

Route: Geislingen a.d. Steige (464) – Oberböhringen – Michelsberg (750) – Unterböhringen – Reichenbach – Deggingen – Gosbach – Drackenstein – Hohenstadt – Wiesensteig – Neidlingen – Weilheim a.d. Teck – Boll – Bezgenriet – Sparwiesen – Faurndau – Uhingen – Nassachmühle – Nassach – Baiereck – Schlichten – Schorndorf – Adelberg – Rechberghausen – Bartenbach – Lerchenberg – Hohenstaufen – Lenglingen – Straßdorf – Rechberg – Wißgoldingen – Winzingen – Donzdorf – Süßen – Geislingen. 148 km.

Fahrtechnische Beurteilung: mittel

Zeitaufwand: Tagestour

Von Geislingen steigt man zunächst aussichtsreich in weiten Kurven nach Oberböhringen, dann durch Wald auf einer schmäleren Straße hinauf zum Michelsberg und in leichtem Auf und Ab mit engen Kurven und vier Kehren ohne Randbefestigung nach Unterböhringen. Man fährt auf einer Steigungsstrecke durch Obstanlagen und genießt den freien Blick auf die umliegenden Hügelketten. Nach einer Kuppe geht es unvermittelt mit zirka 10% Gefälle bergab nach Reichenbach. Wenig s. davon biegt man in die B 466 ein, HT „Deggingen". Die Strecke leitet durch das hügelumrahmte Filstal nach Gosbach und weiter in Richtung Drackenstein.

Hinter Unterdrackenstein wird das Tal enger. Die Straße steigt nach einer scharfen Linkskurve nach Oberdrackenstein und ist in einen steilen Hang trassiert. Sie vermittelt immer wieder Ausblicke auf die Viadukte des Albabstiegs der Autobahn München–Stuttgart. In Oberdrackenstein fährt man re. nach Hohenstadt, das bereits auf der Hochfläche liegt. Die Straße senkt sich nun leicht zur A 8. In welligem Auf und Ab erreicht man nach einer spitzwinkeligen Abzw. und einer kurvigen (zwei Kehren), bei Motorradfahrern beliebten und aussichtsreichen Bergstrecke, Wiesensteig mit seiner schmalen Ortsdurchfahrt.

Auf dem Weg nach Neidlingen geht es durch Wald wieder hinauf zur Albhochfläche, worauf sofort ein kurvenreicher, teilweise sehr enger Abschnitt mit 7% Gefälle folgt. Lediglich 4 km trennen uns noch von

Die **Ruine Hohenrechberg** wurde im 12. Jh. aus Buckelquadern erbaut und brannte 1865 nieder → Route 35, Durch das Stauferland. Foto Touristik-Gemeinschaft Schwäbische Alb

Weilheim a.d. Teck mit seiner spätgotischen Pfarrkirche. Obstbäume und Maisfelder kennzeichnen die Strecke, auf der man sich langsam dem Aichelberg und dem Boßler (794) nähert. Die Straße beginnt, von Bäumen gesäumt, mit zwei Kehren anzusteigen. Ein kurzes Stück verläuft sie parallel zur A 8 München–Stuttgart. Man nimmt nun li. die Abzw. nach Boll, wobei die Autobahn überquert wird, und erreicht schließlich in sanften, später sich verengenden Kurven und auf einem Gefälle von max. 14% Boll mit seiner romanischen Pfeilerbasilika.

In Boll wendet man sich auf der L 1214 in Richtung Göppingen, verläßt diese aber wieder in Bezgenriet. Auf einer kleinen, gut ausgebauten und wenig befahrenen Landstraße gelangt man über Sparwiesen nach Uhingen im Filstal, wo kurz vorher die romanische Klosterkirche in Faurndau einen Besuch lohnt. Zirka 2 km w. von Uhingen biegt man von der B 10 in das liebliche Nassachtal ab. Über die Nassachmühle und Nassach gelangt man nach Baiereck mit seiner engen Ortsdurchfahrt. Leicht ansteigend führt die Straße mit unterschiedlichen Fahrbahnbreiten durch den Schurwald. Bei Erreichen des Höhenrückens zwischen Rems- und Filstal, zweigt man re. nach Schlichten ab. Während der Abfahrt nach Schorndorf öffnen sich vom Waldrand aus schöne Blicke über das Remstal.

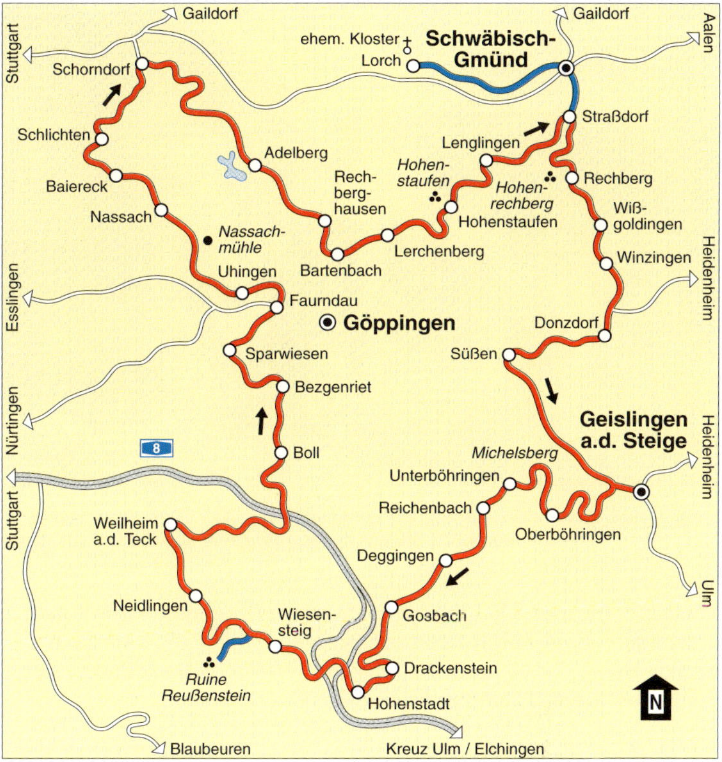

Skizze 35 Durch das Stauferland

In Schorndorf sollte man auf keinen Fall einen Besuch der malerischen Altstadt mit ihren wunderschönen Fachwerkhäusern versäumen und auch einen Blick in die spätgotische Pfarrkirche werfen! – Die Straße nach Adelberg steigt in langgezogenen, später engen und gefährlichen Kurven zu einer mit Obstbäumen bestandenen Hochfläche an; die Geschwindigkeit wurde auf dieser Strecke mit 50 km/h begrenzt. Kurz vor Rechberghausen mündet man in die B 297 und folgt der HT „Göppingen“ bis Bartenbach. – Die Verbindung über Lerchenberg zur „Straße der Staufer“ ist teilweise einspurig; man hält sich li. und folgt der normal breiten und aussichtsreichen Steigungsstrecke nach Hohenstaufen (603). – Will man zu Fuß zur Ruine, so kann man sein Motorrad auf einem der wenigen Parkplätze im Ort oder am Ortsende

Die auf einem steilen Felsen stehende **Ruine Reußenstein** vermittelt interessante Weit- und Tiefblicke; sie ist vom Parkplatz bequem zu Fuß erreichbar → Route 35, Durch das Stauferland.

abstellen. In zirka 15 Gehmin. hat man die Burganlage des einst so mächtigen deutschen Kaisergeschlechtes erreicht. Es sind zwar nur wenige Reste von ihr erhalten geblieben, aber man genießt dort einen bemerkenswerten Rundblick über Rems- und Filstal.

Hinter der Ortschaft fällt die Straße leicht und verläuft mit Blick zum Vulkankegel des Hohenrechberg entlang dem Höhenrücken in Richtung Schwäbisch Gmünd. Zu den drei „Kaiserbergen", die sich eindrucksvoll über das Stauferland erheben, zählen Hohenstaufen (684), Hohenrechberg (707) und Stuifen (757). – In mehreren Kurven führt die Straße durch ein kurzes Waldstück sanft bergab und anschließend durch das freier werdende Hügelland nach Lenglingen. Die Weiterfahrt erfolgt am Rande der Alb auf einer Straße mit einigen scharfen Kurven bis Straßdorf. Danach geht es auf einer aussichtsreichen Steigungsstrecke weiter nach Rechberg.

Dort stellt man sein Motorrad am Beginn des nach re. abzw., jedoch für den allgemeinen Verkehr gesperrten Sträßchens zum Hohenrechberg ab, um in zirka 10 Gehmin. die gleichnamige Ruine zu erreichen. Wegen ihres besseren Erhaltungszustandes ist ein Besuch dort weitaus lohnender als beim Hohenstaufen; der Blick über Rems- und Fils-

Auf der höheren der beiden Kuppen des Rechberges befindet sich die Wallfahrtskirche Hohenrechberg, auf der niedrigeren die **Ruine Hohenrechberg** → Route 35, Durch das Stauferland.

tal ist hier noch weitreichender. – Nach Wißgoldingen, dem nächsten Ort der Route, fährt man mit vielen Kurven durch ein Obstanbaugebiet. Über Winzingen leitet die Straße nach Donzdorf hinab. Die breite B 466 verläuft von Donzdorf nach Süßen, wobei sich Blicke auf die umliegende Hügellandschaft ergeben. Von hier aus nimmt man die stark befahrene B 10 zurück nach Geislingen.

Abstecher: Von Wiesensteig nach Reußenstein. Zirka 3 km w. von Wiesensteig zweigt li. eine Straße ab, die mit weiten Kurven sanft bergan zum Parkplatz „Reußenstein" führt, von dem man die gleichnamige Burgruine in nur 5 Gehmin. erreichen kann. Schöne Aussicht! Hin und zurück 4 km. Fahrtechnische Beurteilung: leicht bis mittel.

Abstecher: Von Straßdorf über Schwäbisch Gmünd nach Lorch. Zunächst bergab nach Schwäbisch Gmünd: die stilvollen Fachwerkhäuser der Altstadt, die romanische Johanniskirche und das gotische Heiligkreuzmünster lohnen einen Besuch! Von der mittelalterlichen Stadtbefestigung sind noch sechs Wehrtürme erhalten. – Kunsthistorisch Interessierte können weiter nach Lorch fahren, wobei man immer auf der alten Straße (nicht auf der vierspurigen B 29) am re. Ufer der Rems bleibt. In Lorch befindet sich eine der eindrucksvollsten romanischen Kirchen im Albgebiet. Hin und zurück 25 km. Fahrtechnische Beurteilung: leicht.

36 Rund um Bad Urach*

Route: Bad Urach (464) – Hülben – Erkenbrechtsweiler – Owen – Dettingen unter Teck – Weilheim unter Teck – Holzmaden – Weilheim – Hepsisau – Schopfloch – Donnstetten – Römerstein – Böhringen – Seeburg – Rietheim – Dottingen – Gächingen – St. Johann – Bleichstetten – Bad Urach. 85 km.

Fahrtechnische Beurteilung: mittel

Zeitaufwand: Halbtagestour

Eingebettet in die Erhebungen der Alb liegt Bad Urach mit seinem mittelalterlichen Stadtbild. Sehenswert ist der Marktplatz mit den Fachwerkhäusern, das Rathaus aus dem 15. Jh., der gotische Brunnen und die Amanduskirche. Im Residenzschloß mit seinen schönen Innenräumen ist das Albvereinsmuseum untergebracht. – Mit 7% Steigung gelangt man zunächst in leichten Kurven durch Laubwald nach Hülben. Von dort setzt man seine Fahrt auf der weitläufigen Hochfläche zuerst auf einer breiten, dann schmäler und kurviger werdenden Straße nach Erkenbrechtsweiler fort.

Ab dem Ortsende hat man ein starkes Gefälle von 17%; die kurvenreiche Straße ist jedoch gut ausgebaut und randgesichert. Sie gibt im unteren Teil den Blick auf das Tal und den Hohenneuffen frei. Im N von Beuren, das man nur tangiert, befindet sich ein Freilichtmuseum mit typischen Bauernhäusern, Scheunen und Werkstätten aus dem Mittleren Neckarraum und von der Schwäbischen Alb. Von April bis Oktober zwischen 9 und 18 Uhr täglich außer montags geöffnet. – Auf leicht fallender Strecke kommt man durch Obstplantagen nach Owen, das viele schöne Fachwerkhäuser besitzt.

Die stark befahrene B 465 leitet über Dettingen und unter der A 8 hindurch nach Kirchheim unter Teck. Hier ist ein Spaziergang durch die malerische Altstadt mit ihren vielen Fachwerkhäusern und eine Besichtigung der Martinsbasilika unbedingt anzuraten. – In Holzmaden sollte man einen Besuch des Urweltmuseums mit seinen einzigartigen Versteinerungen von Tieren und Pflanzen nicht versäumen. Man quert erneut die A 8, passiert das am Fuß der Ruine Limburg (598)

Die **Burg Teck** ist von einem der beiden Parkplätze aus nur zu Fuß erreichbar; die Hochfläche auf der Teck wird auch von Modell-Fliegern gerne genutzt → Route 36, Rund um Bad Urach.

Ungefähr 400 Tiere hat der Schäferhund „Bubi“ auf dem aussichtsreichen **Hochplateau der Teck** beim Parkplatz „Hörnle“ zu beaufsichtigen → Route 36, Rund um Bad Urach.

Weit und in alle Himmelsrichtungen reicht die Aussicht von der **Burgruine Hohenneuffen** mit ihren dicken Mauern und mächtigen Türmen → Route 36, Rund um Bad Urach.

Lohnend ist eine Besteigung des hölzernen Aussichtsturmes am **Römerstein**; die glaslosen Luken muß man meistens selbst öffnen und schließen → Route 36, Rund um Bad Urach.

Skizze 36 Rund um Bad Urach

liegende Weilheim a.d. Teck und biegt 2 km s. davon re. nach Hepsisau ab. Mit unterschiedlichen Fahrbahnbreiten und drei Kehren erreicht man die Hochfläche der Alb und den Ort Schopfloch.

Auf der B 465 (HT „Ulm“) gelangt man nach Donnstetten, wo man sich re. in Richtung Bad Urach wendet. Am Parkplatz „Römerstein“, 200 m re. abseits der Straße, HT, lohnt es sich, das Motorrad abzu-

Blick auf das im 19. Jh. erbaute **Schloß Lichtenstein**, welches sich am Rand eines Felsabbruches befindet → Route 37, Rund um die Reutlinger und Hohenzollern Alb. Foto Thomas Rettstatt

stellen, um nach 10 Gehmin. die schöne Aussicht vom hölzernen Turm in 874 m Höhe zu genießen. Er wurde bereits 1912 erbaut, ist 28 m hoch und hat 126 Stufen; zu seinen Füßen stehen Tische, Bänke und sogar ein Grillplatz für Rastsuchende bereit.

Die Fortsetzung der Runde verläuft über Böhringen und ein kurzes Stück auf der B 28, ehe man li. nach Seeburg abzweigt. Nach zirka 2 km auf der Richtung Münsingen führenden B 465 biegt man re. nach Rietheim ab. Bei Dottingen erreicht man die hügelige Albhochfläche und kann in der Ferne Schloß Lichtenstein erkennen. Mit 10% Gefälle und zwei Kehren führt die Straße hinab nach Gächingen und weiter nach St. Johann. Unmittelbar hinter der Abzw. nach Bleichstetten setzt eine lange Steigung ein. Nach einem Aussichtspunkt dicht an der Straße mit Tiefblick auf Bad Urach senkt sich diese bei max. 15% Gefälle und in engen Kurven durch den Wald zum AP Bad Urach.

Variante: Von Erkenbrechtsweiler über Lenningen nach Owen. Am Ortsende von Hochwang beginnt die Straße auf einer schönen, neu angelegten Bergstrecke in vielen Kurven nach Lenningen zu fallen. Die Geschwindigkeit ist dabei mit 50 km/h beschränkt. Von Lenningen auf der B 465 nach Owen. Plus 2 km. Fahrtechnische Beurteilung: mittel.

Abstecher: Kurz vor Erkenbrechtsweiler zweigt eine Stichstraße zum Parkplatz des Hohenneuffen (743) ab, von dem man in 15 Gehmin. die größte Burgruine der Schwäbischen Alb erreicht. Bemerkenswerte Ausblicke! Hin und zurück 5 km. Fahrtechnische Beurteilung: leicht bis mittel.

Abstecher: In Owen wendet man sich gleich re. und folgt dem Wegweiser „Zur Teck“ (773). Die Straße verengt sich und beginnt mit 12% anzusteigen, Geschwindigkeitsbeschränkung von 30 km/h. Hinter dem Ortsende wird sie jedoch breiter und verläuft aussichtsreich durch Obstplantagen zu zwei Parkplätzen: re. 700 m zum Parkplatz „Bölle“, wo sich ein teilweise steiler Fußweg zur aussichtsreichen Burg anbietet, li. 900 m zum Parkplatz „Hörnle“ mit Gaststätte. Eine direkte Weiterfahrt hinab nach Bissingen ist nicht möglich! Hin und zurück 6 km. Fahrtechnische Beurteilung: mittel.

Rund um die Reutlinger und Hohenzollern Alb* | 37

Route: Reutlingen (382) – Pfullingen – Unterhausen – Honau – Genkingen – Undingen – Willmandingen – Melchingen – Salmendingen – Ringingen – Killer – Starzeln – Hausen – Albstadt/Onstmettingen – Thanheim – Hechingen – Weilheim – Rangendingen – Haigerloch – Bad Imnau – Mühringen – Börstingen – Sulzau – Rottenburg – Dettingen – Ofterdingen – Mössingen – Öschingen – Gönningen – Reutlingen. 144 km.

Fahrtechnische Beurteilung: mittel

Zeitaufwand: Tagestour

In Reutlingen laden vor allem die Altstadt, die gotische Marienkirche und die Nikolaikapelle zum Verweilen ein. Man verläßt den AP auf der B 312 in s. Richtung. In der Nachbargemeinde Pfullingen gibt es ein Mühlen- und Trachtenmuseum. Nach Honau setzt unvermittelt ein Anstieg mit zwei Kehren ein. Wochentags herrscht hier ein starker Lkw-Verkehr; das Überholverbot wird streng überwacht! Sobald man die Albhochfläche erreicht hat, folgt man re. der Straße Richtung Sonnenbühl. Auf abwechslungsreicher Strecke mit felsdurchsetzter Landschaft und langgezogenen Kurven gelangt man durch Wald nach Genkingen und über eine freie Hochfläche nach Undingen.

Von Willmandingen führt die Route in großzügig angelegten Kurven weiter nach Melchingen. Salmendingen verläßt man auf der leicht fallenden Straße nach Ringingen, welche weite Blicke über die Alb bietet. Vor dem Ort biegt man re. nach Killer ab und fährt bei einem Gefälle von 9% bergab. Kurz vor Killer sieht man in der Ferne die Burg Hohenzollern. Im Dorf wendet man sich zuerst li. auf die B 32 und folgt dann in Starzeln und Hausen jeweils re. der „Hohenzollernstraße“ Richtung Albstadt-Onstmettingen. Die Straße steigt nun im Wald mit 12% und engen Kurven an, bis man die Hochfläche erreicht hat. Dann geht es wieder sanft bergab nach Onstmettingen. Vom Ortsende senkt sich die Straße in vielen Kurven nach Thanheim. Dort folgt man re. der HT „Burg Hohenzollern“ bis Zimmern.

Von Hechingen, wo eine sehenswerte klassizistische und eine Renaissancekirche die kurze Unterbrechung der Fahrt lohnen, führt die Straße leicht ansteigend nach Weilheim, danach kurvenreich durch Wald bis nach Rangendingen. Man folgt li. der HT „Haigerloch“ und erreicht die Stadt entlang der Museumseisenbahn über eine weitläufige Hochfläche mit zuletzt 8 % Gefälle. In Haigerloch kann man das Schloß mit seiner sehenswerten Kirche besichtigen. Man verläßt den Ort, an steilen Felsen vorbei, in Richtung Bad Imnau. Die Straße folgt nun der baumgesäumten Eyach in sanften Windungen nach Mühringen. Beim Überqueren des Neckars fällt der Blick li. auf die gigantische Autobahnbrücke der A 81 Stuttgart–Singen.

Nun geht es re. im abwechslungsreichen Neckartal weiter, HT „Rottenburg“. Die gute Neubaustrecke weist kurz vor Börstingen eine scharfe Linkskurve auf. Hinter diesem Ort hat man einen schmalen Streckenabschnitt mit Blick auf Schloß Weitenburg. Ab Sulzau verbreitert sich die Straße wieder und folgt dem Neckar, der von schönen alten Bäumen gesäumt wird. – Am Ortsanfang von Rottenburg biegt man re. ab und folgt der HT „Hechingen“; wer jedoch die malerische, mittelalterliche Stadt mit den sehenswerten Kirchen St. Martin und St. Moritz besichtigen möchte, fährt geradeaus weiter.

Wieder auf der vorgegebenen Strecke führt die Straße leicht bergan und verläßt das Neckartal. An der Straßeneinmündung in die L 385 hält man sich re.; li. sieht man auf einer Anhöhe die Weilerburg. Wenig weiter zweigt man auf der weiten Hochfläche li. nach Dettingen ab. Die bewaldeten Erhebungen des Rammert querend, fährt man auf einer kurvenreichen Straße durch das Katzenbachtal hinab nach Ofterdingen an der B 27. Von Mössingen setzt man die Rundfahrt leicht ansteigend auf die hügelige Alb fort. Ab Öschingen, wo man

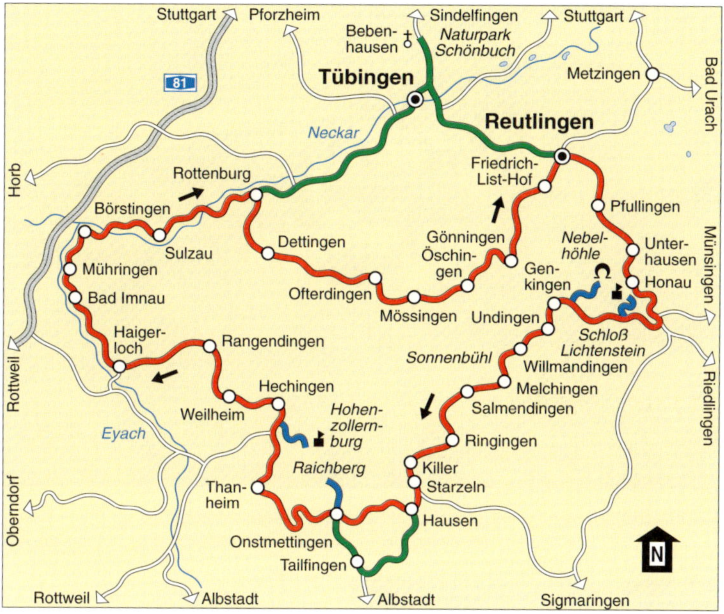

Skizze 37 Rund um die Reutlinger und Hohenzollern Alb

der HT „Pfullingen“ folgt, wird die Landschaft durch Obstanlagen, später durch Wald belebt. Über Gönningen und den Friedrich-List-Hof kommt man direkt nach Reutlingen zurück.

Variante: Von Hausen wendet man sich auf einer leicht ansteigenden Straße durch ein bewaldetes Tal in Richtung Tailfingen; dort geht es re. weiter nach Onstmettingen, das man nach einem Gefälle von 8% und einer scharfen Linkskurve am Ortseingang erreicht. Plus 4 km. Fahrtechnische Beurteilung: leicht bis mittel.

Variante: Von Rottenburg über Tübingen nach Reutlingen. Diese Route ist vor allem kunsthistorisch Interessierten zu empfehlen. Stets dem Neckartal folgend, gelangt man auf der Hauptstraße nach Tübingen mit seiner malerischen, mittelalterlichen Altstadt am Ammerkanal. Sehenswert sind das prächtige Rathaus, die gotische Stiftskirche St. Georg, das Schloß Hohentübingen mit seinem Rittersaal und die spätgotische Kirche St. Jakob. – Das in seiner Art einmalige Auto- und Spielzeugmuseum „Boxenstop“ in Tübingen ermöglicht dem Besucher eine hautnahe Besichtigung von Renn- und Sportwagen, Motorrädern und Renngespannen, Blechspielsachen, Modelleisenbahnen und

Die **Burg Hohenzollern** ist eine äußerst beeindruckende Anlage im neugotischen Stil → Route 37, Rund um die Reutlinger und Hohenzollern Alb. Foto Touristik-Gemeinschaft Schwäbische Alb

Ab dem Jahr 1850 verwirklichte König Wilhelm IV. von Preußen die ehrgeizige Idee, die **Ruine Hohenzollern** wieder aufzubauen → Route 37, Rund um die Reutlinger und Hohenzollern Alb.

-autos, Puppen, Dampfmaschinen und -lokomotiven sowie Modellflugzeugen. Geöffnet April bis Oktober Mi, Fr, Sa, So und an Feiertagen von 10 bis 12 Uhr und von 14 bis 17 Uhr.

Zu empfehlen ist auch ein Abstecher in den waldreichen „Naturpark Schönbuch“, wo Bebenhausen liegt; dort befindet sich die besuchenswerte Klosteranlage, welche sich als eine Mischung aus staufischer Romanik und französischer Gotik präsentiert. – Von Tübingen gelangt man schnell auf der vierspurig ausgebauten B 28 nach Reutlingen. Minus 2 km. Fahrtechnische Beurteilung: leicht.

Abstecher: Von der Straße nach Genkingen zum Schloß Lichtenstein. Ein schmales Sträßchen führt 1.5 km durch Wald leicht bergan zum gebührenpflichtigen Parkplatz; von dort sind es 5 Gehmin. zum Schloß, das am Rand eines Felsabbruchs liegt. Es vermittelt einen bemerkenswerten Blick auf Reutlingen. Das zugängliche Schloß wurde 1840-42 nach einem Roman von Wilhelm Hauff erbaut, was sich auch in der Inneneinrichtung widerspiegelt. Hin und zurück 3 km. Fahrtechnische Beurteilung: leicht bis mittel.

Abstecher: Kurz vor Genkingen folgt man zweimal re. dem Wegweiser zur Nebelhöhle. Auf einem guten, aber schmalen Sträßchen gelangt man zum Parkplatz. Nach wenigen Gehmin. hat man den Höhleneingang erreicht. Die Höhle weist sehr schöne Stalagmiten auf. Hin und zurück 5 km. Fahrtechnische Beurteilung: mittel.

Abstecher: Von Onstmettingen zum Raichberg (956). Eine sanft ansteigende, schmale Straße führt durch eine herbe Landschaft zum Nägele-Haus. Von dort sind es nur noch wenige Meter bis zum Gipfel, der nur ein eingeschränktes Panorama bietet. Hin und zurück 5 km. Fahrtechnische Beurteilung: mittel.

Abstecher: Von der B 27 zweigt kurz vor Hechingen eine gut ausgebaute Bergstraße mit einigen Kurven zur Hohenzollernburg ab. Je nach Besucherfrequenz benützt man den oberen oder unteren der gebührenpflichtigen Parkplätze. Zur exponiert auf einem Bergkegel erbauten Burg selbst hat man dann noch 20 Gehmin.; wem der Fußweg zu steil ist, kann auch die nur für berechtigte Fahrzeuge erlaubte Zufahrtsstraße hinaufgehen. Es wird aber auch ein gebührenpflichtiger Zubringerdienst per Bus unterhalten. Obwohl die Burg auf den ersten Blick einen mittelalterlichen Eindruck erweckt, wurde sie erst 1850-67 im neugotischen Stil als Stammsitz der Hohenzollern auf alten Ruinen wiedererrichtet. Sie besteht aus dem vieltürmigen Hochschloß und den Wehranlagen, welche Rundblicke weit ins Land bieten. Die Burg ist vom 16. März bis 15. Oktober zwischen 9 und 17 Uhr 30, vom 16. Oktober bis 15. März zwischen 9 und 16 Uhr 30 täglich geöffnet. Wer dem starken Besucherstrom an schönen Sommer-Wochenenden ausweichen möchte, ist mit einer Besichtigung werktags gut beraten. Hin und zurück 10 km. Fahrtechnische Beurteilung: leicht bis mittel.

Majestätisch überragt das Schloß der Hohenzollern die Stadt **Sigmaringen**; es wurde auf einem langgestreckten Jurafelsen an der Donau errichtet → Route 38, Rund um die Zwiefaltener Alb

Die Strecke zwischen **Pflummern** und **Mörsingen** präsentiert sich gut ausgebaut, während die Weiterfahrt nach Zwiefalten durch Felsen eingeengt ist. → Route 38, Rund um die Zwiefaltener Alb

Rund um die Zwiefaltener Alb** 38

Route: Sigmaringen (574) – Sigmaringendorf – Hitzkofen – Wilflingen – Langenenslingen – Andelfingen – Pflummern – Mörsingen – Zwiefalten – Wimsen – Hayingen – Buttenhausen – Marbach a.d. Lauter – Gomadingen – Engstingen – Haid – Erpfingen – Stetten – Hörschwag – Trochtelfingen – Mägerkingen – Gammertingen – Veringenstadt – Veringendorf – Hochberg – Bingen – Sigmaringen. 136 km.

Fahrtechnische Beurteilung: leicht bis mittel

Zeitaufwand: Tagestour

Man verläßt Sigmaringen mit seinem eindrucksvollen Schloß auf der B 32 in Richtung Ravensburg, biegt jedoch schon in Sigmaringendorf li. nach Bingen ab und fährt entlang der Museumseisenbahn auf einer gut ausgebauten Strecke durch das malerische Lauchert-tal. Ab Hitzkofen leitet die Straße in langgezogenen Kurven durch Wald leicht bergan nach Wilflingen und auf die wellige Albhochfläche bei Langenenslingen. In Andelfingen wendet man sich li. nach Pflummern. Auf einer Berg- und Talfahrt (steil bergab!) erreicht man Mörsingen. Das Ortsende wartet mit einer scharfen Linkskurve auf. Der folgende Abschnitt nach Zwiefalten ist nur knapp zweispurig, kurvenreich und verläuft zwischen bewaldeten, felsdurchsetzten Hängen; Vorsicht bei Begegnungen an unübersichtlichen Stellen!

In Zwiefalten sollte man seine Fahrt für einen Besuch des Münsters unbedingt unterbrechen; es handelt sich dabei um eine der großartigsten Barockkirchen des 18. Jh. auf der Schwäbischen Alb. Nebenan befindet sich das 1521 gegründete Klosterbräu; in der Gastwirtschaft kann man sich stärken, in der Brauerei Biergläser und -krüge erwerben. – Für die Weiterfahrt über Wimsen hält man sich li. Von Hayingen fährt man hinab in das malerische Lautertal, wo die gut ausgebaute Straße dem mäanderartigen Lauf des Flusses folgt. Die idyllische Landschaft ähnelt dem Donautal: die auch für Kanufahrten bestens geeignete Große Lauter schlängelt sich zwischen zwei felsigen und waldreichen Höhenzügen hindurch. Spazier- und Radwege laden zum geruhsamen Betrachten dieses Landschaftsschutzgebietes mit seinen zahlreichen Burgruinen ein. An einer Stra-

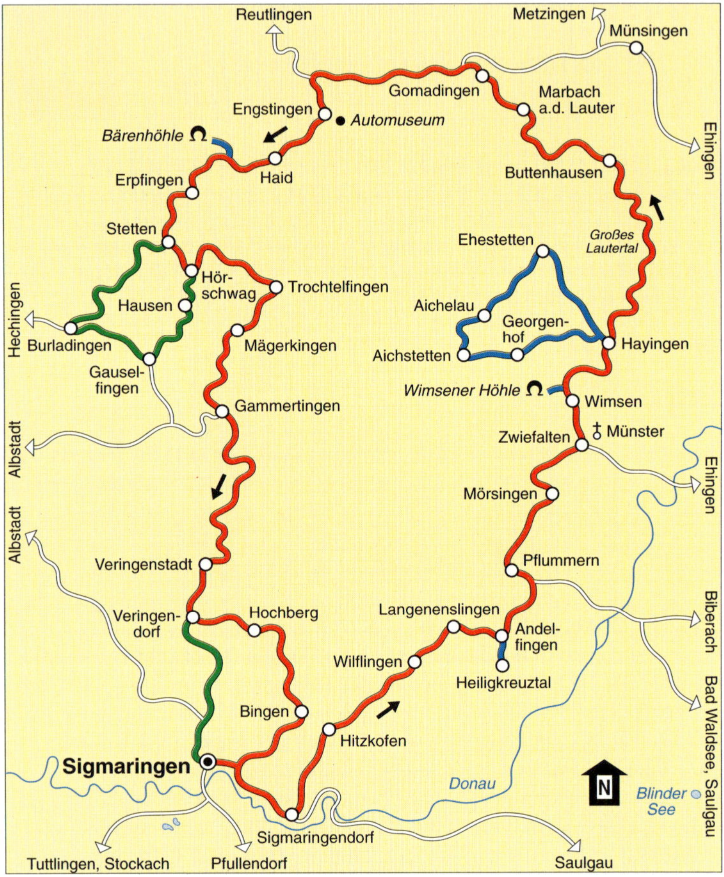

Skizze 38 Rund um die Zwiefaltener Alb

ßengabelung in Buttenhausen folgt man weiter dem Lauf des Flüßchens, um das berühmte Pferdegestüt in Marbach a.d. Lauter besichtigen zu können.

In Gomadingen trifft man auf die breite L 230, welche nach Engstingen leitet. Dort lohnt ein Besuch des anschaulich gestalteten Automuseums. Den Schwerpunkt dieser Sammlung bilden zirka 120 Fahrzeuge aus den 50er Jahren. Zu sehen sind auf 1.200 m^2 nicht nur

Von außergewöhnlichem landschaftlichen Reiz ist eine Fahrt durch das **Große Lautertal** entlang der mäanderartig verlaufenden Lauter → Route 38, Rund um die Zwiefaltener Alb

Automobile, sondern auch zahlreiche Motorräder, Motorroller, Kabinenroller, Dreiräder und Fahrräder mit Hilfsmotoren. Das Museum ist täglich außer montags zwischen 10 und 17 Uhr geöffnet. Von Dezember bis März geschlossen.

Die gut ausgebaute B 313 verläuft entlang der Museumseisenbahn über die herb wirkende Hochfläche der Alb. Bei Haid biegt man re. ab in Richtung Sonnenbühl. Sanft geschwungen führt die Straße durch die hügelige und teilweise bewaldete Alblandschaft. Hinter Erpfingen verengt sich das Tal und der Wald wird dichter. Am Ortsende von Stetten trifft man auf die „Hohenzollernstraße", die durch das idyllische Laucherttal nach Hörschwag leitet. Man verläßt das Tal und erreicht auf schmälerer, hügelauf und hügelab führender Wegstrecke durch Wiesen und Wälder den Ort Trochtelfingen. Dort gleich re. abzweigen in Richtung Feuerwehr, dann der Hauptstraße folgend und am Schloß vorbei, in die Altstadt mit ihren schönen Fachwerkhäusern. Hier lohnt sich eine Rast im Braugh. „Albquell".

Die B 313 leitet bei Mägerkingen wieder ins Laucherttal zurück. Ab Gammertingen folgt man auf der B 32 in weitgeschwungenen Kurven den Mäandern des Flusses in Richtung Sigmaringen. Wer Glück hat, kann in den frühen Morgen- bzw. Abendstunden einige Graureiher beobachten. Bei Veringendorf verläßt man erneut das Tal und biegt zweimal li. ab, HT „Hochberg“. Eine schmale Straße zieht mit engen Kurven und zwei Kehren bergan. Die Strecke nach Bingen ist normal breit und verläuft zunächst auf der Hochfläche, bis sie sich mit nur 8% Gefälle wieder zur Lauchert senkt. In Bingen empfiehlt sich der Braugh. „Lamm“ zur Einkehr. Auf direktem Weg geht es dann zurück zum AP Sigmaringen.

Variante: Von Stetten über Burladingen nach Hörschwag. Hinter Stetten wird die Straße schmäler und steigt, das Gelände geschickt ausnutzend, leicht an. Sie führt hinauf zur waldreichen Hochfläche der Alb, über die sie in vielen Windungen verläuft. Die Abfahrt ist steiler, aber randgesichert und wurde in den Hang trassiert. In Burladingen biegt man li. in die B 32 ein, auf der man rasch nach Gauselfingen gelangt. Von dort leitet eine ausgebaute Strecke, meist durch Wald, hügelauf und hügelab wieder in das malerische Lauchert-tal, dem man über Hausen nach Hörschwag folgt. Plus 17 km. Fahrtechnische Beurteilung: leicht bis mittel.

Variante: Von Veringendorf weiter auf der B 32 direkt nach Sigmaringen. Man bleibt zunächst im schönen Laucherttal, um es nach zirka 6 km zu verlassen und zur Einmündung der B 463 in engen Kurven durch Wald anzusteigen. Auf der Abfahrt nach Sigmaringen ist wegen der unfallträchtigen Strecke besondere Vorsicht geboten! Minus 6 km. Fahrtechnische Beurteilung: leicht bis mittel.

Abstecher: Von Andelfingen nach Heiligkreuztal. Dieses Ziel ist vor allem den kunsthistorisch Interessierten zu empfehlen. Hervorzuheben sind dort besonders das gotische Münster mit seinen Wandmalereien und der Kreuzgang. Hin und zurück 2 km. Fahrtechnische Beurteilung: leicht.

Abstecher: N. von Zwiefalten zur Wimsener oder Friedrichshöhle, deren Besuch man nicht versäumen sollte. Es ist die einzige Höhle der Alb, die mit einem Kahn besichtigt werden kann; dort befindet sich der Quelltopf der Zwiefalter Ach. Hin und zurück 1 km. Fahrtechnische Beurteilung: leicht bis mittel.

Abstecher: Ringschleife von und nach Hayingen. Am Ortsende biegt man li. nach Aichstetten ab. Eine relativ neu angelegte Straße führt über die hügelige Hochfläche, auf der die typische Albvegetation (niedere Nadelgehölze) mit Hochwald wechselt, leicht bergab zur Hayinger Brücke, einem idealen AP für Wanderungen. Von dort geht es in einem bewaldeten Abschnitt mit zirka 10% bergan zum Georgenhof. Über freies Feld erreicht man bald Aichstetten. Scharfe Kurven kennzeichnen den Streckenabschnitt bis Aichelau. Eine gute, leicht kurvige Straße leitet schließlich über Ehestetten durch die hügelige Region wieder nach Hayingen. Hin und zurück 21 km. Fahrtechnische Beurteilung: mittel.

Die Strecke zwischen **Stetten** und **Burladingen** verläuft in weitgeschwungenen Kurven und zeichnet ein typisches Bild der Albhochfläche → Route 38, Rund um die Zwiefaltener Alb

Blick auf das besuchenswerte, barocke Münster von **Zwiefalten**; dem Kloster ist seit über 400 Jahren eine Brauerei und Gaststätte angeschlossen → Route 38, Rund um die Zwiefaltener Alb.

Abstecher: Zirka 2.5 km w. von Raid trifft man re. auf den Wegweiser zur sehenswerten Bären- und Karlshöhle. Es handelt sich dabei um zwei Höhlen, die aber zusammen besichtigt werden können. Neben den gefundenen Bärenknochen beeindrucken vor allem die Stalagmiten und Stalaktiten. Hin und zurück 2 km. Fahrtechnische Beurteilung: leicht.

39 Durch den Naturpark Obere Donau**

Route: Sigmaringen (574) – Dietfurth – Gutenstein – Neidingen – Hausen - Leibertingen – Beuron – Fridingen a.d. Donau – Mühlheim a.d. Donau – Kolbingen – Königsheim – Egesheim – Bubsheim – Böttingen – Dürbheim – Balgheim – Spaichingen – Aldingen – Denkingen – Gosheim – Wilflingen – Schörzingen – Schömberg – Dotternhausen – Roßwangen – Ziegelwasen – Lochenpaß (920) – Tieringen – Nusplingen – Bärenthal – Beuron – Hausen – Schwenningen – Glashütte – Stetten am kalten Markt – Storzingen – Oberschmeien – Unterschmeien – Sigmaringen. 186 km.

Fahrtechnische Beurteilung: mittel

Zeitaufwand: Tagestour

Bevor man den AP Sigmaringen verläßt, sollte man einen kleinen Spaziergang durch die Altstadt mit ihren Fachwerkhäusern gemacht haben. Auch eine Innenbesichtigung des reich ausgestatteten Hohenzollernschlosses ist zu empfehlen; auf einem Jurafelsen errichtet, überragt es weithin sichtbar die Stadt. – Einige Kilometer w. von Sigmaringen verengt sich das Donautal; steil abfallende Felsen und bewaldete Hänge begrenzen die weitgehend gerade Strecke zu beiden Seiten. Hinter Dietfurth passiert man mehrere, aus dem Fels geschlagene Tunnels. Die Straße wird schmäler und kurviger; bei Gutenstein weitet sich das Tal kurzzeitig.

Die folgenden Tunnels sind ampelgeregelt, man hat dort aber nur kurze Wartezeiten. Überhängende Felsen und Bäume lassen die Fahrt abwechslungsreich erscheinen. Nach Neidingen ist die ausgebaute Strecke zu Ende. Die nun enge Straße nähert sich wiederholt dem baumgesäumten Flußufer und erreicht nach einem zweiten Bahnübergang erneut normale Breite; zwischen Neidingen und Hausen treten die Felsen zurück und der Blick fällt auf das in beherrschender Lage auf einem Felsvorsprung stehende Schloß Hausen.

An der **jungen Donau** bei Dietfurth westlich von Sigmaringen am südlichen Rand der Schwäbischen Alb → Route 39, Durch den Naturpark Obere Donau. Foto Thomas Rettstatt

Die teilweise engen Felstunnels bei **Gutenstein** werden durch Ampeln geregelt, doch muß man keine längeren Wartezeiten in Kauf nehmen → Route 39, Durch den Naturpark Obere Donau.

Am Ortsende von Hausen biegt man li. in Richtung Messkirch ab. Die Straße wird nun schmäler und steigt mit vielen Kurven stetig an. Bewaldete Hänge mit markanten Felsformationen, unter ihnen das sogenannte „Steintor", begleiten die abwechslungsreiche Bergfahrt. Nach Erreichen des Donauhochufers zweigt man re. nach Leibertingen ab. Die bisher sanft geschwungene, normal breite Straße verengt sich mit Beginn der Talfahrt. Die Strecke ist jetzt kurvenreich, unübersichtlich und ohne Randsicherungen; erst in Beuron, wo man erneut auf das Donautal trifft, verbreitert sie sich wieder. Dort empfiehlt sich eine Besichtigung der sehenswerten Rokokokirche.

Hinter Beuron biegt man li. Richtung Fridingen ab, um der mit zwei Kehren und mehreren Kurven ansteigenden Straße auf die Albhochfläche zu folgen. Beim Berghaus „Knopfmacher" (765) mit großem Parkplatz erreicht sie ihren höchsten Punkt. Von dort sind es nur wenige Meter zur Aussichtskanzel „Knopfmacherfelsen", die schöne Tiefblicke auf das Donautal, die Donauschlinge, Schloß Bronnen und das Kloster Beuron bietet. Die nun folgende Abfahrt nach Fridingen weist ein Gefälle von 12% auf; an der Kehre mit Rastplatz hat man re. den Blick ins Bäratal. Auf kurvenreicher, bewaldeter Strecke gelangt man hinab nach Mühlheim, das eine sehenswerte Altstadt mit vielen Fachwerkhäusern besitzt.

Die Straße nach Kolbingen wird schmäler und beginnt bald mit einigen Kehren zur Hochfläche anzusteigen. Während der Fahrt ergeben sich bemerkenswerte Rückblicke ins Donautal. Eine gut ausgebaute Straße führt über die weitläufige, freie Hochfläche der Alb zuerst nach Königsheim und dann durch ein Waldstück hinab nach Egesheim. Von dort leitet sie mit 10% und zwei Kehren wieder auf die Hochfläche nach Bubsheim und Böttingen. In welligem Auf und Ab mit mehreren Kehren gelangt man nach Dürbheim und von Balgheim auf der B 14 nach Spaichingen.

Bei Aldingen biegt man re. nach Denkingen ab. Auf leicht geschwungener Strecke mit zwei Kehren setzt man die Fahrt nach Gosheim fort; drei weitere Kehren werden bis Wilflingen passiert. Man wendet sich jetzt in Richtung Schömberg und kommt direkt am Fuße des Lemberges (1015) vorüber. Die B 27 leitet zum nächstgelegenen Ort Dottenhausen. Nun über Roßwangen nach Ziegelwasen bei Weilstetten und weiter zum Lochenpaß.

Skizze 39 Durch den Naturpark Obere Donau

Eine gut ausgebaute, breite Straße mit langgezogenen Kurven, dann mit randgesicherten Kehren, steigt gleichmäßig mit max. 6% durch den Wald an. Geschwindigkeitsbegrenzung von 80 km/h beachten und wegen der unfallträchtigen Strecke erhöhte Vorsicht walten lassen! Die große Anzahl von Motorradfahrern macht die Beliebtheit dieser interessanten Paßstraße deutlich. Jeden Sonntag findet auf dem Parkplatz an der letzten Kehre der Nordrampe, 200 m unterhalb der Scheitelhöhe, ein Motorradtreffen statt. – Vom Lochenpaß (920) führt ein Fußweg steil in zirka 10 Gehmin. zum 44 m höher gelegenen Lochenstein hinauf, der Prachtblicke über die Burg Hohenzollern nach Tübingen und bis zum Schwarzwald vermittelt.

Die Straße senkt sich nun mäßig in weiten Kurven nach Tieringen (806) im Bäratal. Bis zur Ortschaft Bärenthal kommt man auf sanft geschwungener Trasse durch ein „Donautal en miniature". Auf der am Talhang ansteigenden Straße erreicht man den Scheitelpunkt zwischen Bära- und Donautal. An der Gabelung der HT „Sigmaringen" folgend, fährt man nach Beuron bergab; den Ort selbst läßt man jedoch im S liegen. Die Fahrt wird durch das abwechslungsreiche und landschaftlich schöne Donautal bis Hausen fortgesetzt.

Dort verläßt man es auf einer gut ausgebauten, kurvenreichen Bergstrecke, welche den Blick auf die gegenüberliegenden Felsen freigibt. Durch eine rauh wirkende Gegend kommt man von Schwenningen über Glashütte nach Stetten am kalten Markt und auf einer gut ausgebauten Straße in weiten Kurven nach Storzingen. Kurz vor dem Ort biegt man, der HT „Oberschmeien" folgend, re. ins Schmeietal ab. Die einspurige Straße mit gutem Belag durchmißt das waldreiche, malerische Tal, ist jedoch teilweise unübersichtlich und weist enge Kurven ohne Randsicherungen auf. In Oberschmeien fährt man li. am Gh. „Mühle" vorüber und folgt der Straße unter der Bahnlinie hindurch nach Unterschmeien, wo man das Tal in Richtung Sigmaringen verläßt, zunächst auf einer langgezogenen Steigung, dann auf einer Hangstrecke mit zirka 10% Gefälle.

Variante: Von Mühlheim über Tuttlingen nach Spaichingen. Ab Mühlheim a.d. Donau (630) wird das Donautal breiter und die Landschaft lieblicher. – Von Tuttlingen kann man einen Abstecher zur Donauversickerung bei Immendingen unternehmen; die beschilderte Zufahrt mißt 9 km. – In Tuttlingen selbst bleibt man immer auf dem re. Donauufer, um den häufigen Verkehrsstau in der Innenstadt zu meiden. Auf der B 14 gelangt man dann zügig durch ein weites Tal nach Spaichingen. Minus 13 km. Fahrtechnische Beurteilung: leicht.

Abstecher: Von Leibertingen zur Burg Wildenstein. Von Leibertingen aus (dort re. abbiegen) hat man nach 2 km den Parkplatz erreicht; es besteht hier eine Geschwindigkeitsbeschränkung von 60 km/h. In 5 Gehmin. gelangt man zur aussichtsreichen Burg, die sich malerisch über dem Donautal erhebt und bemerkenswerte Tiefblicke vermittelt. Die Burg wird heute als Jugendherberge genutzt. Hin und zurück 4 km. Fahrtechnische Beurteilung: leicht.

Abstecher: In Kolbingen folgt man re. dem Wegweiser zur Kolbinger Höhle, die auf einem schmalen Asphaltsträßchen über eine baumbestandene Hochfläche mit mehreren Picknickplätzen erreicht wird. Vom großen Parkplatz aus gelangt man in 10 Gehmin. zur Höhle, von deren Eingang man einen großartigen Blick ins Donautal hat. Ein Besuch der nur an Wochenenden geöffneten Tropfsteinhöhle ist besonders zu empfehlen. Hin und zurück 5 km. Fahrtechnische Beurteilung: leicht bis mittel.

Abstecher: Von Spaichingen auf den Dreifaltigkeitsberg (985). Im Ort biegt man re. ab und folgt der teilweise schmalen, jedoch asphaltierten Straße bergan. Die bewaldete, kaum Aussicht gewährende Strecke quert des öfte-

Beeindruckend sind im **Tal der jungen Donau** die beiderseits aufragenden, schroffen Felsen wie hier zwischen Neumühle und Neidingen. → Route 39, Durch den Naturpark Obere Donau.

Bemerkenswerte Tiefblicke auf das Donautal genießt man von der kleinen Aussichtskanzel am **Knopfmacherfelsen**; im Hintergrund läßt sich das Benediktiner-Kloster Beuron erkennen → Route 39, Durch den Naturpark Obere Donau.

Vorzüglich ausgebaut wurde die Straße über den **Lochenpaß (920)**; die oberste Kehre der Nordrampe ist ein beliebter Motorradfahrer-Treffpunkt → Route 39, Durch den Naturpark Obere Donau.

ren den steilen Kreuzweg. Nach 9 Kehren erreicht man einen geräumigen Parkplatz. An Sonn- und Feiertagen besteht für die letzten 200 m zur Dreifaltigkeitskirche auf dem Gipfel ein Fahrverbot! Bei klarem Wetter kann man den Alpenhauptkamm von der Zugspitze bis zum Montblanc verfolgen, wozu eine Panoramatafel nähere Informationen erteilt. Der Kirchturm, dessen Zwiebelkuppe 1842 von einem Blitzschlag zerstört und kurioserweise durch eine Aussichtsplattform ersetzt wurde, ist leider nicht mehr öffentlich begehbar. Hin und zurück 10 km. Fahrtechnische Beurteilung: mittel.

Abstecher: Von Denkingen gelangt man auf einem schmäler werdenden, kurvigen und mit vier Kehren versehenen Sträßchen zum Klippeneck, knapp unterhalb des Hummelsberges (1002). Während die Fahrt selbst keine Aussicht bietet, wird man am Ziel (geräumiger Parkplatz, Gaststätte) durch Ausblicke über die Donauebene bis zum Schwarzwald belohnt. Hin und zurück 9 km. Fahrtechnische Beurteilung: leicht bis mittel.

Der **Maßstab** ist Ausdruck des Maßverhältnisses von Strecken auf Karten und Plänen gegenüber ihrer wirklichen Länge, so bei 1 : 100.000, d.h. 1 cm der Karte entspricht 100.000 cm oder 1 km in der Natur. Unter sehr großem Maßstab versteht man Karten und Pläne bis zu einer Verkleinerung von 1 : 25.000, von großem Maßstab spricht man bei einer Verkleinerung bis zu 1 : 100.000. Unter kleinem Maßstab versteht man noch stärkere Verkleinerungen, beispielsweise 1 : 800.000. Extreme Verkleinerungen sind nur noch bei gröberen Übersichten anwendbar.

Schwarzwald

Unter den Mittelgebirgen Deutschlands bietet der Schwarzwald alle Facetten besonders anziehender Landschaftsbilder. Wie sein Name besagt, dominieren dunkle Wälder. Sein Rükken ist eine wellige Hochfläche, charakteristisch für seine Gipfel sind die meist kahlen, vorwiegend flachen Kuppen. Nach W hin fällt das Gebirge steil gegen die Oberrhein-Ebene zu ab, was Höhendifferenzen bis 800 m bewirkt. Gegen O zu, dem Neckar- und Donautal, sind flache Abdachungen die Regel. Die höchsten Erhebungen bilden der Kandel (1241) im Mittleren Schwarzwald, der Feldberg (1493) und der formschöne Belchen (1414), welche die Landschaft beherrschen, im S. Der Blauen (1165) ist am weitesten gegen die Rheinebene vorgeschoben. Die Strecke von Pforzheim durch den Schwarzwald bis Waldshut am Hochrhein mißt 160 km. Im S erreicht das Gebirge eine Breite bis zu 60 km, im N verschmälert es sich auf nur 20 km. – Durch die zahlreichen Täler erfuhr das Gebirge eine starke Gliederung; derzufolge wurden auch die Verkehrswege angelegt. Das Straßennetz ist für ein Mittelgebirge außerordentlich dicht, wobei die Straßen nicht nur durch Talungen, sondern auch über aussichtsreiche Höhenzüge leiten. Man spricht von einem Nördlichen, einem Mittleren und einem Südlichen Schwarzwald. Ohne Zweifel bildet die vielbefahrene „Schwarzwald-Hochstraße" B 500 mit ihrer natürlichen Fortsetzung nach S über Abschnitte der B 31 und der B 317 das Rückgrat des Straßennetzes. Lohnende anfahrbare Hochpunkte wurden in den einzelnen Beschreibungen aufgenommen. Durch den Schwarzwald führt keine Autobahn, sodaß ein großes, zusammenhängendes Erholungsgebiet vom Transit-Schwerverkehr fast verschont bleibt. – An Wochenenden ist das Schwarzwälder Straßennetz jedoch häufig durch „Sonntagsfahrer" überlastet. Viele Tourenfahrer weichen dann mit Vorliebe in das benachbarte Elsaß aus. Dort haben sowohl die Vogesen als auch die Winzerorte in der Rheinebene eine große Anziehungskraft.

40 Nördlicher Schwarzwald**

Route: Freudenstadt (728) – Besenfeld – Enzklösterle – Sprollenmühle – Reichental – Weisenbach – Forbach – Raumünzach – Schwarzenbach-Stausee – Herrenwies – Kurhaus Sand – Kurhaus Hundseck (1002) – Unterstmatt – Hotel Mummelsee – Straßenknoten Vogelskopf – Hotel Zuflucht – Hotel Alexanderschanze – Kniebis – Bad Rippoldsau – Schapbach – Wolfach – Schiltach – Schenkenzell – Reinerzau – Schömberg – Freudenstadt. 178 km.

Fahrtechnische Beurteilung: mittel

Zeitaufwand: Tagestour

Der Nördliche Schwarzwald erstreckt sich vom Nordrand des Gebirges im Raum von Karlsruhe bis hinauf zum Oberrhein. Die höchste Erhebung ist die Hornisgrinde (1166) mit dem weithin sichtbaren Sendemast des Südwestfunks. Der Mittlere Schwarzwald reicht vom Kaiserstuhl bis zum Ostrand des Gebirges mit Rench- und Bregtal. Ihm muß man auch die Städte Offenburg und Lahr zuordnen. Freiburg im Breisgau kann man als das Tor in den Südlichen Schwarzwald bezeichnen. Die sö. Schwarzwaldtäler gehen in den Hotzenwald über und münden bei Waldshut-Tiengen bzw. bei Bad Säckingen in den Oberrhein. Die direkt nach S verlaufenden Täler enden im Raum Rheinfelden-Lörrach-Weil.

Das Markgräfler Land ist ein nach W gegen den Rhein vorgeschobenes Weinland und erstreckt sich von der Freiburger Bucht bis in den Raum von Basel; es wird von der „Badischen Weinstraße" B 3 durchzogen. Sein wirtschaftlicher Mittelpunkt ist der, nahe Badenweiler gelegene Ort Müllheim (230). Der Obstanbau hat in den w. Tälern des Schwarzwaldes erhöhte Bedeutung; am häufigsten sind Kirschbäume, in weiterer Folge die Zwetschgenbäume. – Der Südliche Schwarzwald wartet mit den höchsten Erhebungen des gesamten Mittelgebirges auf.

Freudenstadt mit seinem sehenswerten Marktplatz ist mit seinen zirka 20.000 Einwohnern die höchstgelegene Stadt Baden-Württembergs und das Zentrum des Fremdenverkehrs im Nördlichen

In Gutach sind sechs Bauernhöfe aus dem 16. bis 18. Jh. samt Nebengebäude zu bewundern → Route 40, Nördlicher Schwarzwald. Foto **Schwarzwälder Freilichtmuseum Vogtsbauernhof**

Eindrucksvoll ist die typische Schwarzwälder Rauchküche ohne Kamin im Leibgedingehaus aus dem Jahr 1652; → Route 40, Nördlicher Schwarzwald. Foto **Schwarzwälder Freilichtmuseum Vogtsbauernhof**

Schwarzwald. Man folgt der „Schwarzwald-Bäderstraße" B 294 über Besenfeld hinaus und verläßt sie wenig weiter, um im Tal der Großen Enz die „Freundschaftsstraße" bis zur Sprollenmühle zu benützen. Dann nimmt man einen Richtungswechsel nach NW mit Kurs auf Weisenbach vor. Hohloh (988) mit dem Kaiser-Wilhelm-Turm und der Hohlohsee bleiben li. der Route liegen.

In Weisenbach trifft man auf die „Schwarzwald-Tälerstraße" B 462, der man über Forbach bis Raumünzach (401) folgt. Dort hat man re. die Abzw. der Bergstraße L 83 zum Schwarzenbach-Stausee, der in einer tiefen Mulde zwischen dem Nägeliskopf und den Streitmannsköpfen eingebettet liegt; nö. davon erhebt sich die aussichtsberühmte Badener Höhe (1002). Sie ist nur auf Waldwegen zu Fuß erreichbar. Den kürzesten Anstieg hat man von den Parkplätzen in Herrenwies (761) zum Herrenwieser Sattel (879). Ein beliebter Höhenweg verbindet die Badener Höhe mit dem benachbarten Seekopf (1003).

Die landschaftlich abwechslungsvolle L 83 mündet beim Kurhaus „Sand" (826) in die vielbefahrene „Schwarzwald-Hochstraße" ein. Im Gegensatz zum Herrenwieser See ist der Sandsee kein Karsee, sondern ein künstlich angelegter, kleiner Waldsee. Vom Sattel beim Kurhaus „Sand" gibt es eine direkte Straßenverbindung mit Bühlertal und Bühl (136). Landschaftlich lohnender sind allerdings die beiden benachbarten Abfahrten von der B 500 hinab nach Ottersweiher bzw. nach Achern über Sasbachwalden.

Wie Perlen an einer Schnur fädelt die Hochstraße zahlreiche Höhenluftkurorte mit ihren Kurhäusern auf bis man auf ihr nach Kniebis gelangt. Während der Fahrt eröffnen sich bemerkenswerte Ausblicke auf Berge und Täler. Unsere Route leitet von Kniebis (920) durch das anmutige Wolfachtal vielgewunden über Bad Rippoldsau und Schapbach hinab in den Ort Wolfach (262).

Durch den „Ellenbogen" genannten Talabschnitt erreicht man bei nur mäßigem Anstieg Schiltach an der Kleinen Kinzig. Man benützt die B 294 bis Schenkenzell, wo man li. Richtung Reinerzau abbiegt. Auf der schmalen, aber ruhigen und reizvollen Strecke gelangt man nach Schömberg (744) hinauf, wobei kurz vor dem Ort eine kräftige Steigung zu überwinden ist. Zuletzt fährt man auf der fast flach verlaufenden Straße nach Freudenstadt.

Skizze 40 Nördlicher Schwarzwald

Die regelmäßig verkehrende **Rheinfähre bei Drusenheim** vermittelt eine kurze, praktische Verbindung zwischen dem Nördlichen Schwarzwald und den naheliegenden Nordvogesen.

Unweit des **Maienplatz (682)** bieten sich vom namenlosen Sattel (690) beim Höhenhotel „Rote Lache" gute Ausblicke auf das Murgtal → Route 40, Nördlicher Schwarzwald. Foto Gottfried Loy

Variante: Von Weisenbach über Lichtental zum Kurhaus „Sand“. Diese reizvolle Alternative bietet sich als Verbindung über das hoch ob der Murg thronende Schloß Eberstein nach Lichtental, das den s. Stadtrand von Baden-Baden bildet, an. Auf dieser Strecke findet man Anschluß an die „Schwarzwald-Hochstraße“, welche aussichtsvoll zum Kurhaus „Sand“ leitet. Plus 1 km. Fahrtechnische Beurteilung: leicht bis mittel.

Variante: Vom Straßenknoten (913) am Fuß des Vogelskopfes über Oppenau und Hausach nach Wolfach. Will man den starken Verkehr auf der Hauptroute über Kniebis meiden, so folgt man von der Abzw. unter dem Vogelskopf re. der gewundenen, abwechslungsvollen Bergstraße über den einstigen Wallfahrtsort Allerheiligen hinab nach Oppenau. Besichtigen sollte man die Lierbach-Wasserfälle unterhalb von Allerheiligen, welche in mehreren Kaskaden durch eine enge Felsenschlucht herabstürzen. Auf der Weiterfahrt folgt man bis Löcherberg dem Tal der Rench, um dann an den Abhängen des Rautschkopfes erneut anzusteigen. Im S dieses zahmen Sattels passiert man den Ort Oberharmersbach, 2 km weiter hat man li. die Abzw. des schmalen Sträßchens hinauf zum Brandenkopf (934), der eine hervorragende Aussicht vermittelt. Auf seiner Südseite gelangt man hinab in das Kinzigtal, wo man bei Hausach in die B 294 einmündet. Im nahe gelegenen Wolfach trifft man wieder auf die Hauptroute. Plus 13 km. Fahrtechnische Beurteilung: mittel.

Abstecher: Von Weisenbach rund um die Hohe Wanne. Von Weisenbach auf der B 462 fährt man über Gernsbach bis Gaggenau, dann auf einer Nebenstraße nach Michelbach und bei max. 17% steil hinauf zum Aussichtsturm auf dem Mahlberg (611). Auf seiner Ostseite hinab nach Bad Herrenalb (367), einem bekannten Thermalbad an der „Schwarzwald-Bäderstraße“, und auf ihr zurück bis Weisenbach. Hin und zurück 40 km. Fahrtechnische Beurteilung: mittel.

Abstecher: Von Forbach zum Gh. „Rote Lache“. In Forbach verläßt man das von der Murg durchflossene Tal und wendet sich nach NW dem Maienplatz (682) zu. Die Murgkraftwerke sind für die Gewinnung der elektrischen Energie für die ganze Region bedeutungsvoll. Die Straße leitet über Bernersbach zum Sattel (690) mit dem Gh. „Rote Lache“ in guter Aussichtslage hinauf. Hin und zurück 14 km. Fahrtechnische Beurteilung: mittel bis schwierig.

Abstecher: Von Hausach hat man nur ein kurzes Stück auf der B 33 zum besuchenswerten „Freilichtmuseum Vogtsbauernhof“ in Gutach zurückzulegen; dort spiegeln sechs Schwarzwaldhöfe samt ihrer Nebengebäude wie Speicher, Back- und Brennhäusle, Mühlen und Sägen die bäuerliche Kultur und das Brauchtum des Schwarzwaldes aus vergangenen Jahrhunderten wider. Das Museum ist von Anfang April bis Anfang November täglich zwischen 8 Uhr 30 und 18 Uhr geöffnet; letzter Einlaß 17 Uhr. Hin und zurück 3 km. Fahrtechnische Beurteilung: leicht.

41 Rund um den Kaiserstuhl*

Route: Riegel (200) – Kenzingen – Wagenstadt – Münchweier – Ettenheimmünster – Streitberg-Sattel (433) – Freiamt – Teningen – Nimburg – Bötzingen – Vogelsang-Sattel (396) – Oberbergen – Auf dem Eck – Kiechlinsbergen – Königschaffhausen – Endingen – Riegel. 78 km.

Fahrtechnische Beurteilung: mittel

Zeitaufwand: Halbtagestour

Der Kaiserstuhl verdankt seine Entstehung jungvulkanischen Tuffen, welche die Jurakalkschichten durchbrochen haben. Eine gelbe Lößschicht bedeckt größtenteils das Hügelland. Nur der hufeisenförmige Kamm ist mit Buchen bewaldet. Die höchste Erhebung ist der Totenkopf (557) mit seinem weithin sichtbaren Sendemast; der Volkssage nach stand auf ihm der Richterstuhl deutscher Kaiser. Die Eichelspitze (520) und der Katharinaberg (492) zählen zu den weiteren Hochpunkten dieses Mittelgebirges.

Durch seine Lage ist der Kaiserstuhl besonders klimabegünstigt und gilt als Deutschlands wärmste Gegend. Der Frühling eilt hier allen anderen Standorten voraus. Die Pflanzenwelt stellt sich mancherorts mediterran dar. An den s. Hängen gedeihen Flaumeichenwälder. Smaragdeidechsen und seltenere Singvögel wie Kuckuck und Nachtigall bereichern hier die Fauna. Es gibt am Kaiserstuhl auch außergewöhnliche Bienenarten. – Der Rebbau reicht bis zu Höhenlagen von 350 m hinauf. Die besten Weinbaugebiete sind im W und im SW in den Orten Oberrotweil, Bickensohl und Achkarren zu finden. Der Ausdehnung nach gilt Ihringen als größte und reichste Weinbaugemeinde. Unter den Qualitätsweinen nehmen die Sorten Silvaner, Riesling, Ruländer, Weißer und Blauer Burgunder die vorderen Ränge ein. Der „Schloßberg-Ruländer" von Burkheim und der „Kühle Morgen" aus Bickensohl zählen zu den edelsten Weinsorten.

Endingen und Burkheim sind die bedeutendsten Städte. Aufgrund von Funden aus der keltischen und römischen Zeit wird Ihringen (ehem. Uringa) als die älteste Siedlung dieses Mittelgebirges betrachtet. – Nach S schließt der Tuniberg in erdgeschichtlicher Ana-

Skizze 41 Rund um den Kaiserstuhl

logie mit dem Kaiserstuhl an. Er wurde von mehreren kleinen Orten besiedelt. – Kaiserstuhl, Tuniberg und das benachbarte Markgräfler Land werden durch die „Badische Weinstraße“ zwischen Baden-Baden und Basel miteinander verbunden. Der Fernverkehr wird hauptsächlich auf der A 5 Karlsruhe–Basel abgewickelt. Über den Kaiserstuhl leitet von Bötzingen bis Oberrotweil eine Querstraße, welche im Vogelsang-Sattel (396) ihren Scheitel hat. Die „Grüne Straße“ B 31 tangiert lediglich den Tuniberg im S und führt an der Ehrentrudis-Kapelle vorbei. – Eisenbahnfreunde erleben mit dem „Rebenbummler“

Das **Kaiserstühler Weinanbaugebiet** mit der vielgewundenen Straße Oberbergen–Kiechlinsbergen und dem Sendemast am Totenkopf → Route 41, Rund um den Kaiserstuhl. Foto G. Loy

eine 50 km lange, romantische Dampfzugfahrt durch alte Städtchen, Dörfer, Weinberge und Obstplantagen. Der Bahnhof Riegel dient sowohl der DB als auch dem Museumsdampfzug der Eisenbahnfreunde Breisgau e.V. – Schließlich wird das Weinland Baden auch von der Breisacher Fahrgast-Schiffahrt mit Rundfahrten verwöhnt.

Wählt man den autobahnnahen Ort Riegel als AP für unsere Motorrad-Tour, so fährt man zunächst Kenzingen an der B 3 an. Außerhalb des Ortes zweigt man re. ab und folgt der Nebenstraße über Wagenstadt nach Münchweier. Von Ettenheimmünster (205) gewinnt man mit zwei großen Kehren an der Nordseite des Münstergrabens den Scheitel des Streitberg-Sattels (433). Vom Streckenabschnitt über Freiamt hinab nach Teningen hat man Ausblicke auf den Kaiserstuhl und die Rheinebene. Die Kreisstadt Emmendingen (210) am Nordrand der Freiburger Bucht läßt man li. liegen.

Auf guter Verbindungsstraße gelangt man nach Bötzingen an den Fuß des Mittelgebirges. Dann befährt man die „Kaiserstuhl-Querstraße“, welche den zwischen Totenkopf und Eichelspitze gelegenen Vogelsang-Sattel (396) benützt, um die weinberühmten Orte Oberbergen (246) mit der bekannten Weinlage „Baßgeige“ und Kiechlinsbergen sowie Königschaffhausen zu durchmessen. Diese Route leitet über den Sattel „Auf dem Eck“ mit eingerichteten Wandererparkplätzen, von denen man eine umfassende Aussicht auf die Weinberge und den Totenkopf hat; dort wird der Rhein-Schwarzwaldweg gequert. Am Nordrand des Gebirges passiert man schließlich die Stadt Endingen. Der Stolz dieser Gemeinde ist der spätgotische Rathausbrunnen als schönster von fünf weiteren Brunnen. Im Alten Rathaus ist das Heimatmuseum untergebracht. Bis zum EP Riegel mit der Michaelskapelle auf einem aussichtsreichen Hügel sind es nur mehr 5 km.

Variante: Von Bötzingen rund um den Tuniberg nach Oberbergen. Diese Strecke verläuft über Gottenheim, Tiengen, Munzingen, Oberrimsingen, Niederrimsingen, Merdingen, Wasenweiler, Ihringen, Achkarren, Bickensohl und Oberrotweil. Es lohnt sich, die Hauptrunde mit einer Fahrt um den Tuniberg nach S zu verlängern, wobei man all die erwähnten, berühmten Winzerorte berührt. Plus 35 km. Fahrtechnische Beurteilung: leicht bis mittel.

Variante: Von Oberbergen über Bahlingen nach Riegel. Eine direkte Straßenverbindung verläuft über Schelingen, einem Winzerdorf zwischen dem Katharinaberg (492) im N und dem „NSG Radberg“ (435) im S und zieht über die „Schöne Ebene“ durch das ausgedehnte Rebland nach Bahlingen und weiter bis Riegel. Minus 2 km. Fahrtechnische Beurteilung: leicht.

Schwarzwald-Südostrunde** 42

Route: Freiburg im Breisgau (287) – Denzlingen – Waldkirch – Berghotel Kandel (1241) – St. Peter – St. Märgen – Erlenbach – Gh. Thurner – Breitnau – Oberhöllsteig – Titisee – Bruderhalde – Bärental – Windgfällweiher – Schluchsee – Seebrugg – Häusern – Höchenschwand – Heppenschwand – Waldshut – Albbruck – Tiefenstein – Niedermühle – St. Blasien – Todtmoos – Gh. Hochkopf – Präg – Todtnau – Hangloch-Wasserfall – Waldhotel Notschrei – Hotel Halde – Schauinsland (1284) – Günterstal – Freiburg i. Br. 210 km.

Fahrtechnische Beurteilung: mittel

Zeitaufwand: Tagestour

Diese Tour umrundet das ausgedehnte „NSG Feldberg“ als Kerngebiet des Mittleren Schwarzwaldes und berührt mehrere landschaftliche und kulturelle Höhepunkte wie den Kandel, den Titisee, den Schluchsee, die ehem. Klosterkirche St. Blasien, den bekannten Aussichtsberg „Schauinsland“ u.a. Nördlichster Punkt der Route ist die Stadt Waldkirch, südlichster der Ort Albbruck am Hochrhein mit offenem, weitem Blick in die nahe Schweiz. Auf touristischen Straßen gewinnt man zahlreiche Hochpunkte, so auf der „Schwarzwald-Panoramastraße“ das Berghotel „Kandel“, das eine gute Aussicht vermittelnde St. Peter (722) und St. Märgen (889), den an der B 500 liegenden Gh. „Thurner“, den hoch über dem Albsee sich befindlichen Ort Höchenschwand (1008), den Gh. „Hochkopf“ ob Todtmoos und den Schauinsland. Die Steigungsverhältnisse sind überall gut ausgeglichen.

Folgt man von Waldshut-Tiengen der Straße durch das Wutachtal aufwärts bis zum Bahnhof Weizen, so kann man zu einer berühmten technischen Sehenswürdigkeit, der „Museumsbahn Wutachtal“, gelangen. Auf 26 km Streckenlänge und nur 10 km Luftlinie überwindet diese Bahn mittels Serpentinen und Kehrschleifen einen HU von 231 m bis zum Bahnhof Zollhaus-Blumberg! Sie passiert dabei Deutschlands einzigen, 1700 m langen, kreisrunden Kehrtunnel. Der Wutachviadukt bildet einen weiteren Reiz auf dieser ungewöhnlichen Strecke, die einen Einsatz von drei Dampfloks aufweist. Über Betriebstage und Fahrpläne informieren die Verkehrsämter in Stühlingen und Blumberg.

Von Freiburg i. Br. nimmt man die Ausfahrt der B 294 in Richtung Denzlingen und biegt in Waldkirch (274) re. in die „Schwarzwald-Panoramastraße“ ein. Mit max. 13% steigt man auf gut ausgebauter Bergstraße durch den Kandelwald hinauf zum Berghotel „Kandel“, wobei ein HU von fast 1000 m bewältigt wird. Auf der s. Rampe geht es dann hinab bis St. Peter (722), um von dort erneut anzusteigen. Die Strecke zum kleinen Ort St. Märgen bietet nach S bemerkenswerte Ausblicke. Über Erlenbach gelangt man zum Gh. „Thurner“ (1034) hinauf, wo sich die B 500 mit den Straßen aus Kirchzarten und Waldkirch knotenartig vereinigt.

Unterhalb der Weißtannen-Höhe (1190), die sich li. erhebt, tangiert man re. das Bergdorf Breitnau (1020) und gelangt zum Straßenknoten Oberhüllsteig bei Hinterzarten. Nun folgt man li. wenige Kilometer der B 31 bis re. die Abzw. Titisee erreicht ist. Über sein n. Seeufer fährt man über Bruderhalde zum Bahnhof Bärental und weiter auf der B 500 zum Windgfällweiher sowie zum Schluchsee mit dem gleichnamigen Ort (951).

Die an der Nordrampe der **Schauinslandstraße** gelegene „Holzschlägermatte" ist jeden Freitag Nachmittag ein Treffpunkt für Motorradfahrer → Route 42, Schwarzwald-Südostrunde. Foto G. Loy

Einen prächtigen Anblick bietet dieses typische, zwischen Todtmoos und dem Gh. „Hochkopf" gelegene **Schwarzwälderhaus** → Route 42, Schwarzwald-Südostrunde. Foto Gottfried Loy

Skizze 42 Schwarzwald-Südostrunde

Die romantisch anmutende, noch mit Holzschindeln eingedeckte **Hexenlochmühle** liegt direkt an der Straße zwischen Erlenbach und Kaltenherberg → Route 42, Schwarzwald-Südostrunde.

Während am Hochrhein Laufwasserkraftwerke anzutreffen sind, hat man sich im Südschwarzwald wegen der topographischen Gegebenheiten zum Bau von Pumpspeicherkraftwerken entschieden. Die Werksgruppe Schluchsee mit den Kraftwerken Häusern, Witznau und Waldshut einschließlich der fünf dazugehörenden Stauseen, welche durch Stollenleitungssysteme miteinander verbunden sind, nutzen die gesamte Fallhöhe von 620 m zwischen Schluchsee (930) und dem Hochrhein aus. Nachts wird Wasser aus dem Rhein in die Speicherbecken zurückgepumpt. – Der Abschnitt der B 500 von Höchenschwand bis hinab nach Waldshut wurde vorzüglich und teilweise vierspurig ausgebaut, das max. Gefälle beträgt 8%.

In unmittelbarer Nähe des Hochrheins setzt sich unsere Rundtour über Albbruck durch das windungsreiche Albtal fort, was viele Kurvenfreuden mit sich bringt. Der Abschnitt bis Niedermühle leitet durch das enge, bewaldete Tal. Auf den ersten 7 km durchmißt man bis Tiefenstein fünf Felstunnels mit einer Fahrbahnbreite von max. 3.6 m. Diese Strecke ist stark steinschlaggefährdet! – An St. Blasien (762) mit der ehem. Benediktinerabtei, deren Kuppelkirche die drittgrößte Europas ist, sollte man nicht einfach vorbeifahren!

Unsere Route setzt sich über Todtmoos (821) und unterhalb des Hochkopfes (1263) nach Todtnau fort, wo man den Anschluß an die Schauinslandstraße hat. Bei einer Kehre n. von Todtnau fällt re. der Blick auf den beeindruckenden Hangloch-Wasserfall; man erreicht ihn vom Kiosk zu Fuß in 6 Min. Rauschend stürzt das Wasser des Stübenbaches 97 m in die Tiefe. – Von der Scheitelhöhe des Schauinsland sind es nur 10 Gehmin. bis zum Aussichtsturm von Freiburgs berühmtem Hausberg (1284). Die Plattform des Turmes liegt noch 18 m höher. Auf dem Schauinsland gibt es ein weitverzweigtes Netz von Fahrwegen, daher achte man besonders auf Gebots- und Verbotstafeln!

Vom 1. April bis 31. Oktober besteht auf der Schauinsland-Nordrampe (L 124 von der Scheitelhöhe bis zur Ortschaft Horben-Bohrer) für Motorräder an Sa., So. und Feiertagen ein absolutes Fahrverbot, das auch überwacht wird! Als Ausweichstrecke bietet sich an diesen Tagen jene über das Gh. „Gießhübel", Obergaß und Staufen nach Freiburg an; hierzu biegt man bereits 1.5 km vor Erreichen der Paßhöhe li. ab und folgt der HT „Staufen, Münstertal". – Die Nordrampe der insgesamt 18 km langen Schauinsland-Bergstrecke hinab nach Freiburg weist ein max. Gefälle von 12% auf. Nach wie vor findet jeden Freitag Nachmittag auf dem Parkplatz des Bergghh. „Holzschlägermatte" ein Motorradfahrer-Treffen statt; das Lokal selbst war im Bj. allerdings geschlossen. Vom Gh. „Gießhübel" aus ist die Holzschlägermatte übrigens jederzeit anfahrbar; zu diesem Zweck wurde das entsprechende Teilstück der L 124 für Motorräder ausdrücklich freigegeben, was auch der Beschilderung zu entnehmen ist.

Variante: Von Erlenbach über das Hexenloch zum Gh. „Thurner". Von der Abzw. beim Gh. „Neuhäusle" in Erlenbach führt eine knapp zweispurige Straße in nö. Richtung über die Hexenlochmühle nach Wolfloch (1029); bei km 8 versäume man nicht die Abzw. „Wolfloch", durch eine weiße HT signalisiert. Man wendet sich dann nach SW; auf landschaftlich ansprechender Strecke leitet die B 500 am Fuß des Steinberges zum Gh. „Thurner" (1034) hinüber und findet dort Anschluß an die „Schwarzwald-Panoramastraße". Plus 18 km. Fahrtechnische Beurteilung: leicht bis mittel.

Variante: Von der Umfahrung Titisee über Lenzkirch nach Schluchsee. Man zweigt von der B 31 beim Knoten Titisee im O des Ortes ab und fährt zunächst auf der B 317 bis zur sw. gelegenen Seebucht, dann auf der B 315 bergab nach Lenzkirch (810). Auf einer Nebenstraße über die Wasserscheide bei Fischbach gelangt man in den Ort Schluchsee (951). Plus 4 km. Fahrtechnische Beurteilung: leicht bis mittel.

Der **Titisee** ist einer der touristischen Hauptanziehungspunkte im Hochschwarzwald und bei Seglern und Surfern sehr beliebt → Route 42, Schwarzwald-Südostrunde. Foto Gottfried Loy

Am 1,5 km² großen **Titisee** kann man sowohl Rundfahrten auf Elektrobooten unternehmen als auch Tretboote ausleihen → Route 42, Schwarzwald-Südostrunde. Foto Gottfried Loy

Empfehlenswert ist eine gemächliche Fahrt auf der **Badischen Weinstraße** durch die Winzerorte und Rebkulturen der fruchtbaren Oberrheinebene → Route 43, Schwarzwald-Südwestrunde.

Variante: Von Höchenschwand über Strittberg und Amrigschwand nach Heppenschwand. Die offiziell als „Panoramastraße" bez. Touristenstraße nimmt ihren Ausgang am s. Ortsrand von Höchenschwand (1008), der Wahlheimat des Künstlers Christian-Gotthard Hirsch. Der Ehrenbürger wirkte im „Malerhäusel", wo Tempera- und Ölbilder sowie Zeichnungen aus seiner Schaffenszeit ausgestellt sind; eine Besichtigung ist nur So. vormittags möglich. Die bemerkenswert schöne Lage des Ortes mit prächtigen Ausblicken nach O und S inspirierte den Künstler wesentlich. Plus 6 km. Fahrtechnische Beurteilung: leicht bis mittel.

Variante: Von St. Blasien über Bernau nach Präg. Die landschaftlich und auch fahrerisch bemerkenswerte Straße zieht von St. Blasien (762) durch das Albhochtal zur Wasserscheide im Siedlungsraum von Bernau (975), das aus mehreren Ortsteilen besteht. Sehenswert ist bei Menzenschwand die Albschlucht mit ihren eindrucksvollen Wasserfällen. – Ein schmales Sträßchen, dessen Abzw. sich gegenüber der Pension „Loewen" befindet, leitet von Bernau-Dorf zur Krunkelbach-Hütte hinauf. Sie steht unter dem Herzogenhorn (1415), das sich s. des Feldberges erhebt. – N. von Präg findet man wieder Anschluß an die Hauptroute. Minus 6 km. Fahrtechnische Beurteilung: mittel.

Variante: Vom Waldhotel „Notschrei" über den „Wildpark Steinwasen" zum Hotel „Halde". Bis zum besuchenswerten, täglich geöffneten Bergwildpark benützt man ab dem Hotel „Notschrei" die Feldberg-B 317, welche sich im SO vom Schauinsland 7 km durch mehrere Serpentinen emporwindet. Nach 5 km zweigt li. die Ringstraße über Hofsgrund ab. Plus 7 km. Fahrtechnische Beurteilung: leicht bis mittel.

Abstecher: Von Seebrugg zum Heimatmuseum „Hüsli“. Am s. Zipfel des Schluchsees hat man auf der Straße nach Grafenhausen (895) die Zufahrt zum besuchenswerten Heimatmuseum „Hüsli“ in Rothaus. Es wurde bekannt durch die Fernsehreihe „Die Schwarzwaldklinik“, wobei eine Umfunktionierung zur Chefarztvilla des Prof. Brinkmann stattfand. Das „Hüsli“, jetzt im Besitz des Landkreises Waldshut, wurde der Öffentlichkeit als Heimatmuseum zugänglich gemacht und ist jeweils von Di. bis einschließlich So. geöffnet. Hin und zurück 9 km. Fahrtechnische Beurteilung: leicht.

Schwarzwald-Südwestrunde** 43

Route: Freiburg im Breisgau (287) – Günterstal – Schauinsland (1284) – Gh. Gießhübel – Obergaß – Wiedener Eck (1035) – Obermulten – Untermulten – Schönau – Wembach – Böllen – Neuenweg – Heubronn – Sirnitz-Sattel (1073) – Niederweiler – Marzell – Kandern – Sitzenkirch – Sehringen – Niederweiler – Staufen i. Br. – Ehrenstetten – Bollschweil – Merzhausen – Freiburg i. Br. 149 km.

Fahrtechnische Beurteilung: leicht bis mittel

Zeitaufwand: Tagestour

Von Freiburg i. Br. zunächst auf der windungsreichen L 124 hinauf zum Schauinsland. Die max. Steigung der ausgebauten Straße beträgt 12%. Vom 1. April bis 31. Oktober besteht auf der 11 km langen Nordrampe (von Horben-Bohrer bis zur Scheitelhöhe) dieser bekannten Bergstraße an Sa., So. und Feiertagen ein Fahrverbot für Motorräder! Die Abfahrt auf der Nebenstraße über das Gh. „Gießhübel“ (1058) bis Obergaß (602) weist ein starkes Gefälle von max. 18% auf!

Nach Vereinigung mit der Straße von Staufen i. Br. durch das Obermünstertal setzt man seine Fahrt auf guter Bergstraße zum Wiedener Eck (1035) mit dem gleichnamigen Berghotel fort. Die eingeschnittene Paßhöhe am Fuß des Hörnle bietet nur nach S eine beschränkte Aussicht. Nach Schönau wählt man re. die Straße über

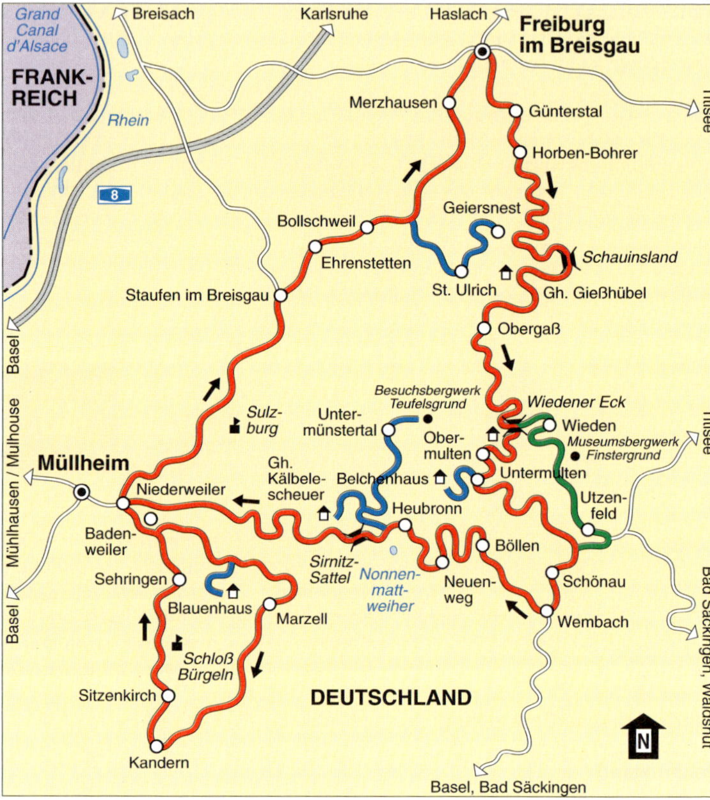

Skizze 43 Schwarzwald-Südwestrunde

Obermulten, welche bei Untermulten (1002) auf die Belchenstraße trifft → Abstecher zum Belchenhaus. Durch mehrere, im Aitersbachtal angelegte Kehren senkt sich unsere Route nach Schönau (542) und Wembach hinab.

In Wembach (Fröhnd) beginnt re. ein weiterer Anstieg, welcher über Böllen, Neuweg und Heubronn auf den Sirnitz-Sattel (1073) in w. Richtung leitet. Unsere Route umgeht den Kurort Badenweiler im N, da dieser für den öffentlichen Verkehr gesperrt ist, und verläuft ab Niederweiler in sö. Richtung, der HT „Hochblauen" folgend. Bis zur Abzw. der Stichstraße zum → Blauenhaus hat man eine gut ausgeglichene

Kurvenfreuden kann man besonders auf dem südlichen Abschnitt der **Badischen Weinstraße** durch das klimabegünstigte Markgräfler Land genießen → Route 43, Schwarzwald-Südwestrunde.

Steigung von max. 12%. – Von der Straßengabelung oberhalb Marzell gelangt man durch das reizvolle Kandertal abwärts bis zum Städtchen Kandern (352); es bildet den s. Wendepunkt der Rundtour.

Durch das Markgräfler Land fährt man auf abwechslungsvoller Strecke bis Niederweiler zurück. Das re. oberhalb der Straße sich in vorzüglicher Aussichtslage befindliche Schloß Bürgeln (665) gilt als Wahrzeichen des Markgräfler Landes; es wurde auf den Grundmauern einer alten Burg errichtet. – Von Niederweiler tangiert man den Stadtrand der Handelsstadt Müllheim (270) und benützt dann die durch Staufen i. Br. (290) führende „Badische Weinstraße". Zur ehem. stolzen Sulzburg (474), deren Reste von der Klosterkirche stammen, hat man nur eine kurze Zufahrt, HT re. der Straße. – Der Weg nach Freiburg i. Br. leitet von Ehrenstetten über Bollschweil durch das Hexental an der Ostseite des Schönberges zum Ausgangsort zurück.

Variante: Vom Wiedener Eck über Wieden und Utzenfeld nach Schönau. Auf dieser zirka 10 km langen, fahrtechnisch im oberen Abschnitt interessanten Bergstrecke, wird ein HU von 500 m bewältigt. Wenig abseits liegt auf halbem Weg das besuchenswerte Museumsbergwerk „Finstergrund". Minus 2 km. Fahrtechnische Beurteilung: leicht bis mittel.

Abstecher: Von Untermulten zum Belchenhaus. Die zweispurige Belchenstraße wird auch von Linienbussen befahren. An Tagen mit starkem Verkehrsaufkommen sind die Parkflächen am EP der Belchenstraße „Mangelware". Bei vollständiger Auslastung der Parkplatzkapazitäten schließt ein Schranken beim Gh. „Jägerstüble" (zirka 300 m nach der Abzw. Untermulten) automatisch und öffnet sich erst wieder bei Freiwerden von Plätzen. Auf der Belchenstraße hat man auf einer Länge von 5 km einen HU von 360 m zu bewältigen! Der Belchen (1414) ist der dritthöchste Berg des Schwarzwaldes und seine prächtige Aussicht, die von keiner anderen Erhebung dieses Mittelgebirges erreicht wird, hat Berühmtheit erlangt, 10 Gehmin. vom EP. Besonders zu empfehlen ist der mark. Rundweg um die Gipfelkuppe, 45 Gehmin. Hin und zurück 10 km. Fahrtechnische Beurteilung: mittel.

Abstecher: Von Heubronn durch das Münstertal zum Besuchsbergwerk „Teufelsgrund". Von der Sirnitz-Sattel-Ostrampe fährt man bis Untermünstertal (400) 9 km hinab und hat dann re. die 2 km lange Zufahrt zum ehem. Silberbergbaustollen. Besichtigung täglich (ausgenommen Montag) von 14 bis 18 Uhr (letzte Führung 17 Uhr). Hin und zurück 22 km. Fahrtechnische Beurteilung: leicht bis mittel.

Abstecher: Von Heubronn zur Almgaststätte „Kälbelescheuer" (978). Man benützt zunächst die Straße Richtung Münstertal, ehe li. das 2 km lange Stichsträßchen abzweigt; es ist knapp zweispurig und staubfrei, Gewichtsbeschränkung 3 t. Vom EP bietet sich ein Blick ins Rheintal. Die Gaststätte hat montags Ruhetag. Hin und zurück 8 km. Fahrtechnische Beurteilung: leicht bis mittel.

Abstecher: Von der Abzw. zwischen Niederweiler und Marzell zum Blauenhaus (1167). Man erreicht dieses auf einer zweispurigen, sehr kurvigen Bergstraße. Die weit gegen den Oberrhein vorgeschobene Lage des Blauen erlaubt von seinem Aussichtsturm hervorragende Ausblicke auf den Südlichen Schwarzwald, die Vogesen, die Burgundische Pforte, den Jura und die Alpen. Hin und zurück 6 km. Fahrtechnische Beurteilung: mittel.

Abstecher: Von Bollschweil nach Geiersnest. Der Eingang in das Möhlintal befindet sich nö. von Bollschweil re. der Hauptstraße nach Freiburg i. Br, HT. Die normal breite Nebenstraße führt zunächst nach St. Ulrich (575) mit seinem schönen Kloster und windet sich dann in Kehren hinauf zum „Gerstenhalm-Stüble". Die rund 8 km lange Fahrt ist 200 m nach dem „Stüble" in Geiersnest bei einer Sperrtafel zu Ende. Hin und zurück 16 km. Fahrtechnische Beurteilung: leicht bis mittel.

Bei Endantrieben über Kette sollte außer regelmäßiger Schmierung auf einen guten Zustand von **Ritzel** und **Kette** geachtet werden. Für viele kettengetriebene Motorräder ist durch andere Ritzel und Kettenräder eine höhere Übersetzungsmöglichkeit gegeben – ein Vorteil auf steilen Strecken und in engen Kehren. Der Austausch des vorderen Kettenritzels gegen ein kleineres ist auch unterwegs oft schnell und problemlos möglich.

Vogesen

Sie sind ein Mittelgebirge, welches erdentwicklungsgeschichtlich Zusammenhänge mit dem Schwarzwald aufweist. Man spricht von den Südlichen und von den Nördlichen Vogesen, die sich in ihrer gesamten Ausdehnung vom Pfälzerwald bis zur Burgundischen Pforte auf zirka 170 km erstrecken. Dank ihrer Strukturen sind die Südlichen Vogesen stärker erschlossen als die Nördlichen, welche zu einem Waldgebirge abflachen. Im letzteren kann man noch zahlreiche Burgen bzw. Burgruinen antreffen. Auch in der Engmaschigkeit ihrer Straßennetze drückt sich die Erschließung aus. Touristisches Kernstück der Südlichen Vogesen ist zweifellos die Route des Crêtes, welche das Hohneck (1362) und den kriegsgeschichtlich bedeutsamen Hartmannsweilerkopf berührt. Im Einzugsgebiet der Vogesen liegen die vielbesuchten elsässischen Städte Mulhouse/Mühlhausen, Colmar und Strasbourg/Straßburg. – Autobahnen und Schnellstraßen blieben im Verkehrsnetz der Vogesen geländebedingt so gut wie ausgespart; man beschränkte sich daher auf leistungsfähige Zubringer bis an den Rand des Mittelgebirges. Eine Ausnahme bildet die autobahnmäßig ausgebaute Zaberner Steige an der schmalsten (nur 4 km breiten) Stelle der Vogesen, welche die kürzeste Verbindung zwischen Straßburg im Elsaß und Metz bzw. Nancy in Lothringen herstellt. – Das Netz regionaler Straßen ist jedoch so dicht, daß jedes touristisch interessante Ziel ohne große Umwege angefahren werden kann. Die Wahl unserer Rundtouren berücksichtigt hauptsächlich Höhenstraßen und Straßen mit Anfahrbarkeit aller, ein gutes Panorama vermittelnden Hochpunkte. Große Anziehungskraft auf die Touristen übt aber auch die „Elsässische Weinstraße“ aus, welche am ö. Rand der Vogesen verläuft; manche von ihr berührten Winzerorte strahlen noch unverfälschte Substanz aus. Unter den historischen Stätten zählt im Elsaß die Hochkönigsburg als Besucher-Muß. Aber auch die jüngere Vergangenheit wartet mit Sehenswürdigkeiten auf wie z.B. die ehem. Maginotlinie mit ihrem 1935 errichteten, beispiellosen Verteidigungswerk Schoenenbourg bei Hunspach. Für dieses wird es im Vereinten Europa kaum noch einen Platz geben. – Unter den Museen bzw. speziellen Sammlungen ragt das besonders sehenswerte Automobilmuseum von Mulhouse/Mühlhausen hervor, dessen Besuch allein schon eine Reise wert ist.

44 Route des Crêtes, südlicher Teil**

Route: Col de la Schlucht (1139) – Col du Herrenberg (1136) – Col d'Hahnenbrunnen (1236) – le Markstein (1176) – le Hundskopf (1237) – le Grand Ballon, Liftstation (1300) – Châlet du Ballon – Col Amic – Col du Silberloch – Col de Herrenfluh – Uffholtz – Cernay – Thann – Bitschwiller – Col du Hundsrück (748) – Masevaux – Wegscheid – Sewen – Col du Ballon (1178) – St-Maurice-sur-Moselle – le Thillot – Travexin – Gel d'Oderen (875) – Kruth – Wildenstein – Col de Bramont (956) – Col des Feignes (954) – Lac de Longemer (660) – Xonrupt Longemer – Roche du Diable – Col de la Schlucht. 174 km.

Fahrtechnische Beurteilung: mittel bis schwierig

Zeitaufwand: Tagestour

Die Vogesenkammstraße wurde während des Ersten Weltkrieges aus strategischen Gründen von den Franzosen angelegt und in den Jahren nach dem Krieg als „Route des Crêtes" bezeichnet. Inzwischen hat sie einen hohen touristischen Bekanntheitsgrad erlangt und ihre Befahrung sollte von keinem Tourer versäumt werden! Der windungsreiche Straßenzug ist durchgehend staubfrei und von unterschiedlicher Fahrbahnbreite. Die Steigungsverhältnisse sind gut ausgeglichen; sie betragen im Durchschnitt 8%, max. 13%. Auf kurzen Abstechern kann man auch noch stärkeren Steigungen begegnen.

Nicht überall verläuft die Hochstraße über den Kamm der Vogesen, sie benutzt auch die straßenbautechnisch günstigeren Bergflanken unterhalb der Kammlinie. In der Regel werden Seitentäler an Hochpunkten überwunden, sodaß keine Abfahrten bis in die Talböden zu erfolgen brauchen, wodurch „verlorene Höhen" vermieden werden. Von mehreren Punkten aus hat man umfassende Ausblicke auf die

Tiefblick auf den reizvoll eingebetteten, waldumsäumten **Lac de Blanchemer**; er liegt zwischen le Hohneck und dem Col du Herrenberg → Route 44, Route des Crêtes, südlicher Teil.

meist kahlen Bergkuppen und auf großflächige Weiden. – Bauernhöfe, in denen meist auch Käse hergestellt wird (Käse-Fermen), liegen an der Kammstraße bzw. in ihrer näheren Umgebung. Man kann dort zu rustikalen, gemütlichen Mahlzeiten einkehren, in einigen auch übernachten, jedoch ohne jeglichen Komfort.

In Frankreich betragen die Höchstgeschwindigkeiten auf Autobahnen 130 km/h, auf Straßen mit Mittellinie 110 km/h, ohne Mittellinie 90 km/h, in Ortschaften 60 km/h. Ist der Führerschein noch kein Jahr alt, so darf der Inhaber nicht schneller als 90 km/h fahren. Stichprobenartige Kontrollen sind keine Seltenheit! – Überall im Elsaß kann man ungeniert deutsch sprechen. Französisch überwiegt auf den Ämtern, auch auf Postämtern. In den lothringischen Westvogesen wird fast ausschließlich französisch gesprochen.

Den Col de la Schlucht (1139), über den die elsässisch-lothringische Provinzgrenze verläuft, erreicht man von Colmar bequem auf der D 417 über Münster, 51 km, aus Richtung Gérardmer 12 km. In einer Entfernung von 2 km s. des Col de la Schlucht trifft man auf den Jardin Alpin du Haut Chitelet (1228), welcher zur Blütezeit während der Hochsommermonate mit einer bemerkenswerten alpinen Flora

Großzügig ausgebaut präsentiert sich die Südrampe des **Col du Ballon (1178)**; li. im Bild beim Hausgiebel befindet sich seine Scheitelhöhe → Route 44, Route des Crêtes, südlicher Teil.

aufwartet. Die Kammstraße D 430 bietet eindrucksvolle Tiefblicke auf den Lac de Blanchemer und den Stausee von Kruth-Wildenstein. Man setzt die Fahrt über den Col du Herrenberg und den Col d'Hahnenbrunnen, mit Aussicht nach beiden Seiten, fort, ehe man die Häuser von Markstein berührt. Die Straße von Guebwiller über den kleinen Lauchsee mündet dort in die Kammstraße ein.

Die Weiterfahrt erfolgt an den Abhängen des Hundskopfes zum Grand Ballon/Großer Belchen (1424) und tangiert seinen Südhang. Der Aufstieg zum Gipfel ist in 20 Gehmin. möglich. S. des Sudelkopfes erreicht man nach Überwindung gepflasterter Kehren den Col Amic (825). Dicht am Hartmannsweilerkopf/Vieil Armand (956) vorbei, welcher im Ersten Weltkrieg heiß umkämpft war, führt die Kammstraße zum Col du Silberloch mit dem franz. Soldatenfriedhof.

Auf einem Fußweg kann man von hier zum Gipfel des Hartmannsweilerkopfes gelangen. Dieser Berg war die Schlüsselstellung des Kriegsschauplatzes in den Vogesen. Auf dem ehem. franz. Abschnitt steht ein 22 m hohes Kreuz. Wenig weiter hat man das Eiserne Kreuz zum Gedenken an die hier gefallenen deutschen Soldaten aufgestellt. Die Anhöhe vermittelt Ausblicke auf die linksrheinische Tief-

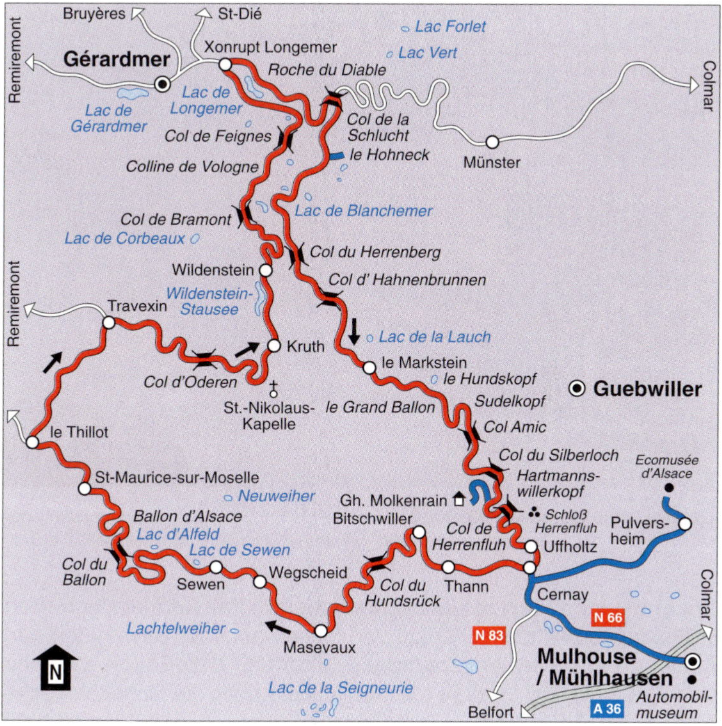

Skizze 44 Route des Crêtes, südlicher Teil

ebene und auf die langgestreckten Höhenzüge von Vogesen und Schwarzwald. – Auf der Rampe hinab nach Uffholtz, wo das elsässische Weinbaugebiet berührt wird, windet sich die Straße in zahlreichen, Aussicht vermittelnden Serpentinen unterhalb von Schloß Herrenfluh talwärts.

Von Cernay/Sennheim (300), in dessen mittelalterlichem Stadtturm ein Kriegsmuseum eingerichtet wurde, hat man bis Thann (340) noch 6 km durch das Thurtal zurückzulegen. – Die unmittelbare Fortsetzung der ehem. strategischen Straße leitet von Bitschwiller (373) als „Route Joffre" über den Col du Hundsrück nach Masevaux, das zirka 21 km von der ehem. Festungsstadt Belfort an der Burgundischen Pforte entfernt liegt.

Das **Oldtimermuseum Mulhouse/Mühlhausen** mit der berühmten Automobil-Sammlung der Gebrüder Schlumpf sucht weltweit seinesgleichen → Route 44, Route des Crêtes, südlicher Teil.

Unsere Runde führt bei landschaftlicher Vielfalt und fahrtechnisch interessantem Streckenverlauf von Masevaux über Sewen und den Alfeldsee zur Straßenvereinigung unterhalb des Ballon d'Alsace (1247). Die D 465 verläuft sw. des Gipfels über die Scheitelstrecke zum Ferme-Restaurant. – Zum Orientierungstisch (1178) hat man 20 Min. Aufstieg. Das Gipfelpanorama schließt auch die Oberrheinische Tiefebene und die Erhebungen des Schwarzwaldes mit ein.

Die Abfahrt in das Moseltal vollzieht sich auf mehreren, teilweise engen Kehren. Bei St-Maurice mündet man in die N 66 ein, der man bis le Thillot folgt, um dann re. auf der D 486 direkt den Kurs auf Travexin oberhalb Cornimont zu nehmen. Dort biegt man re. ab und fährt auf der D 43 zum Col d'Oderen (884) hinauf, 8.4 km. Auf der 7.3 km langen Ostrampe gelangt man bei 10% Gefälle hinab zur St. Nikolaus-Kapelle und nach Kruth. Ein sehenswerter Wasserfall stürzt von St. Nikolaus hinab zur Thur.

In Kruth beginnt die für Motorradfahrer besonders interessante Bergstraße über das ö. Ufer des Wildenstein-Stausees hinauf durch zahlreiche Serpentinen zum Col de Bramont, 13 km. Um zum Colline de Vologne und zum Col de Feignes (954) zu gelangen, fährt man in n.

Das interessante **Französische Eisenbahnmuseum in Mulhouse/Mühlhausen** birgt u.a. die älteste Lokomotive der Welt aus dem Jahr 1844 → Route 44, Route des Crêtes, südlicher Teil.

Richtung geradeaus weiter. Knapp 1 km unterhalb des Sattels von Feignes trifft man auf die D 67, der man li. zum See von Longemer nach Xonrupt-Longemer (780) folgt und biegt dort scharf re. in die D 417 ein. Zurück bis zum AP Schluchtpaß mißt die Strecke durch den Roche du Diable nur 10 km.

Abstecher: Von der D 430 zweigt 4 km s. des Schluchtpasses li. die Zufahrt zur höchsten Erhebung des Vogesenkammes, dem Hohneck (1362), ab. Dieses schmale, in Serpentinen angelegte Sträßchen zum Orientierungstisch auf dem Gipfel ist häufig mit Rollsplitt bedeckt. Hin und zurück 3 km. Fahrtechnische Beurteilung: mittel.

Abstecher: Von der D 431 zweigt 2 km s. des Col du Silberloch am Col de Herrenfluh (835) das Stichsträßchen zum Aussichtsberg Molkenrain (1126) ab, wo sich auch ein Gh. befindet, Geschwindigkeitsbeschränkung 30 km/h. Hin und zurück 4 km. Fahrtechnische Beurteilung: mittel.

Abstecher: Von Cernay/Sennheim zum Straßenknoten „Ochsenfeld" im S des Ortes und auf der schnellen N 66 nach Mulhouse/Mühlhausen. Das äußerst besuchenswerte, staatliche Automobilmuseum und die Sammlung Schlumpf befinden sich in zentraler Lage der Stadt. Die Zufahrten dorthin wurden hervorragend ausgeschildert mit weißer Beschriftung auf braunem Grund. Die Textilfabrikanten Gebrüder Schlumpf schufen hier innerhalb von drei Jahr-

Auf der Ostrampe des vorzüglich ausgebauten **Col de la Schlucht (1139)** passiert man kurz vor Erreichen der Scheitelhöhe einen Felstunnel → Route 44, Route des Crêtes, südlicher Teil.

Das **Ecomusée** bei Ungersheim, auch als **Elsässer Bauernhausmuseum** bekannt, stellt sich als Frankreichs lebendigstes Museum dar → Route 44, Route des Crêtes, südlicher Teil.

zehnten ein Oldtimermuseum, das auf der weiten Welt seinesgleichen sucht! Es wurde 1982 eröffnet und 1999 renoviert. Die im Bj. zirka 500 Fahrzeuge umfassende, außergewöhnliche Sammlung vertritt 98 verschiedene Automarken, darunter auch kostbare Unikate. Täglich von 9 bis 18 Uhr geöffnet.

Weitere technische Museen sind in Mulhouse: das Französische Eisenbahnmuseum, u.a. mit der Welt ältesten Lokomotive, den St-Pierre aus dem Baujahr 1844 mit holzverkleidetem Zylinder. – Das Stoffdruckmuseum zeigt die Entwicklung und die Herstellungsmethoden vom 18. Jh. bis zur Gegenwart in Frankreich. – Im „Elektropolis“ erfährt man die Geschichte der Elektrizität und ihrer Anwendung. – Besondere Wertschätzung bei jung und alt genießen der Zoologische Garten mit über 1200 Tieren und der Botanische Garten. Der Belvédère vermittelt bei klarem Wetter Ausblicke bis zu den Alpen. Hin und zurück 26 km. Fahrtechnische Beurteilung: leicht.

Abstecher: Von Cernay/Sennheim über Pulversheim nach Ungersheim. Dieser Abstecher soll dem Besuch des Ecomusée (Elsässer Bauernhausmuseum) dienen, das sich als lebendigstes Museum Frankreichs darstellt. 60 landwirtschaftliche Gebäude bezeugen dort die bewegte Geschichte des Elsaß. Geöffnet von Ostern bis Ende Oktober. – Die Zufahrt erfolgt ab Cernay auf der D 2bis nach Pulversheim, wo man die Departementstraße in nw. Richtung verläßt, um nach nur wenigen Kilometern das Ecomusée zu erreichen. Hin und zurück 26 km. Fahrtechnische Beurteilung: leicht.

Route des Crêtes, nördlicher Teil** 45

Route: Colmar (193) – Ingersheim – Ammerschwihr – Kaysersberg – le Bonhomme – Col du Bonhomme (949) – Col du Louchbach (977) – Col du Calvaire (1144) – Col de la Schlucht (1139) – Stosswihr – Hohrodberg – Collet du Linge (983) – Col du Wettstein (882) – Col du Calvaire – Col du Louchbach – Col du Bonhomme – Col du Pré de Raves (1025) – Col des Bagenelles (903) – Ste-Marie-aux-Mines (360) – Col Haut de Ribeauvillé (742) – Ribeauvillé – Zellenberg – Beblenheim – Mittelwihr – Ingersheim – Colmar. 146 km.

Fahrtechnische Beurteilung: mittel

Zeitaufwand: Tagestour

Im NW von Colmar benützt man auf der N 415 die Ausfahrt über Ingersheim und Ammerschwihr nach Kaysersberg (242), das in den Vorbergen der Vogesen eingebettet liegt. Berühmtester Bürger dieses mittelalterlichen Städtchens war Dr. Albert Schweitzer, welcher

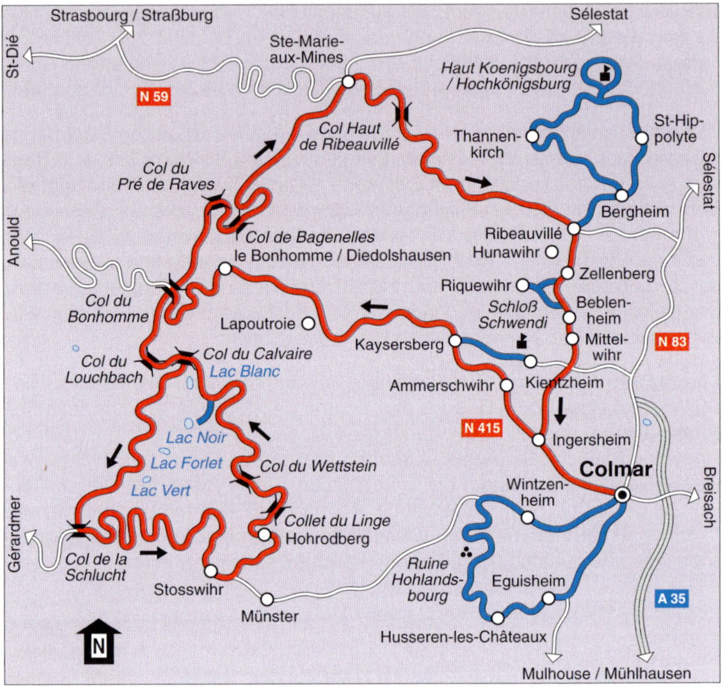

Skizze 45 Route des Crêtes, nördlicher Teil

im afrikanischen Lambarene aus eigenen Mitteln eine Krankenstation aufbaute. 1952 erhielt er für seine außergewöhnlichen Verdienste an der Menschheit den Friedensnobelpreis.

Hinter Kaysersberg verengt sich das Weisstal. Die gut ausgebaute Straße steigt nun mäßig nach Lapoutroie an, das umfahren wird, und führt dann im Béchinetal durch den Ort le Bonhomme/Diedolshausen, um wenig weiter mit einer langen Haarnadelkehre den HU von 300 m hinauf zum Col du Bonhomme/Diedolshausener Paß (949) zu bewältigen. Der unmittelbar im S sich erhebende Tête des Faux/Buchenkopf (1220) war im Ersten Weltkrieg heiß umkämpft. Er bietet, wie auch der n. gelegene le Brezouard/Birschberg (1228) weite Ausblicke in die Lothringer Vogesen, auch zum Hohneck und zum Großen Belchen.

Die **Haut Koenigsbourg/Hochkönigsburg** ist eine berühmte Burg der Staufer und ein „Besucher-Muß“ anläßlich eines Aufenthaltes im Elsaß → Route 45, Route des Crêtes, nördlicher Teil.

Am Col du Bonhomme trifft man auf die Vogesenkammstraße, welche während des Ersten Weltkrieges als strategische Straße angelegt wurde und den Birschberg mit dem Hartmannsweilerkopf verbindet; sie ist heute eine sehr geschätzte Touristenstraße und ein „Muß“ für Biker. Man folgt ihr nach S mit der Bez. D 148 über den Col du Louchbach und den Col du Calvaire, beide begrenzen ein Naturreservat mit reizvollen kleinen Alpenseen, zum Col de la Schlucht.

Nun auf der vielbefahrenen D 417 nur 15 km nach Stosswihr, wo li. die aussichtsreiche Höhenstraße über Hohrodberg (750) zum Collet du Linge (983) abzweigt; dort befindet sich der deutsche Soldatenfriedhof Hohrod. – In Hohrodberg empfiehlt sich der Besuch eines der Terrassencafes in guter Aussichtslage. Der französische Soldatenfriedhof wurde am Col du Wettstein (882) angelegt. Vorbei am Lac Blanc, gelangt man wieder zum Col du Calvaire und auf der D 148 zum Col du Bonhomme. – Die Vogesenkammstraße setzt sich noch nach N über den Col du Pré de Raves zum Col de Bagenelles fort. – Durch lichten Wald senkt sich nun die D 48 zur Liepvrette hinab und in den alten Knappenort (ehem. Silberbergbau) Ste-Marie-aux-Mines/ Markirch (360) mit seinem berühmten Mineralienmuseum.

Blick über die schier endlosen Weinberge von **St-Hippolyte/St. Pilt** unterhalb der Hochkönigsburg in Richtung Rheinebene → Route 45, Route des Crêtes, nördlicher Teil.

Zierliche Fachwerkhäuser im traditionellen elsässischen Stil findet man in **St-Hippolyte/St. Pilt**, dem östlichen Ausgangsort für einen Besuch der Hochkönigsburg → Route 45, Route des Crêtes, nördlicher Teil.

Hier verläßt man die D 48 und wendet sich auf der kurvenreichen D 416 über den Col Haut de Ribeauvillé (742) und ein ausgedehntes Waldgebiet dem sehenswerten Städtchen Ribeauvillé/Rappoltsweiler (267) zu, welches von Weinbergen umgeben, malerisch am Eingang des Strengbachtales liegt. Dort findet man auch Anschluß an die Straße über Zellenberg (im Nachbarort Hunawihr kann man eine Storchenfarm mit über 100 Störchen, eine Fischotterzucht sowie ein Freigehege mit exotischen Schmetterlingen besuchen; geöffnet Anfang April bis Ende Oktober täglich von 10 bis 12 und von 14 bis 18 Uhr) und Mittelwihr zurück nach Colmar.

Abstecher: Von Kaysersberg nach Kientzheim. Das Schloß Schwendi beherbergt das Elsässische Weinmuseum. Hin und zurück 5 km. Fahrtechnische Beurteilung: leicht.

Abstecher: Von der D 48 zwischen Col du Wettstein und Col du Calvaire aus zum Lac Noir, der wie alle kleinen, kraterähnlichen Seen unter Naturschutz gestellt wurde. Hin und zurück 3 km. Fahrtechnische Beurteilung: leicht.

Abstecher: Von Ribeauvillé über Bergheim und Thannenkirch (363), bekannt durch seine begehrten Kirschen, hinauf zur Haut-Koenigsbourg/Hochkönigsburg (755). Diese ehem. Stauferburg zählt zu den großen Sehenswürdigkeiten des Elsaß (Besichtigung nur wochentags möglich). Sie hat eine beherrschende Lage über der Rheinebene, wobei die Aussicht über den Kaiserstuhl hinweg bis in den Nördlichen Schwarzwald reicht. Im obersten Teil der Zufahrtsstraße gilt geregelter Einbahnverkehr. Die Rückfahrt erfolgt auf einem schmalen Sträßchen hinab nach St-Hippolyte (226), dann auf normal breiter Straße 1b über Bergheim zum AP. Hin und zurück 30 km. Fahrtechnische Beurteilung: mittel bis schwierig.

Abstecher: Von Zellenberg bzw. Beblenheim nach Riquewihr/Reichenweier. Der kleine, vielbesuchte Ort (274) gilt als ursprungshaftes und unverfälschtes elsässisches Winzerstädtchen aus dem Mittelalter, dessen Besichtigung zirka zwei Stunden in Anspruch nimmt. Es gibt dort bemerkenswerte, alte Fachwerkhäuser und ein informatives Heimatmuseum. Sein Motorrad muß man allerdings außerhalb der Stadtmauer an den dazu bez. Plätzen abstellen. Hin und zurück 4 km. Fahrtechnische Beurteilung: leicht.

Abstecher: Im SW von Colmar lohnt sich ein Ausflug nach Eguisheim (204), das an den Vorbergen liegt; dort beginnt die „Route der fünf Schlösser“ mit dem schmalen Bergsträßchen D 14 hinauf zur Ruine von Hohlandsbourg (644). Prächtige Ausblicke auf die Rheinebene vermittelt der Ort Husseren-les-Châteaux. Bei Wintzenheim mündet man in die D 417, die nach Colmar zurückleitet. – In Eguisheim empfiehlt sich als echt elsässisches Spezialitätenlokal das „Caveau“. – Hin und zurück 26 km. Fahrtechnische Beurteilung: mittel bis schwierig.

46 Beiderseits der Elsässischen Weinstraße**

Route: Straßburg (139) – Eckbolsheim – Ergersheim – Molsheim – Rosheim – Boersch – Ottrott – Klingenthal – Mont-Ste-Odile (761) – Welschbruch – le Hohwald – Kreuzweg-Sattel (768) – Col de la Charbonnière (960) – Col de Steige (534) – Col d'Urbeis (602) – Urbeis – Fouchy – Villé (260) – Triembach-au-Val – Hohwarth – Itterswiller – Andlau – Barr – Heiligenstein – Bernhardswiller – Obernai – Niedernai – Innenheim – Blaesheim – Geispolsheim – Lingolsheim – Straßburg. 156 km.

Fahrtechnische Beurteilung: mittel

Zeitaufwand: Halbtagestour

Um von Straßburg auf kürzestem Weg zur „Elsässischen Weinstraße" zu gelangen, benützt man zur Ausfahrt im W der Stadt die D 45, welche über Eckbolsheim und Ergersheim leitet; von dort nimmt man Kurs nach S und erreicht die berühmte Weinstraße auf der D 30 beim Bahnhof von Molsheim.

Die Weinstraße zieht windungsreich durch das hügelige Vorland im O der Vogesen. Sie ist auf ihrer gesamten Länge von 120 km zwischen Molsheim und dem alten Städtchen Thann zuverlässig ausgeschildert. Unsere Runde folgt jedoch nicht stereotyp dieser Markierung, sondern bezieht die lohnendsten anfahrbaren Ziele li. und re. der Weinstraße mit ein, welche den generellen Richtungskurs vorgeben. Durch die Wende am Col d'Urbeis wurde nur der nördliche und mittlere Teil der Weinstraße erfaßt, nicht aber der ebenso reizvolle südliche.

In Rosheim sind noch die Reste der einstigen Ringmauer mit ihren Toren zu erkennen. Der aussichtsreiche Bischenberg (361) läßt sich vom Nachbarort Bischoffsheim ein Stück anfahren. Bei Ottrott verläßt man die D 35 und folgt der D 426, welche den Hügel von Ste-Odile im W und S umfährt. St. Odilienberg wird auch als „heiliger Berg des Elsaß" bez. Auf seiner Nordseite, welche zur Ebene hin steil abfällt, liegt auf dem Grat das anfahrbare Kloster St. Odilia (764) mit der großen Heiligenstatue; Zufahrt zum Parkplatz 400 m. Die hl. Odilia ist Schutzpatronin des Landes.

Auf dem **Champ de Feu (1100)** vermittelt ein Aussichtsturm einen umfassenden Rundblick, der von Panorama-Tafeln erläutert wird → Route 46, Beiderseits der Elsässischen Weinstraße.

Der teilweise steil abfallende St. Odilienberg mit dem **Kloster St. Odilia** und der großen, weithin sichtbaren Heiligenstatue → Route 46, Beiderseits der Elsässischen Weinstraße.

Das Bild zeigt die in den ausgedehnten Rebhängen stehende Kapelle St-André und im Hintergrund den Winzerort **Andlau** → Route 46, Beiderseits der Elsässischen Weinstraße.

Auf der D 426 setzt man seine Fahrt nach Hohwald (589) fort. Durch ein ausgedehntes Waldgebiet fährt man dann zum Kreuzweg-Sattel und weiter zum Col de la Charbonnière hinauf, welcher nach S gute Ausblicke vermittelt. Auf seiner SW-Rampe fährt man dann zum Col de Steige und zurn Col'Urbeis hinab, wobei die n. und ö. Abhänge des Climont (966) tangiert werden. Auf dem Urbeispaß darf man scharf li. die Abzw. der D 39 nicht versäumen, welche über Fouchy nach Ville (260) führt. Den Anschluß an die Weinstraße (Route du Vin d'Alsace) findet man erst wieder nach Befahrung des landschaftlich reizvollen Verbindungssträßchens D 203 über das Kirchlein St. Gilles in Hohwarth bzw. der D 253 in Richtung des Blumendorfes Itterswiller.

In Andlau ist die alte Kirche mit ihrer dreischiffigen Hallenkrypta aus dem 10. Jh. sehenswert! Barr (201), dessen Weinberge einen guten Ruf haben, ist vor allem durch seine Gerbereibetriebe bekannt geworden. Über dem malerischen Ort Bernhardswiller mit seinen engen Gassen, alten Häusern und Brunnen gelangt man nach Obernai/Oberehnheim (181), einem der schönsten Städtchen im Elsaß. Sehenswert sind dort Marktplatz, Rathaus, Kapellturm und ehem. Kornhalle; die alten Häuser stammen meist aus dem 16. Jh.

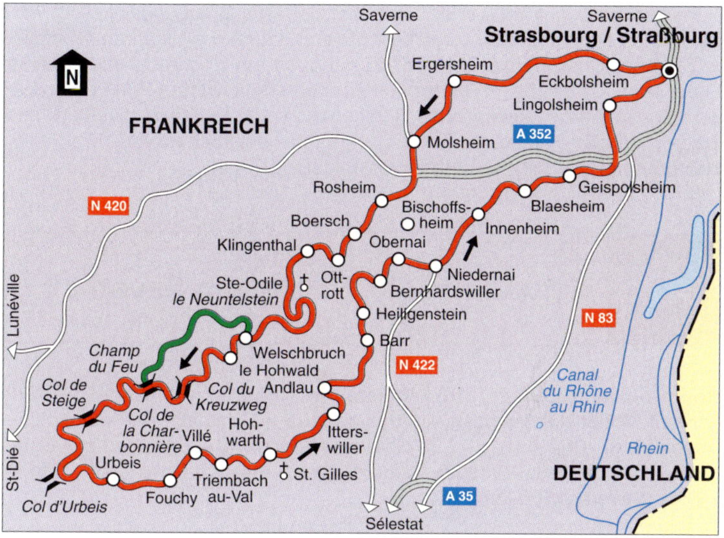

Skizze 46 Beiderseits der Elsässischen Weinstraße

Die letzte Etappe der Rundfahrt vollzieht man von Obernai nach Niedernai und auf der schnellen N 422 bis zur Abzw. re. nach Blaesheim, das sich am Fuß des aussichtsreichen Gloeckelsberges ausbreitet. Der 142 m hohe Turm des Straßburger Münsters ist von weither sichtbar und erleichtert dem Fremden die allgemeine Orientierung. Um dem Ballungszentrum im Raum von Straßburg zu entgehen, empfiehlt sich die Stadteinfahrt über die Vororte Geispolsheim und Lingolsheim. Hauptsehenswürdigkeiten sind die Altstadt mit dem Münster. Unter den besuchenswerten Museen nimmt das Frauenhaus-Museum einen ersten Rang ein; es zeigt Exponate der Oberrheinischen Kunst aus dem Mittelalter und der Renaissance.

Variante: Von Welschbruch über den Champ du Feu zum Col de la Charbonnière. Von Welschbruch n. Hohwald zweigt eine lohnende Alternativstrecke mit Bez. D 130 von der D 426 in n. Richtung zum aussichtsreichen Neuntelstein (971) ab. Man muß sein Motorrad allerdings auf der Scheitelstrecke abstellen und hat dann bis zum Aussichtspunkt noch 20 Gehmin. Die prächtigen Ausblicke auf den Odilienberg, den Ungersberg und bis zur Hochkönigsburg wiegen die wenigen Mühen wieder auf. – Man setzt dann seine Fahrt über die Rothlach-Herberge (953) zum Champ du Feu (1100) auf der

Höhenstraße D 214 fort, um sich auf dem Col de la Charbonnière (960) wieder mit der Hauptroute zu vereinigen. Zuletzt hat man ein stärkeres Gefälle. – Der Berg Champ du Feu/Hochfeld hat auch ein Hochmoor mit seltener Flora. Vom Aussichtsturm bietet sich ein bemerkenswertes Panorama über die Vogesenberge hinweg in die Rheinebene bis zum Schwarzwald. N. des Turmes steht am Rande des Serva-Schigebietes eine Schutzhütte. Km gleichbleibend. Fahrtechnische Beurteilung: mittel.

47 Rund um die Forste von Saverne*

Route: Saverne/Zabern (210) – Bouxwiller – Ingwiller – Wimmenau – Wingen-sur-Moder – Zittersheim – la Petite Pierre – Kohlthaler Hof – Oberhof – Buchelberg – Phalsbourg – Lutzelbourg – Sparsbrod – Schaeferhof – Dabo (450) – Col de Valsberg (652) – Obersteigen – Reinhardsmunster – Otterswiller – Saverne. 100 km.

Fahrtechnische Beurteilung: mittel

Zeitaufwand: Halbtagestour

Im Gegensatz zu den Südlichen Vogesen, an deren Ausläufern es auch heitere Landstriche gibt, ist das Erscheinungsbild der Nördlichen Vogesen ein anderes: es dominieren dort mehr rauhe Regionen und ausgedehnte Forstgebiete, so vor allem in der elsässisch-lothringischen Grenzregion bis zum Marne-Rhein-Kanal im W. Die n. Berge erreichen nicht die Höhenlagen wie die Erhebungen in den Südlichen Vogesen und überschreiten kaum die 1000-Meter-Marke. Demzufolge sind die befahrbaren Übergänge eher als Sattel als mit Paß zu bezeichnen. Abseits der Nationalstraßen kann man dort auch kaum frequentierte Nebenstraßen in den schwach besiedelten Regionen vorfinden. Die Auswahl der Rundtouren berücksichtigt diese Realitäten. Das gesamte Straßennetz kann hier im Angebot kaum noch übertroffen werden und folgt damit einer traditionellen, französischen Vorreiter-Rolle.

Der AP Saverne liegt, touristisch betrachtet, im Schnittpunkt zahlreicher Verkehrswege und ist von allen Seiten her günstig anfahrbar. Die seit jeher als Eingangspforte nach Lothringen benützte Zaberner Steige/Col de Saverne (410) bildet den kürzesten, nur 4 km langen

Vom **Rocher de Dabo/Dagsburger Felsen** hat man eine umfassende Aussicht in die Vogesen, welche am Orientierungstisch illustriert wird → Route 47, Rund um die Forste von Saverne.

Steil und schroff erscheint der **Rocher de Dabo/Dagsburger Felsen** mit der Kapelle St-Leon dem Betrachter bereits aus weiter Ferne → Route 47, Rund um die Forste von Saverne.

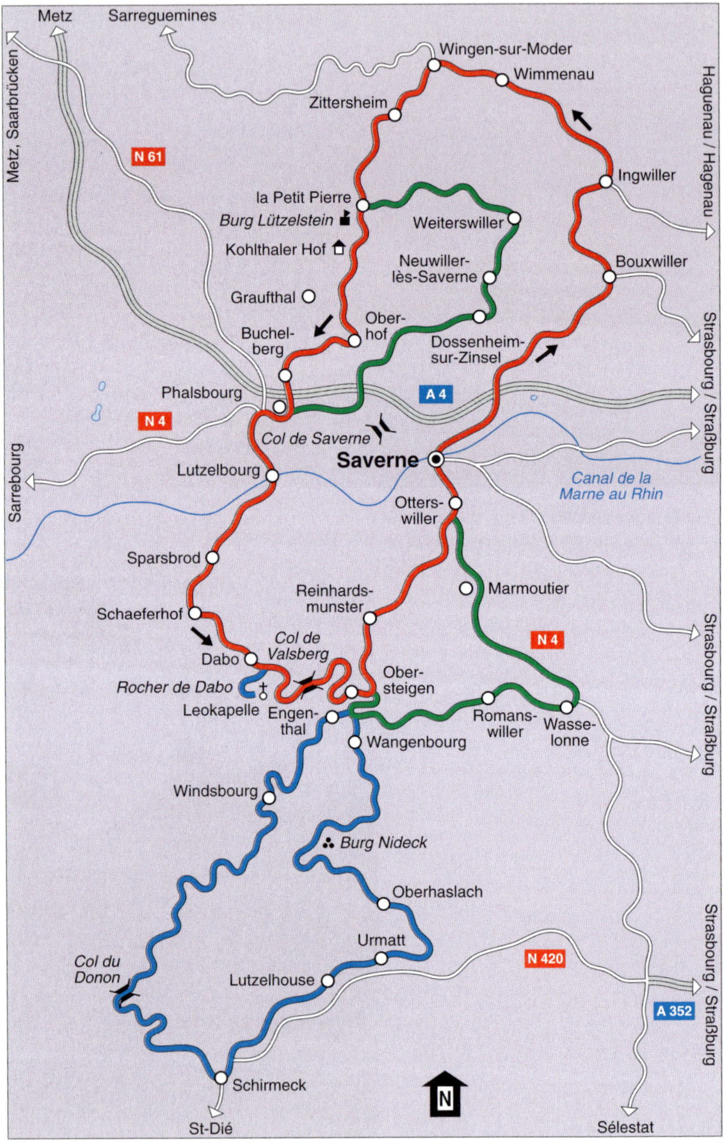

Skizze 47 Rund um die Forste von Saverne

Auf dem Streckenabschnitt zwischen den Orten Lutzelbourg und Sparsbrod überquert man relativ unvermittelt den **Marne-Rhein-Kanal** → Route 47, Rund um die Forste von Saverne.

Straßenübergang in den Vogesen. Über ihn leitet die N 4 Straßburg-Nancy. Nancy war Residenzstadt der Lothringer Herzöge. – Unsere Runde führt auf der D 6 von Saverne zunächst nach Bouxwiller mit seinen malerischen, alten Fachwerkhäusern und weiter nach Ingwiller.

Man verläßt diesen Ort im N und folgt der D 919 über Wimmenau nach Wingen an der Moder, wo man li. vor der Bahnüberführung in die D 135 einbiegt. Diese nur wenig befahrene Provinzstraße verbindet mit la Petite-Pierre (396) über Zittersheim; auf den letzten 5 km hat man eine geringere Fahrbahnbreite. Der Ferienort wird im W von der Burg Lützelstein beherrscht, die man zu einer Festung ausbaute. Fahrerischen Spaß bereitet die Anschlußstrecke D 178 über die Wasserscheide beim Kohlthaler Hof hinüber in das Zinseltal. In Oberhof gibt es einen erneuten Anstieg. Graufthal liegt wenig abseits der Route und wurde durch seine, jetzt unbewohnten Sandstein-Felswohnungen bekannt. Der kürzeste Weg nach Phalsbourg führt über Buchelberg unter der Autobahnüberführung in den Ort.

Die Runde setzt man über die Ortschaft Lutzelbourg fort, wo man den Marne-Rhein-Kanal überquert, um auf der D 98 nach Sparsbrod zu gelangen. Durch das Zorn- und Kleinthal fährt man schließlich nach

Die **Burgruine Fleckenstein** der Staufer steht auf einem 43 m hohen, schmalen Felssporn, aus dem die Anlage zum Teil gehauen wurde → Route 47, Rund um die Forste von Saverne.

Dabo/Dagsburg (450) hinauf; hier versäume man nicht die kurze Auffahrt zum Dagsburger Felsen → Abstecher. – Unsere Route steigt noch weiter an und überschreitet auf dem Scheitel Col de Valsberg die elsässische Landesgrenze. – Der abwechslungsvolle Abstieg erfolgt auf der D 218 über Reinhardsmunster und Otterswiller nach Saverne/Zabern.

Variante: Von la Petit-Pierre über Neuwiller-lès-Saverne nach Phalsbourg. Die von la Petite-Pierre (339) ausgehende Alternative, welche von der D 7, D 14, D 133 und D 122 gebildet wird, umrundet den Fullengarten (418) als höchste Erhebung in der Umgebung von Petit-Pierre Sud. Als ISFM durchmißt sie hauptsächlich ausgedehnte Waldgebiete, aber nur wenige Siedlungen wie Weiterswiller, Neuwiller-lès-Saverne und Dossenheim-sur-Zinsel, ehe sie in die Westrampe des Col de Saverne einmündet. Plus 6 km. Fahrtechnische Beurteilung: leicht bis mittel.

Variante: Von Obersteigen über Wasselonne nach Otterswiller. Man biegt noch vor Wangenbourg-Engenthal li. ab und benützt zunächst die D 224, welche über Romanswiller nach Wasselonne/Wasselnheim (200) leitet. Sehenswert sind dort die Burg mit dem Rundturm und Teile der alten Stadtbefestigung. Der direkte Weg nach Saverne auf der schnellen N 4 tangiert nur die sehenswerte Stadt Marmoutier/Maursmünster, doch lohnt es sich wegen des romanischen Westbaus der ehem. Benediktinerabtei aus dem 11. Jh. in den Ort hineinzufahren. – Vom Stadtzentrum Saverne/Zabern ist man dann nur noch 6 km entfernt. Plus 16 km. Fahrtechnische Beurteilung: leicht.

Abstecher: Von der Abzw. ö. des Ortes Dabo auf den exponiert liegenden Dagsburger Felsen (587), HT „Rocher St-Léon". Die ausgebaute Zufahrtsstraße weist Steigungen von max. 12% auf. Vom Rocher de Dabo und dem begehbaren Turm der Leokapelle bietet sich eine umfassende Aussicht! Hin und zurück 3 km. Fahrtechnische Beurteilung: mittel.

Abstecher: Von Obersteigen (500) über den Col du Donon (727), Schirmeck und Oberhaslach wieder zurück nach Obersteigen. Als eine der fahrerisch interessantesten, großen Schleifen im elsässisch-lothringischen Grenzgebiet berührt sie Engenthal, Windsbourg, den Col du Donon, Schirmeck, Lutzelhouse, Urmatt, Oberhaslach, die Burg Nideck und Wangenbourg. Die Benützung der Privatstraße zwischen Windsbourg (800) und der Einmündung in die D 44 war im Bj. aus Jagd- und Naturschutzgründen zeitlich geregelt, weshalb sich vor Antritt der Fahrt die Einholung von aktuellen Informationen über die Befahrbarkeit empfiehlt. Diese erhält man z.B. in Wangenbourg-Engenthal. Die Burg Nideck im S von Wangenbourg ist nur zu Fuß vom Forsthaus Nideck aus an der D 218 erreichbar, ihre kühne Lage ist beeindruckend Hin und zurück 78 km. Fahrtechnische Beurteilung: mittel bis schwierig.

Nordvogesen-Runde* 48

Route: Wissembourg/Weißenburg (160) – Col du Pigeonnier (432) – Climbach – Lembach – Niedersteinbach – Obersteinbach – Sturzelbronn – Bitche – Lemberg – Goetzenbruck – Wimmenau – Ingwiller (187) – Rothbach – Offwiller – Zinswiller – Oberbronn – Niederbronn-les-Bains – Reichshoffen – Woerth – Soultz-sous-Forêts – Schoenenbourg – Wissembourg. 128 km.

Fahrtechnische Beurteilung: leicht bis mittel

Zeitaufwand: Tagestour

Vom AP Wissembourg/Weißenburg, das unmittelbar an der deutsch-franz. Grenze liegt, benützt man die beschilderte Ausfahrt in Richtung Lembach über den Aussicht gewährenden Col du Pigeonnier. Es handelt sich bei diesem Straßenübergang um einen zahmen Sattel mit kaum merklichen Steigungen bzw. Gefälle. Die Scheitelstrecke

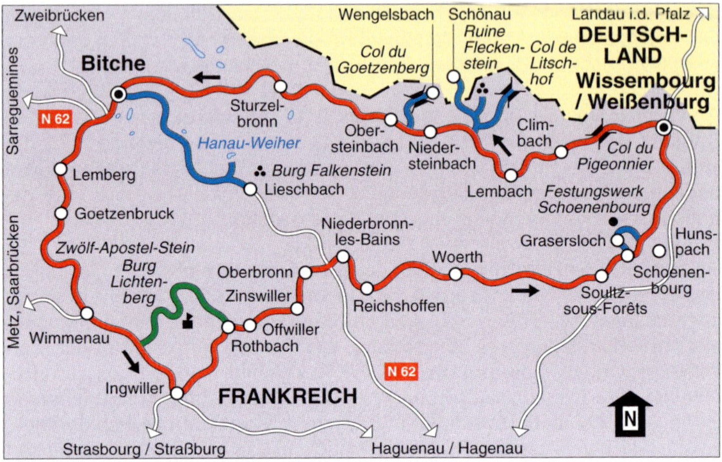

Skizze 48 Nordvogesen-Runde

gibt einen bemerkenswerten Ausblick frei, der bis zum Schwarzwald reicht. – Seit einem halben Jahrhundert prägen die Bunker der Maginotlinie die Landschaft des n. Elsaß. Das Werk „Four à Chaux" (Kalkofen) und das „kleine Werk" Lembach, zwischen 1930 und 1935 erbaut, waren dazu bestimmt, die deutsch-franz. Grenze abzusichern. Unbesetzt seit 1945, wurde die Anlage 1983 dem Publikum zur Besichtigung freigegeben.

Die D 3 steigt nun sanft zur Wasserscheide an, welche Sauer und Steinbach bilden. Unterhalb des ehem. Schlosses Fleckenstein vereinigen sich die Täler. Man bleibt auf der D 3, welche stets grenznahe über Nieder- und Obersteinbach, zuletzt als D 35, nach W in den Forst von Sturzelbronn zieht. Man kommt am Flughafen von Bitche vorüber, bevor man in die Stadt Bitche (243) mit ihrer weithin sichtbaren Zitadelle Einzug hält.

Die Weiterfahrt erfolgt über das lothringische Lemberg und Goetzenbruck auf der D 37, vorbei am Zwölf-Apostel-Stein und weiter auf der D 12 nach Wimmenau im Tal der Moder. Von dort aus hat man noch 7 km auf der kurvigen D 919 bis Ingwiller zurückzulegen. Ingwiller ist am sö. Rand vom Parc Regional des Vosges du Nord gelegen und nur 25 km von der ehem. Kaiserpfalz Hagenau entfernt.

Seit 1983 kann man die Anlage des **Festungswerkes Schoenenbourg** der ehem. Maginotlinie besichtigen. Im Hintergrund der Ort Schoenenbourg → Route 48, Nordvogesen-Runde.

Um die vorgegebene Runde fortzusetzen, folgt man der D 28 durch die Orte Rothbach, Offwiller, Zinswiller und Oberbronn in den Kurort Niederbronn-les-Bains (192). Über den Nachbarort Reichshoffen gelangt man weiter nach Soultz am Wald, wo man li. in die D 264 einschwenkt. Schoenenbourg wurde durch sein Festungswerk, einem Bollwerk der Verteidigung in der ehem. Maginotlinie, bekannt.

Das rustikale Dorf Hunspach mit seinen alten Fachwerkhäusern befindet sich nur wenig abseits der Route; als 1 km lange Zufahrt dient die re. abzw. D 249, HT. – Die Einfahrt in die Stadt Wissembourg /Weißenburg (160) erfolgt von S her. Sehenswert sind dort das Rathaus, das Salzhaus und der Zehntscheuer sowie die gotische Kirche St. Peter und Paul aus dem 13. Jh.

Variante: Vom Modertal über Lichtenberg nach Rothbach. Von der Abzw. „Ingwillerwald“ an der D 919 sö. Wimmenau leitet die D 181 hinauf zur Burg Lichtenberg (414), welche von Vauban, dem Erbauer der Verteidigungsanlagen von Belfort, als Festung errichtet wurde. Die Aussicht von der Burghöhe richtet sich nach allen Seiten. – Die Abfahrt erfolgt über Reipertswiller in das Tal des Rothbaches und auf der D 198 talaus in den gleichnamigen Ort an der D 28. Plus 2 km. Fahrtechnische Beurteilung: mittel.

Abstecher: Von der D 3 zur Burgruine Fleckenstein. Bei der Tälervereinigung 3.5 km nw. des Ortes Lembach zweigt man re. ab und benützt zuerst die D 925, dann die D 525, um zur Burgruine Fleckenstein hinaufzukommen, welche auf einem 43 m hohen, jedoch nur bis 8 m breiten Felsen seinerzeit von den Staufern errichtet wurde. Ihre optische Wirkung ist besonders beeindruckend; ein beachtlicher Teil der Anlage wurde in den Fels gehauen. – Setzt man von der Wegevereinigung seine Fahrt direkt nach N fort, so gelangt man zur Grenzübertrittsstelle Hirschthal und nach Schönau im „Naturpark Pfälzerwald", 5 km. – Der weiter ö. verlaufende Fahrweg zieht unterhalb vom Gimbelhof hinauf zum Col de Litschhof (337), 4 km. – Hin und zurück 5 km. Fahrtechnische Beurteilung: mittel.

Abstecher: Von Niedersteinbach zur Grenzkammlinie mit der Pfalz. Die schmale D 190 führt von Niedersteinbach über den Col du Goetzenberg (400) zur entlegenen Häusergruppe Wengelsbach, das unterhalb der elsässisch-pfälzischen Kammlinie liegt. Auf der Nordrampe tritt ein stärkeres Gefälle auf. Hin und zurück 10 km. Fahrtechnische Beurteilung: mittel bis schwierig.

Abstecher: Von Bitche zur Burg Falkenstein. Im S bzw. SO von Bitche gibt es in der näheren Umgebung mehrere Badeweiher, unter denen jener von Hanau im Erholungsgebiet bedeutsam ist. Nicht weit davon entfernt liegt die Burg Falkenstein aus dem 12. Jh., deren Reste (Wohnturm) nur zu Fuß von Lieschbach aus erreichbar sind. Hin und zurück 30 km. Fahrtechnische Beurteilung: leicht bis mittel.

Abstecher: Vom Ort Schoenenbourg zum Festungswerk Schoenenbourg der ehem. Maginotlinie. Es galt nach seiner Fertigstellung 1935 in Bezug auf die damaligen Waffen als uneinnehmbar. Frontal wurde es im Frankreich-Feldzug 1940 nicht angegriffen, vielmehr wurde die gesamte Maginotlinie gegen Ende der Kampfhandlungen von den beiden Flanken her aufgerollt. Teile der unterirdischen Anlagen, die eine Tiefe bis zu 30 m aufweisen, kann man heute noch besichtigen, auch einen der drei Kampfblöcke mit dem versenkbaren, gepanzerten Drehturm. – Dieses einzigartige Verteidigungswerk kann man vom Ort Schoenenbourg aus entweder über Grasersloch oder weiter n. von der D 264 aus anfahren, die Zufahrten sind beschildert. Besichtigungen nur an Sonn- und Feiertagen. Hin und zurück 6 km. Fahrtechnische Beurteilung: leicht.

Straßenkarten für die Vogesen. Bestens bewährt hat sich das kartographisch hervorragende Blatt 242 „Alsace et Lorraine" von Michelin im Maßstab 1 : 200.000. Michelin-Karten zeichnen sich seit jeher durch hohe Aktualität aus. Sie sind mit einer groben Schummerung versehen und geben vielfältige Informationen. – In Mairs Geographischem Verlag ist das gut lesbare Blatt „Vogesen, Elsaß, Schwarzwald" der Generalkarte 1 : 200.000 erschienen. – Die vom Institut Géographique National in Paris herausgegebenen Blätter 12 und 31 der „Série Verte/Cartes Top 100" leisten wegen ihres zuverlässigen Karteninhaltes und der sehr zweckmäßig gewählten Blattschnitte gute Dienste.

Die eindrucksvolle Anlage der **Burg Lichtenberg** wurde im 17. Jh. vom berühmten Festungsbaumeister Vauban aus Steinquadern errichtet → Route 48, Nordvogesen-Runde.

Von der stattlichen **Burg Lichtenberg** kann man herrliche Ausblicke in die stark bewaldete Umgebung genießen → Route 48, Nordvogesen-Runde.

Bei den auf einem steilen Felsen erbauten **Burgen Altdahn, Grafendahn** und **Tanstein** wurden Kammern, Treppen und Gänge in das Gestein gehauen → Route 49, Naturpark Pfälzerwald, Süd.

Das stark bewaldete **Elmsteiner Tal** ist für Motorradfahrer nur an Werktagen befahrbar; an Samstagen, Sonn- und Feiertagen gilt auf der Strecke zwischen Lambrecht und dem Johanniskreuz ein striktes Fahrverbot → Route 49, Naturpark Pfälzerwald, Süd.

Pfälzerwald

Der Pfälzerwald schließt direkt an die Nördlichen Vogesen an und bildet das größte zusammenhängende Waldgebiet Deutschlands. Die seit 1958 zum „Nationalpark Pfälzerwald" erklärte, zirka 40 km breite und 70 km lange Region weist vorwiegend Buchen, Eichen, Kiefern und Fichten auf. Im Wasgau gilt das Dahner Felsenland als geologische Besonderheit; aus dem rötlichen Buntsandstein sind durch Witterungseinflüsse bizarre Felsformationen entstanden. Sie tragen Namen wie „Braut und Bräutigam", „Jungfernsprung", „Napoleonsfelsen", „Adelsnadel" und „Teufelstisch". – Im Pfälzerwald findet man zwar nur wenige Aussichtstürme vor, doch bieten diese, trotz ihrer geringen absoluten Höhe, gute Sicht auf eine Vielzahl von Erhebungen. Die einzige Sesselbahn der Pfalz führt vom Schloß Ludwigshöhe hinauf zur Ruine Rietburg (550), von der man herrliche Blicke auf die Rheinebene genießen und bei klarem Wetter den berühmten Kaiserdom von Speyer erkennen kann. – Von einer bewegten Vergangenheit zeugen die zahlreichen Burgen und Burgruinen dieses Landstrichs; eine besondere Häufung ist im O des Pfälzerwaldes festzustellen.– Durch ihre Lage am Rand der Rheinebene läßt sich die rund 80 km lange „Deutsche Weinstraße" mit der „Elsässischen Weinstraße" vergleichen. Sie reicht von Schweigen im S bis Bockenheim im N; im W bietet das Haardt-Gebirge, die ö. Begrenzung des Pfälzerwaldes, Schutz vor Regen und Wind. In dieser klimatisch begünstigten Zone mit längerer Sonnenscheindauer gedeihen Edelkastanien, Mandeln, Feigen, Pfirsiche, Zitronen, Kiwis, Kirschen, Pflaumen, Tabak und vor allem der Wein. Soweit das Auge reicht, breiten sich Rebstöcke an den sanften Hängen aus, schmucke Winzerdörfer reihen sich aneinander. Unter den ausgezeichneten Weinen finden sich hauptsächlich Weißweinsorten. Im Sommer und Herbst laden an der gesamten „Deutschen Weinstraße" unzählige Weinfeste zum Besuch ein.

49 Naturpark Pfälzerwald, Süd*

Route: Bad Bergzabern (168) – Klingenmünster – Eschbach – Siebeldingen – Rhodt unter Rietberg – Edenkoben – Maikammer – St. Martin – Totenkopf – Ruine Breitenstein – Elmstein – Johanniskreuz – Leimen – Merzalben – Umfahrung Münchweiler a.d. Rodalb – Hinterweidenthal – Dahn – Busenberg – Birkenhördt – Bad Bergzabern. 119 km.

Fahrtechnische Beurteilung: leicht bis mittel

Zeitaufwand: Tagestour

Achtung! Da über die Strecke durch das Elmsteiner Tal von Lambrecht bis zum Johanniskreuz ein striktes Fahrverbot für Motorradfahrer an Samstagen, Sonn- und Feiertagen verhängt wurde, ist diese Runde in der vorgeschlagenen Form nur an Werktagen befahrbar! Für das Wochenende und die Feiertage sei als Ausweichroute die Strecke von Maikammer über Neustadt a.d. Weinstraße, Lambrecht, Frankenstein und Hochspeyer zum Johanniskreuz empfohlen. Während die Strecke durch das Elmsteiner Tal 32 km mißt, beträgt die Länge der Ausweichroute rund 48 km.

Als AP dieser Runde bietet sich Bad Bergzabern mit seinem mittelalterlichen Stadtkern an. Das ehem. Schloß der Herzöge von Pfalz-Zweibrücken mit seinen zwei behäbigen Türmen ist das Wahrzeichen des Ortes, in dem ein Nachtfahrverbot für Motorräder von 21 bis 7 Uhr gilt. Man folgt zunächst der „Deutschen Weinstraße“ über Klingenmünster am Fuß der Burg Landeck nach Eschbach. Das Winzerdorf wird von der weitläufigen Ruine Madenburg überragt, welche vom unterhalb gelegenen Parkplatz, HT, in zirka 15 Gehmin. erreicht werden kann; eindrucksvoll ist die Aussicht nach allen Seiten. – Über Siebeldingen, Rhodt unter Rietburg, das wegen seines idyllischen Ortsbildes bekannt ist, und Edenkoben mit seinem Museum für Weinbau gelangt man nach Maikammer.

Dort verläßt man die „Deutsche Weinstraße“ und biegt li. auf die kurvenreiche „Totenkopfstraße“, welche hier ihren Ausgang nimmt, ab. Man passiert zunächst den malerischen Nachbarort St. Martin mit

Im Rückblick von Edenkoben erkennt man links unten das **Schloß Ludwigshöhe**, in der Bildmitte die **Rietburg** und die Schneise der Rietburgbahn→ Route 49, Naturpark Pfälzerwald, Süd.

Prächtig ist die Aussicht von der **Rietburg (550)** auf die Winzerorte im ausgedehnten Weinanbaugebiet und die dahinterliegende Rheinebene → Route 49, Naturpark Pfälzerwald, Süd.

Als südlichster Punkt der Deutschen Weinstraße gilt das 1936 errichtete **Deutsche Weintor** in Schweigen-Rechtenbach dicht an der franz. Grenze → Route 49, Naturpark Pfälzerwald, Süd.

der Ruine Kropsburg, läßt die Zufahrt zur Kalmit (673) → Route 50, Naturpark Pfälzerwald, Nord, re. liegen und überwindet dann eine Steigung von zirka 12%, ehe man die Scheitelhöhe des Totenkopfes erreicht; der s. gelegene Schafkopf (617) wird nur tangiert. Bei mäßigem Gefälle geht es nun knapp zweispurig bergab ins Elmsteiner Tal, wo man unterhalb der Ruine Breitenstein auf die Strecke des „Kuckucksbähnel“, einer zwischen Neustadt a.d. Weinstraße und Elmstein verkehrenden Museumseisenbahn, trifft.

Man folgt den vielen Windungen des Speyerbaches über Elmstein, das ein Waldarbeitsmuseum eingerichtet hat, und gelangt mit 7% Steigung zum Johanniskreuz (475), einer bedeutenden Wegespinne inmitten des Pfälzerwaldes. Neben dem Gh. „Waldhotel“ und dem Gh. „Nicklis“ ist dort vor allem das Gh. „Braband“ mit seinem großen Parkplatz ein beliebter Treffpunkt für Motorradfahrer. Die „Deutsch-Franz. Touristik-Route“ leitet über die Orte Leimen und Merzalben nach Münchweiler, das im W umfahren wird. Man benützt ein kurzes Stück die gut ausgebaute B 10, welche die ehem. Residenzstadt Zweibrücken bzw. Pirmasens mit Landau i.d. Pfalz verbindet. In Hinterweidenthal sollte man es nicht versäumen, eine Pause zur Be-

Skizze 49 Naturpark Pfälzerwald, Süd

sichtigung des „Teufelstisches" einzulegen. Die 500 m lange Zufahrt ist beschildert; vom Parkplatz beim Gh. „Teufelstisch" sind es dann noch 10 Gehmin. bergan. Bei diesem Naturdenkmal handelt es sich um eine zirka 250 bis 300 t schwere Sandsteinplatte, welche auf zwei 8 m hohen Pfeilern ruht. Das kuriose Felsgebilde ist nicht nur ein Symbol des Pfälzerwaldes, sondern gab seit eh und je auch Anlaß zu allerlei Sagen und Märchen.

Die B 427 leitet in das Herz des „Dahner Felsenlandes". Markant und zahlreich sind in der Umgebung von Dahn die interessanten Felsformationen und schroffen Klippen aus rot-gelbem Buntsandstein; sie stellen eine besondere Sehenswürdigkeit in der Natur dar und erfreuen sich auch als Kletterziel großer Beliebtheit. Die Burgruinen Altdahn, Grafendahn und Tanstein wurden einst in kühner Lage mühsam auf den Felsen errichtet. – Schließlich leitet der letzte Abschnitt dieser Rundfahrt über Busenberg und Birkenhördt zurück nach Bad Bergzabern.

Variante: Von Rhodt unter Rietburg über den Schänzelturm nach Edenkoben. Durch das Modenbachtal gelangt man zunächst zum Forsthaus Heldenstein. Vom dort angelegten Wanderer-Parkplatz (470) läßt sich der Schänzelturm am Steigerkopf (613) auf einem Fußweg in 30 Min. erreichen; etwas kürzer ist der Zugang vom Parkplatz „Lolosruhe" (574) aus. Der 13 m hohe Aussichtsturm wurde 1874 errichtet; im Bj. waren die ursprünglich weitreichenden Rundblicke wegen der hohen Bäume jedoch stark eingeschränkt. – Im Triefenbachtal führt die Straße an ehem. Schmieden, welche durch Wasserräder betrieben wurden, vorbei. In Edenkoben trifft man wieder auf die „Deutsche Weinstraße". Plus 15 km. Fahrtechnische Beurteilung: mittel.

Variante: Von Rhodt unter Rietburg über die Ludwigshöhe nach Edenkoben. Im zwischen Wald und Rebenhängen gelegenen Schloß Ludwigshöhe finden Führungen durch die Innenräume und eine Gemäldesammlung statt; von außen gleicht der ehem. Sommersitz der Wittelsbacher eher einer Villa. – Lohnend ist die Fahrt mit der Rietburgbahn von der Talstation Ludwigshöhe durch den Edelkastanienhain hinauf zur Rietburg (550). Die 560 m lange Doppelsesselbahn überwindet den Höhenunterschied von 220 m in 8 Min. Von der Aussichtsterrasse kann man herrliche Ausblicke über die Rheinebene mit ihren schmucken Winzerdörfern bis zu den Domen von Worms und Speyer genießen. – Plus 2 km. Fahrtechnische Beurteilung: leicht.

Variante: Von der „Deutsch-Franz. Touristik-Route" über den Hermersbergerhof nach Hinterweidenthal. Zirka 7 km s. vom Johanniskreuz zweigt li. ein einspuriges, jedoch asphaltiertes Sträßchen Richtung Hermersbergerhof ab. Auf dem Weg dorthin empfiehlt sich wegen der grandiosen Rundumsicht eine Besteigung des 30 m hohen Luitpoldturmes auf dem Weißenberg (611), wobei man 165 Stufen zu erklimmen hat. – Ab dem Hermersbergerhof ist die Straße wieder normal breit ausgebaut. N. von Hauenstein mündet man in die verkehrsreiche B 10 ein, welche durch das Queichtal nach Hinterweidenthal leitet. Minus 3 km. Fahrtechnische Beurteilung: mittel.

Abstecher: Ö. von Dahn führt ein Sträßchen zum Schloßberg mit den drei sehenswerten Burgruinen hinauf; zu ihnen zählen Altdahn, Grafendahn und Tanstein. Altdahn ist die älteste der von den Staufern auf fünf steil abfallenden Felsen in einer Reihe errichteten Burgen; sie wurde um 1127 erbaut. Eine Begehung der gesamten Burganlage ist äußerst interessant; für die Besteigung des höchsten Turmes über eine Eisenleiter bedarf es jedoch Schwindelfreiheit. Das kleine Museum auf der Burg ist von Karfreitag bis Ende Oktober täglich zwischen 11 und 17 Uhr geöffnet. Hin und zurück 3 km. Fahrtechnische Beurteilung: leicht bis mittel.

Kurvenreich und durch malerische Winzerdörfer mit meist engen Ortsdurchfahrten verläuft die **Deutsche Weinstraße** am Westrand der Rheinebene → Route 49, Naturpark Pfälzerwald, Süd.

Als imposantes Naturdenkmal ist der sagenumwobene **„Teufelstisch"** in Hinterweidenthal auf alle Fälle einen Besuch wert. Die Kräfte der Verwitterung formten dieses bizarre Gebilde aus rotgelbem Sandstein, das wie eine überdimensionierte Tischplatte anmutet. → Route 49, Naturpark Pfälzerwald, Süd.

Abstecher: Von der B 427 zur Burg Berwartstein. Die bereits von der Hauptstraße aus gut erkennbare und heute noch bewohnte, ehem. Schutz- und Trutzburg kann im Rahmen einer Führung von März bis November täglich besichtigt werden. Zu sehen ist ein Rittersaal, eine Burgküche, eine Folter- und Waffenkammer sowie ein 104 m tiefer Brunnenschacht. Für das leibliche Wohl sorgt eine Gaststätte in der Burg. Hin und zurück 2 km. Fahrtechnische Beurteilung: leicht.

Abstecher: Von Bad Bergzabern nach Dörrenbach. Der kleine Umweg zum sw. von Bad Bergzabern inmitten von Rebhängen und Kastanienhainen gelegenen, malerischen Ort lohnt sich wegen der sehenswerten Fachwerkhäuser, dem Renaissance-Rathaus und dem Wehrfriedhof mit Türmen und Ringmauern. Hin und zurück 5 km. Fahrtechnische Beurteilung: leicht.

Abstecher: Von Bad Bergzabern zum „Deutschen Weintor" in Schweigen. Die B 38 leitet über Oberotterbach nach Schweigen-Rechtenbach kurz vor der deutsch.-franz. Grenze, wo das 1936 erbaute „Deutsche Weintor" den Ausgangs- bzw. Endpunkt der „Deutschen Weinstraße" markiert. Hin und zurück 19 km. Fahrtechnische Beurteilung: leicht.

50 Naturpark Pfälzerwald, Nord*

Route: Bad Dürkheim (159) – Frankenstein – Hochspeyer – Johanniskreuz – Annweiler – Siebeldingen – Rhodt unter Rietburg – Edenkoben – Maikammer – Neustadt a.d. Weinstraße – Deidesheim – Wachenheim a.d. Weinstraße – Bad Dürkheim. 103 km.

Fahrtechnische Beurteilung: leicht bis mittel

Zeitaufwand: Tagestour

Als Hauptsehenswürdigkeiten gelten im Wein- und Kurort Bad Dürkheim die Klosterruine Limburg oberhalb des Ortsteiles Grethen und die imposante Ruine Hardenburg im W der Stadt. Die ehem. Klosteranlage kann täglich von 7 Uhr 30 bis zum Einbruch der Dunkelheit besichtigt werden. – Alljährlich am zweiten und dritten Wochenende im September findet in Bad Dürkheim der berühmte „Wurstmarkt", eines der größten Weinfeste, statt; sein Wahrzeichen ist das Dürkheimer Riesenfaß, in dem eine ganze Gaststätte Platz findet. Das gigantische Faß wurde 1934 aus 200 Tannen, jede an die 40 m hoch, gebaut und hat einen Rauminhalt von 1,7 Millionen Litern.

Blick auf den Innenhof der **Ruine Hardenburg**; links der achteckige Treppenturm, in der Mitte die Reste der Oberburg, rechts der Marstall → Route 50, Naturpark Pfälzerwald, Nord.

Die asphaltierte, gut instand gehaltene **Totenkopfstraße** verbindet das zwischen Edenkoben und Maikammer gelegene St. Martin mit dem Elmsteiner Tal; ihre Westrampe ist nur knapp zweispurig und hat einen äußerst windungsreichen Verlauf → Route 50, Naturpark Pfälzerwald, Nord.

Die **Ruine Hardenburg** steht auf einem Bergrücken hoch über dem gleichnamigen Ort; ein Blick von der Oberburg verdeutlicht ihre stattliche Größe → Route 50, Naturpark Pfälzerwald, Nord.

Verläßt man Bad Dürkheim auf der B 37 in w. Richtung, so durchfährt man zunächst den Ort Hardenburg und kommt, 4.5 km von der Stadtmitte Bad Dürkheims entfernt, zum Parkplatz beim Gh. „Waldschlöss'l" li. der Straße. Von dort gelangt man zu Fuß auf dem schattigen Burgweg in 5 Min. hinauf zur mächtigen Feste Hardenburg. Eine Besichtigung der interessanten, weitläufigen Burganlage ist sehr abwechslungsreich und bietet Ausblicke in die Umgebung. Die Burgruine ist vom 1. Jänner bis 31. März sowie vom 1. Oktober bis 30. November zwischen 9 und 17 Uhr, vom 1. April bis 30. September zwischen 9 und 18 Uhr geöffnet; am ersten Werktag einer jeden Woche und im Monat Dezember ist sie geschlossen. Sporadisch nützt man die Burganlage auch für Feste und Veranstaltungen.

Wir setzen die Rundfahrt durch das Isenachtal und über Frankenstein nach Hochspeyer fort, wobei 14 km ab AP eine Steigung bzw. ein Gefälle von max. 12% zu überwinden ist. Von Hochspeyer führt die B 48 mit vielen Kurven tief in den Pfälzerwald hinein. Der wichtige Straßenknoten Johanniskreuz (475) ist nicht nur ein Motorradfahrer-Treffpunkt, sondern auch ein beliebtes Ausflugsziel mit Einkehrmöglichkeiten, von dem auch zahlreiche Wanderwege ihren Aus-

Skizze 50 Naturpark Pfälzerwald, Nord

gang nehmen. Die 4 km weiter s. gelegene Anhöhe des Eschkopfes (609) gewährt von ihrem Aussichtsturm ein umfassendes Panorama, ehe man durch das landschaftlich hübsche Wellbachtal fährt.

An der Einmündung der B 48 in die B 10 hat man die Wahl zwischen der alten, durch den Ort Annweiler führenden Bundesstraße und der neuen, mit vier Tunnels großzügig angelegten Umfahrungsstraße. – Die hauptsächlich wegen der Burg Trifels bekannte Kleinstadt Annweiler im Queichtal lädt zu einem kurzen Spaziergang ein. Aus dem Mittelalter sind noch einige Fachwerkhäuser erhalten; in einem davon wurde das Heimat- und Gerbermuseum untergebracht. In der Wassergasse erinnern heute noch zwei Wasserräder an das früher hier ausgeübte Gerber-Handwerk. – Bei Siebeldingen trifft man auf die „Deutsche Weinstraße“ und folgt dieser, wie bereits in → Route 49, Naturpark Pfälzerwald, Süd, beschrieben, nach Maikammer und Neustadt a.d. Weinstraße.

Die Weinmetropole Neustadt gilt als Mittelpunkt der „Deutschen Weinstraße“. Ihre malerische Altstadt mit engen, verwinkelten Gassen und Fachwerkhäusern wurde teilweise zur Fußgängerzone erklärt. Sehenswert ist vor allem die Stiftskirche am Marktplatz mit ihren ungleichen Türmen und der Kubysche Hof. Im Süden der Stadt steht in guter Aussichtslage, von Kastanienwäldern umgeben das Hambacher Schloß; es wird auch als Kästenburg oder Maxburg bezeichnet.

Einen besonderen Anziehungspunkt bildet in Neustadt das Eisenbahnmuseum am Bahnhof; es ist samstags, sonntags und feiertags zwischen 10 und 16 Uhr geöffnet. Im alten Lokomotivschuppen werden zirka 40 Dampf-, Diesel-, und Elektroloks, Eisenbahnwaggons und Strecken- bzw. Arbeitsfahrzeuge gezeigt. – Von Neustadt a.d. Weinstraße verkehrt die „Kuckucksbähnel“ genannte Museumseisenbahn durch das Speyerbachtal hinauf nach Elmstein; sie wird in der Regel von Mai bis Oktober jeden zweiten Sonntag und an Feiertagen betrieben. – Über Deidesheim, wo sich im Rathaus ein Weinmuseum befindet, und Wachenheim a.d. Weinstraße gelangt man schließlich zurück nach Bad Dürkheim.

Variante: Von Maikammer über Lambrecht nach Wachenheim. Diese landschaftlich lohnende Alternativstrecke bietet sich an, um der oft sehr belebten „Deutschen Weinstraße“ mit zähflüssigem Verkehr auszuweichen. – Von Maikammer steigt ein kurviges, knapp zweispuriges Asphaltsträßchen zur Kalmit (673), der höchsten Erhebung des Pfälzerwaldes, an. Eine 600 m lange Gipfelstraße führt zum Parkplatz, von dem man in 5 Gehmin. auf das Gipfelplateau gelangt. Der 21 m hohe, ehem. Aussichtsturm wurde zum Funkturm umgerüstet und ist für Besucher leider nicht mehr zugänglich. Das neben dem Fernsehturm stehende Kalmithaus, auch Ludwigshafener Hütte genannt, wird nur an Samstagen, Sonn- und Feiertagen, vom 1. Mai bis 31. Oktober auch mittwochs bewirtschaftet; seine Terrasse bietet wegen der hoch gewachsenen Bäume jedoch kaum Aussicht.

Zirka 2 km nach der Abzw. des Stichsträßchens zum Kalmitgipfel mündet man in die Totenkopfstraße ein; sie weist eine max. Steigung von 12% auf. Bei der Ruine Breitenstein hält man sich re. und fährt parallel zur Museumseisenbahn „Kuckucksbähnel“ durch das Speyerbachtal nach Lambrecht. Auf diesem kurvenreichen Abschnitt der „Deutsch-Franz. Touristik-Route“ passiert

Auf der gut ausgebauten Nebenstraße zwischen **Bad Dürkheim** und **Leistadt** durchquert man die nördlichen Weinanbaugebiete der Pfalz → Route 50, Naturpark Pfälzerwald, Nord.

Der 40 m hohe, nur an Samstagen und Sonntagen zugängliche **Bismarckturm auf dem Pferdskopf (495)** vermittelt gute Ausblicke in alle Richtungen → Route 50, Naturpark Pfälzerwald, Nord.

Das **Eisenbahnmuseum in Neustadt a.d. Weinstraße** ist zugleich AP des nach Elmstein fahrenden „Kuckucksbähnel" → Route 50, Naturpark Pfälzerwald, Nord. Foto DGEG Eisenbahnmuseum

Die **Klosterruine Limburg** kann vom Bad Dürkheimer Ortsteil Grethen aus besucht werden → Route 50, Naturpark Pfälzerwald, Nord.

man die Ruine Spangenberg. – Von Lambrecht mit der wuchtigen, ehem. Klosterkirche folgt man der li. abbiegenden Nebenstraße über die Forsthäuser Silbertal und Rotsteig nach Wachenheim a.d. Weinstraße, wobei sich die Fahrbahn ab dem Kurpfalz-Park verschmälert. Plus 20 km. Fahrtechnische Beurteilung: mittel.

Abstecher: Von Bad Dürkheim zum Bismarckturm auf dem Pferdskopf (495). Um den nw. der Stadt stehenden Aussichtsturm zu erreichen, benützt man zunächst die nach Leistadt führende Straße, welche direkt beim Riesenfaß von der B 37 abzweigt. Noch vor dem Ort Leistadt biegt man spitzwinkelig nach li. ab, fährt anfangs durch Weinberge und dann durch Wald, ehe man nach 3.5 km zum Parkplatz „Lindemannsruhe" neben dem gleichnamigen, bewirtsch. Forsthaus gelangt. Der Weg mit der Markierung Nr. 9 verläuft fast eben durch einen Edelkastanienhain zum 40 m hohen Bismarckturm, 10 Gehmin.; dieser bietet ein 360°-Panorama, ist aber nur an Samstagen und Sonntagen von 10 bis 18 Uhr geöffnet. Hin und zurück 13 km. Fahrtechnische Beurteilung: leicht bis mittel.

Abstecher: Von der B 48 nach Trippstadt. Bereits 2 km n. vom Johanniskreuz zweigt man re. nach Trippstadt ab. Im Ort kann man das Eisenhüttenmuseum mit Schmiede, das Barockschloß (nur von außen) mit Parkanlage und die kleine Burgruine Wilenstein besichtigen. Aufschlußreich ist eine Führung durch den Brunnenstollen. Die romantische Karlstalschlucht ist heute ein Naturschutzgebiet. In der Umgebung von Trippstadt findet man noch einige der alten Holzkohle-Brennöfen. Hin und zurück 16 km. Fahrtechnische Beurteilung: leicht.

Abstecher: Von Annweiler bzw. von der Umfahrungsstraße Ausfahrt „Annweiler West" zur Burg Trifels (497). Eine 6.7 km lange, knapp zweispurige, asphaltierte Zufahrtsstraße mit max. 13% Steigung leitet vorwiegend durch Laubwald zum gebührenpflichtigen Parkplatz unterhalb der Burg. Auf dem Weg dorthin passiert man nach 3 km das Gh. „Kletterhütte" und nach 5.7 km den Parkplatz „Ahlmühle". Das letzte Stück der Zufahrt besteht aus einer Einbahnschleife. – Unter „Dreifaltigkeit" versteht man die beiden Burgruinen Scharfenberg und Anebos sowie die Burg Trifels, welche auf drei nebeneinander stehenden Hügeln gebaut wurden. Dominierend und am besten erhalten ist die Stauferburg Trifels, von der man eine prächtige Aussicht über den Pfälzerwald genießt; man erreicht sie vom Parkplatz in 20 Gehmin. Im frühen Mittelalter wurden auf der Burg die Reichsinsignien aufbewahrt und kurze Zeit auch der englische König Richard Löwenherz gefangengehalten. – Die Burg Trifels ist vom 1. Jänner bis zum Sonntag vor Ostern und vom 1. Oktober bis 30. November zwischen 9 und 17 Uhr, von der Karwoche bis 30. September zwischen 9 und 18 Uhr geöffnet. Letzter Einlaß jeweils 30 Min. vor Schließung. Im Dezember geschlossen. Hin und zurück 13 km. Fahrtechnische Beurteilung: mittel.

Odenwald

Entwicklungsgeschichtlich ist der Odenwald ein Waldgebirge des Schichtstufenlandes, das im W an der Bergstraße zur Oberrheinischen Tiefebene scharf abfällt und sich gegen N sanft senkt. Der Vordere Odenwald ist ein gefaltetes Rumpfgebirge mit der Neunkircher Höhe (605) als höchste Erhebung; auf ihr steht heute der Kaiserturm. Diagonal wird der Odenwald nach N von der Gersprenzsenke, nach SW von jener der Weschnitz durchzogen. Gegen O und SO erhebt sich über seinem kristallinen Sockel der tafelförmige, noch weite Nadelwälder tragende Hintere Odenwald. Dieser weist als höchsten Punkt den von Strümpfelbrunn anfahrbaren Katzenbuckel (626) auf. Sein Aussichtsturm bietet ein umfassendes Panorama. Der Vordere Odenwald mit seinen durch Laubwälder bedeckten Kuppen ist stärker besiedelt als der Hintere Odenwald; nur das Tal der Mümling, welches im N zum Main abbiegt, hat auch größere Orte wie z.B. Erbach und Michelstadt. Im NO wird der Odenwald vom Maintal begrenzt, im SO vom sogenannten „Bauland“. Am Rand des „Kleinen Odenwaldes“ ragt im Raum von Heidelberg der Königsstuhl (568) auf, welcher durch eine Bergbahn von Heidelberg aus leicht erreichbar ist. Politisch haben am Gebiet des Odenwaldes mehrere deutsche Länder Anteil, so vor allem Hessen und Baden-Württemberg. – Als wichtige Straßenverbindungen dienen die B 38 von Weinheim über Lindenfels nach Darmstadt und die B 45 von Eberbach über Michelstadt nach Höchst im Odenwald. Unter den bekannten Touristenstraßen sind sowohl die „Nibelungenstraße“ als auch die „Siegfriedstraße“ hervorzuheben, welche beide auf deutsches Sagengut bezüglich ihrer Namen und ihres Streckenverlaufes zurückzuführen sind. Das starke Verkehrsaufkommen durch Motorräder führte im Odenwald bereits zu einer ersten Streckensperrung, wovon die Tourer der Nebenstraße über den Sensbacher Höhenrücken betroffen sind. Grundsätzlich sollte man deshalb das Fahren in Pulks durch Erholungsgebiete vermeiden.

Hinter **Heddesbach** verläßt man die gut ausgebaute Hauptstraße, um die an der Hirschquelle vorbeiführende Bergstrecke in Angriff zu nehmen → Route 51, Naturpark Bergstraße-Odenwald.

Das **Rathaus von Michelstadt** mit seinen malerischen Fachwerk-Fassaden und wuchtigen Balken aus Eichenholz → Route 51 und Route 52.

51 Naturpark Bergstraße-Odenwald*

Route: Bensheim (115) – Reichenbach – Lindenfels – Reichelsheim – Gersprenz – Michelstadt – Amorbach – Ernsttal – Kailbach – Forsthaus auf Scheitelhöhe 555 – Beerfelden – Airlenbach – Affolterbach – Wald-Michelbach – Obermengelbach – Mörlenbach – Juhöhe – Heppenheim – Bensheim. 152 km.

Fahrtechnische Beurteilung: leicht bis mittel

Zeitaufwand: Tagestour

Als geeigneter AP bietet sich Bensheim an der Bergstraße, eine Stadt mit schönen, alten Fachwerkhäusern, an. Das Stadtmuseum befindet sich am historischen Marktplatz. In der 1. Septemberwoche findet regelmäßig das vielbesuchte Winzerfest statt. Im N der Stadt, die am Ausgang des Lautertales liegt, erhebt sich der Melibokus (517), dessen Aussicht von der Rheinebene beherrscht wird. – Auf der kurvigen B 47 gelangt man zunächst nach Reichenbach (200), einem Dorf zu Füßen des Felsberges (514) mit dem berühmten Naturdenkmal „Felsenmeer“; dieses ist ein Verwitterungsprodukt angesammelter Granitfelsen, welches während der Eiszeit freigelegt wurde. Von der Ortsmitte führt eine 1 km lange Zufahrt zum Großparkplatz mit Gaststätte, HT „Felsenmeer“.

Auf der „Nibelungenstraße“ berührt man im Vorderen Odenwald den Ort Lindenfels (364), der über dem Wernitztal liegt. Reichelsheim mit Schloß Reichenberg wird durchfahren, ehe die Gersprenzer Senke erreicht ist. Als nächstes Ziel wird auf der B 47 Michelstadt (208) angefahren. Markt und Rathaus bilden dort das klassische Bild einer mittelalterlichen Kleinstadt. Das Rathaus ist wegen seiner malerischen Fassaden aus massivem, altem Eichenholz sehenswert. Das Odenwald-Museum verfügt über Funde aus der Kelten- und Römerzeit. Interessierte Besucher können sich an den Exponaten des Spielzeugmuseums erfreuen.

Im Motorrad-Museum von Michelstadt sind Motorräder, Mopeds und Roller, die das Straßenbild der 50er Jahre bestimmten, u.a. eine stattliche Anzahl der schon legendären Marke Moto Guzzi sowie einige

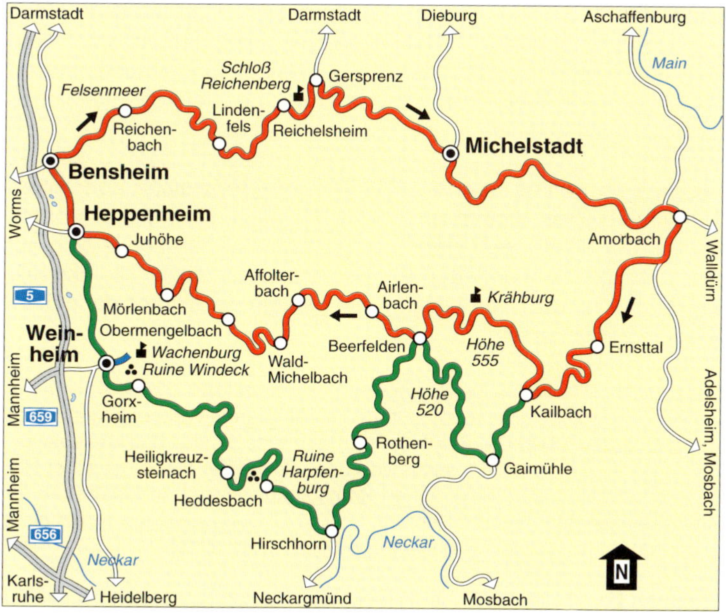

Skizze 51 Naturpark Bergstraße-Odenwald

Maschinen aus den 20er und 30er Jahren zu besichtigen. Geöffnet ist das Museum vom 15. März bis 15. November an Samstagen, Sonn- und Feiertagen, vom 1. Mai bis 30. September auch werktags, jeweils zwischen 10 und 18 Uhr.

Das weiter am Mudbach gelegene Amorbach (166) verkörpert ein altfränkisches Barockstädtchen. Die sehenswerte Abteikirche wartet auf ihrer Westfront mit einer Barockfassade aus rotem Sandstein auf. Im Kircheninneren zieht die große Barockorgel die Blicke auf sich. Alles in allem stellt sich Amorbach als ein Ort für Freunde von Kunst und Kultur dar.

In Amorbach verläßt man die „Nibelungenstraße“, um sich auf der „Siegfriedstraße“ über Ernsttal dem Limes mit Römerkastell und römischen Wachtürmen zuzuwenden. Die Tour führt dann über Kailbach auf landschaftlich reizvoller Strecke zum Forsthaus auf der Höhe 555 hinauf. N. des Scheitels hat man die Krähburg. Die Rampe hinab ins Tal der Mümling ist windungsreich. Kurz vor Beerfelden (427), das sich auf einer Hochfläche ausbreitet, mündet man in die B 45 ein, welche man aber bald wieder verläßt, um re. auf einer Verbindungsstraße über Airlenbach nach Affolterbach und Wald-Michelbach (346) zu gelangen.

Wenig weiter wählt man re. die Höhenstraße, welche über einen aussichtsreichen Rücken zur B 38 leitet und in diese n. von Mörlenbach (160) einmündet. Über Juhöhe erreicht man schließlich auf einer weniger frequentierten Straße Heppenheim bzw. das sehenswerte Lorsch (100). Nur einige wenige Kilometer sind es dann noch bis zum AP Bensheim.

Variante: Von Keilbach über Gaimühle nach Beerfelden. Gaimühle liegt nur wenig vom Katzenbuckel (626) entfernt, der bei klarem Wetter ein prächtiges Panorama vermittelt. Bei der Höhe 520 quert die Straße den Sensbacher Höhenrücken. Die L 3120, welche von Beerfelden über die Sensbacher Höhe in das Sensbachtal leitet, ist an Samstagen, Sonn- und Feiertagen für Krafträder gesperrt. Weitere Sperrungen sind im Odenwaldkreis derzeit nicht angeordnet. Plus 3 km. Fahrtechnische Beurteilung: mittel.

Variante: Von Beerfelden über Hirschhorn und durch das Gorxheimer Tal nach Heppenheim. Es handelt sich hierbei zwar um einen Umweg, welcher sich hauptsächlich zeitlich auswirkt, der sich jedoch, landschaftlich und fahrerisch betrachtet, durchaus lohnt. Die Hirschhorner Höhe mit dem Ort Rothenberg (490) bildet einen befahrbaren Rücken zwischen den Tälern des Gammels- und des Finkenbaches. Hirschhorn am Neckar liegt an der sehenswerten doppelten Flußschleife und hat den Beinamen „Perle des Neckartales“. Hinter Heddesbach am Laxbach darf man nahe der Ruine Harpfenburg li. die Abzw. des Verbindungssträßchens nach Heiligkreuzsteinach nicht versäumen. Auf der Anhöhe lädt die in einen Brunnen direkt neben der Straße gefaßte Hirschquelle mit ihrem herrlich kalten Trinkwasser zu einer Rast ein. Bergab geht es mit 11 % Gefälle durch Laubwald, ehe man die vorgegebene Route durch das Gorxheimer Tal nach Weinheim bzw. Heppenheim fortsetzt. – An der Bergstraße entfaltet der Frühling früher als anderswo seine Blütenpracht; hier kann man bereits Ende März blühende Mandelbäumchen antreffen. Plus 22 km. Fahrtechnische Beurteilung: mittel.

Abstecher: Von Weinheim zur Ruine Windeck und zur Wachenburg. Ein schmales, teilweise unübersichtliches Asphaltsträßchen leitet auf den ö. der Stadt gelegenen Burghügel. Zirka auf halbem Weg zweigt re. die kurze Zufahrt zur Ruine Windeck ab. Noch mehr Aussicht bietet jedoch die Wachenburg, der eine gern besuchte Gastwirtschaft angeschlossen ist. Hin und zurück 6 km. Fahrtechnische Beurteilung: mittel bis schwierig.

Bei **Reichelsheim** haben die B 38 und die B 47 einen gemeinsamen Verlauf, weshalb dort mit stärkerem Verkehrsaufkommen zu rechnen ist → Route 51, Naturpark Bergstraße-Odenwald.

Im sehr besuchenswerten **Motorrad-Museum Michelstadt** nehmen neben zahlreichen anderen Oldtimern die Maschinen der ruhmreichen Marke Moto Guzzi einen besonderen Stellenwert ein → Route 51 und Route 52.

Eine malerische Ansicht bietet das mittelalterliche Neckarstädtchen **Hirschhorn** mit seiner weitläufigen Burganlage aus dem 13. Jh. und der Stadtmauer → Route 51 und Route 52.

Die **Doppelschleuse in Hirschhorn** am Neckar hebt und senkt den Wasserspiegel für den Schiffsverkehr → Route 51 und Route 52.

Naturpark Neckartal-Odenwald* 52

Route: Heidelberg (114) – Leimen – Wiesenbach – Meckesheim – Waibstadt – Aglasterhausen – Neckarelz – Mosbach – Buchen im Odenwald – Hettigenbeuern – Hornbach – Rippberg – Schneeberg – Amorbach – Michelstadt – Erbach – Hetzbach – Beerfelden – Rothenberg – Hammelsbacher Hof – Hirschhorn – Neckarsteinach – Neckargemünd – Heidelberg. 180 km.

Fahrtechnische Beurteilung: leicht bis mittel

Zeitaufwand: Tagestour

Vom AP Heidelberg (114) zunächst auf der „Bergstraße", welche als s. Ausfallstraße der Stadt großzügig ausgebaut wurde, in den Vorort Leimen, wo man li. in die Verbindungsstraße durch das Tal der Elsenz abbiegt, um bei Wiesenbach die B 45 zu erreichen. Ihr folgt man dann nach S bis Meckesheim. Dort befindet sich die Endstation der Museumseisenbahn aus Richtung Neckar-Bischofsheim bzw. Aglasterhausen. Die Bezeichnung Museumseisenbahn ist insofern irreführend als dort keine Nostalgiezüge verkehren.

Dieser Strecke folgen wir auf der B 292 über eine Aussicht bietende Anhöhe hinab in das Neckartal, welches mit seinen ausladenden Talauen und alten Burgen überrascht. Wir überqueren aber nur den Fluß auf der Neckarbrücke hinüber nach Neckarelz (148). Unser nächstes Ziel ist das malerische Städtchen Mosbach (158) im Elztal. In der Hauptstraße, die jetzt als Fußgängerzone fungiert, gibt es bemerkenswerte Fachwerkbauten, unter denen das Palm'sche Haus am Marktplatz als das prunkvollste gilt.

Von Mosbach setzt man seine Fahrt auf der B 27 bis zur Straßenverzweigung bei Buchen im Odenwald (340) fort und benützt das Verbindungssträßchen, welches abseits des Hauptverkehrs über Hettigenbeuern nach Hornbach führt, um in Rippberg am Eiderbach wieder Anschluß an die „Nibelungenstraße" zu finden. Lohnend ist eine Besichtigung des Barockstädtchens Amorbach; unter den kulturellen Sehenswürdigkeiten sticht die Abteikirche mit ihrer Westfront aus rotem Buntsandstein hervor. – Auf der stark frequentierten B 47 überquert man in der Nähe des Wildparkes Eulbach, wo man Wildschweinfütterungen beobachten kann, den ehem. Limes mit dem Römerkastell und den römischen Wachthäusern.

Die Einmündung in die vielbefahrene B 45 erfolgt zwischen Michelstadt und Erbach, wo man die „Nibelungenstraße" wieder verläßt, um bis Beerfelden (427) bzw. dem Sattel von Hetzbach (288) der Mümling talauf zu folgen. – Ab Beerfelden, das sich auf einer Hochfläche ausbreitet, bietet sich das Sträßchen über die Hirschhorner Höhe nach Rothenberg (490) an, welches ganz dem Geschmack jener Motorradfahrer entspricht, die von einem Kurvenreichtum schwärmen! Unterhalb des Hammelsbacher Hofes mündet man, nur 2 km von Hirschhorn entfernt, in die durch das Tal des Finkenbaches herabziehende, normal breite Asphaltstraße ein. Schon alleine der Besuch des mittelalterlichen Städtchens Hirschhorn, das sich als „Perle des Neckartales" betrachtet, ist eine Reise wert.

Auf der Burgenstraße B 37 setzt man seine Rundtour über Neckarsteinach (127) bis zur Straßenbrücke von Neckargemünd fort, um dort die Uferseiten des Neckars zu wechseln. Neckarsteinach wartet mit einer gotischen Stadtkirche auf und wird von den vier Burgen der Ritter von Steinach überragt, weshalb der Ort den Beinamen „Vierburgenstädtchen" trägt. Neckargemünd (124) liegt an der Einmündung der Elsenz in den Neckar. Im O des Ortes befindet sich das für den Kurfürsten Karl Theodor errichtete Triumphtor.

Unterhalb des Schlosses erfolgt die Einfahrt in die sehenswerte Stadt Heidelberg, deren reizvolle Lage immer wieder in Studentenliedern zum Ausdruck kam. Das Heidelberger Schloß auf dem Jettenbühel war einst die Burg der Pfalzgrafen. Der Prachtbau wurde im 17. Jh. vollendet, jedoch durch einen Brand im Jahre 1764 größtenteils zerstört. – Zum Königsstuhl (568) leitet vom li. Neckarufer aus eine Bergbahn. Auf dem Gipfel stehen eine Wetterwarte und ein Fernsehturm mit einer Aussichtsplattform, zu der ein Lift hinaufführt. Man kann Blicke auf die Rheinebene von Speyer bis nach Worms genießen.

Variante: Von Hornbach über Hambrunn nach Schneeberg. Die von Motorradfahrern meist bevorzugte Alternativstrecke schneidet die ö. Abhänge des Winterberges (470). Sie führt durch eine landschaftlich ansprechende Gegend, verkürzt den Weg jedoch nur ganz gering. Minus 1 km. Fahrtechnische Beurteilung: mittel.

Skizze 52 Naturpark Neckartal-Odenwald

Abstecher: Von Neckargemünd zur Feste Dilsberg. Vorsicht ist bei der ampelgeregelten, engen Ortsdurchfahrt geboten! Der reizvolle Ort Dilsberg liegt auf einem Bergsporn li. des Neckars. Die ehem. Bergfestung ist heute Ruine und gewährt vor allem Ausblicke auf den Neckar. Hin und zurück 10 km. Fahrtechnische Beurteilung: mittel.

Abstecher: Von Neckarelz nach Neckarzimmern. Der besuchenswerte Ort Neckarzimmern mit der Burg Hornberg liegt nur 3 km s. von Neckarelz. Die Burg Hornberg ist zweifellos eine der schönsten und interessantesten des Neckartales. Von ihrem Bergfried läßt sich eine prächtige Aussicht genießen. Im Turmzimmer ist ein kleines Götz-Museum eingerichtet. Hin und zurück 6 km. Fahrtechnische Beurteilung: leicht.

Nützlich für den Notfall ist die Vervollständigung des **Bordwerkzeuges** mit einem Reifenreparaturset, Montierhebel, Luftdruckmesser und einer Luftpumpe.

53 Neckartal, Odenwald, Taubertal*

Route: Eberbach (131) Gaimühle – Kailbach – Ernsttal – Kirchzell – Amorbach – Miltenberg – Eichenbühl – Neunkirchen – Vockenrot – Wertheim – Kloster Bronnbach – Gamburg – Tauberbischofsheim – Hardheim – Walldürn – Waldhausen – Limbach – Robern – Waidbrunn – Oberdielbach – Eberbach. 168 km.

Fahrtechnische Beurteilung: leicht bis mittel

Zeitaufwand: Tagestour

AP für die abwechslungsvolle Rundtour ist der verkehrsbedeutende Ort Eberbach (131) am Neckar, wo man die „Burgenstraße" verläßt, um in das windungsreiche Tal der Itter nach Gaimühle (168) am Fuß des Katzenbuckels (626) zu gelangen; die höchste Erhebung des Odenwaldes ist nur von S her, nämlich von Strümpfelbrunn aus, anfahrbar. – Die Straße wird bis Kailbach vom Schienenstrang der Bahn begleitet. In Kailbach trifft man auf die „Siegfriedstraße", welche von Hesseneck durch das Tal des Eulerbaches herabzieht. Auf dem Weg nach Amorbach überschreitet man im N des Kinzert (553) den Limes mit Fundamenten von ehem. römischen Grenzanlagen. Ernsttal (280) und Kirchzell werden durchfahren.

Das vielbesuchte Städtchen Amorbach lädt zu einem Aufenthalt und zur Besichtigung der sehenswerten, zweitürmigen Abteikirche mit der berühmten Barockorgel ein, welche im Sommer Mittelpunkt von Orgelkonzerten ist. – Von Amorbach hat man bis Miltenberg am Main (434) nur knapp 10 km auf der vorzüglichen „Nibelungenstraße" zurückzulegen. Die mittelalterliche Kleinstadt liegt reizvoll zwischen Odenwald und Spessart. Die beiden Waldgebirge werden durch den Lauf des Mains, der dort das w. Eck des bekannten Mainvierecks bildet, voneinander geschieden. Der mit Fachwerkhäusern umsäumte Marktplatz von Miltenberg wird im Volksmund auch „Schnatterloch" genannt. Am Mainufer hat die Schiffahrt eine Anlegestelle.

Zur Weiterfahrt nach Wertheim benützt man Nebenstraßen, welche die aussichtsreichen Hochflächen von Neunkirchen und Vockenrot queren. In Miltenberg folgt man zunächst in ö. Richtung dem Erfbach

Auf dem **Katzenbuckel**, welcher mit 626 m die höchste Erhebung des Odenwaldes ist, läßt sich der aus Stein gebaute Aussichtsturm erkennen → Route 53, Neckartal, Odenwald, Taubertal.

Die heute größtenteils als Ruine geltende, ehem. **Feste Dilsberg** gewährt gute Ausblicke auf den Neckar → Route 52, Naturpark Neckartal-Odenwald.

Skizze 53 Neckartal, Odenwald, Taubertal

bis Eichenbühl, 8 km, und hat dort li. den Beginn des Anstieges zur Höhe 365. An der Straßenteilung hält man sich re. und folgt der Beschilderung nach Wertheim (145). Die Stadt ist an der Mündung der Tauber in den Main entstanden und zählt heute zirka 20.000 Einwohner. Die Besichtigung des Glasmuseums kann empfohlen werden. Von touristischer Bedeutung ist vor allem die Schiffahrt sowohl auf dem Main als auch auf der Tauber wegen ihres lieblichen, mäanderartigen Verlaufes.

Auf dem Weg nach Tauberbischofsheim gelangt man am rechtsufrig gelegenen Kloster Bronnbach vorbei. Gamburg liegt auf dem gegenüberliegenden Ufer. – Das liebliche Taubertal gilt als eine der schönsten Flußstrecken Deutschlands, nicht nur für Radfahrer, sondern auch für Motorradfahrer. Die Stadt Tauberbischofsheim wartet mit dem tauberfränkischen Landschaftsmuseum im Kurmainzischen Schloß auf. Im rustikalen Schloßkeller wird der begehrte tauberfränkische Wein ausgeschenkt.

Die Stadt **Wertheim** liegt an der Mündung der Tauber in den Main; ihre Burg wurde während des 30-jährigen Krieges mehrfach zerstört → Route 53, Neckartal, Odenwald, Taubertal.

Zwischen Odenwald und Spessart liegt an der „Nibelungenstraße" die mittelalterliche Kleinstadt **Miltenberg am Main**. Der schmucke Marktplatz wird im Volksmund auch „Schnatterloch" genannt → Route 53 und Route 54.

Von Tauberbischofsheim schließt sich auf der B 27 die Fahrt durch das sogenannte „Madonnenländchen“ an. Man berührt Hardheim mit seinem ehem. Wasserschloß. Einen Besuch verdient dort das Heimat- und Landschaftsmuseum in der früheren Zehntscheune. Die Verbindung von historisch Gewachsenem mit moderner Architektur vermittelt ein freundliches Stadtbild. Man findet dort Tradition und Fortschritt in harmonischem Miteinander. – Die „Siegfriedstraße“ verläßt man im benachbarten Ort Walldürn (398); seine Wallfahrts-Basilika zum hl. Blut ist einer der schönsten Barockbauten im Rhein-Main-Gebiet. Die Stadt kann auf eine 1200-jährige Geschichte zurückblicken. Im Ortsteil Gottersdorf ist das Odenwälder Freilichtmuseum von Interesse. Auch verfügt die Stadt über ein Elfenbeinmuseum.

Unsere vorgegebene Route leitet am romantischen Städtchen Buchen im Odenwald mit seiner mittelalterlichen Stadtbefestigung vorbei und wechselt bei Waldhausen ihre bisherige Richtung. Sie leitet über wenig frequentierte Nebenstraßen durch Limbach, Robern und den Waldbrunner Siedlungsraum nach Oberdielbach und zurück zum Straßenknoten Eberbach.

Variante: Von Miltenberg am Main über Freudenberg nach Wertheim. Die „Nibelungenstraße“, welche das li. Mainufer benützt, ist Trägerin des Hauptverkehrs am s. Punkt des Mainvierecks. Das uralte Mainstädtchen Freudenberg, welches sich eng an die Ausläufer des Odenwaldes anschmiegt, sollte man nicht ohne einen „Zwischenstopp“ durchfahren, denn seine malerischen Fachwerkhäuser und die winkeligen Gäßchen sind eine nähere Betrachtung inmitten landschaftlicher Schönheiten wert! – Über die Mainbrücke läßt sich dort auch das Ufer wechseln, sodaß man auf der rechtsufrigen „Bocksbeutelstraße“ über Stadtprozelten ebenfalls nach Wertheim gelangen kann. – Plus 2 km. Fahrtechnische Beurteilung: mittel.

Abstecher: Aus dem Waldbrunner Siedlungsraum leitet ein asphaltiertes Sträßchen über Strümpfelbrunn hinauf zum Katzenbuckel (626), welcher der höchste Berg des Odenwaldes ist; auf ihm steht ein Aussichtsturm aus Stein. Die Straße endet am Parkplatz beim Gh. „Turmschenke“; von dort sind es noch 12 Gehmin. zum Turm. – Zurück wird man den Weg direkt nach Oberdielbach (490) nehmen, wo man wieder auf die Hauptroute trifft. Hin und zurück 8 km. Fahrtechnische Beurteilung: mittel.

Verkehrswege sind ständigen Veränderungen unterworfen. Hinweise für Berichtigungen und eventuelle Ergänzungsvorschläge sowie attraktive Fotos bzw. Dias nimmt unsere Redaktion stets dankend entgegen.

 Denzel-Verlag, Maximilianstraße 9, A-6020 Innsbruck

Spessart

Das waldreiche Gebirge zwischen Main und Kinzig besteht vorwiegend aus Buntsandstein über einem kristallinen Sockel. Es gipfelt im „Naturpark Bayerischer Spessart“ mit der anfahrbaren Geißhöhe (520), der Schneckenhöhe (510), dem Geierskopf (548), dem Hohen Knuck (539) und dem Hengstkopf (518). Die meisten der genannten Berge sind nur teilweise anfahrbar und bieten wegen der umliegenden Wälder kaum eine lohnende Aussicht. Im allgemeinen herrschen Buchenwälder vor, im Hochspessart gibt es auch bemerkenswerte Eichenbestände. Der sich nördlich von Aschaffenburg erstreckende Vorspessart ist ein fruchtbares Hügelland, aus dem der anfahrbare Hahnenkamm mit seinem Aussichtsturm (436) und die Stempelhöhe (422) bei Alzenau herausragen. Während das Land Bayern den Löwenanteil des Spessarts innehat, wurde der Nördliche Spessart, welcher von der „Spessart-Höhenstraße“ durchmessen wird, dem Land Hessen zugeordnet. – Als wohl wichtigste Verkehrsader im Spessart gilt die A 3 Würzburg–Frankfurt, welche das Waldgebirge in seiner gesamten Ausdehnung durchschneidet. Ihr Scheitelpunkt liegt beim Großparkplatz „Rohrbrunn“. Trotz der langen Steigungs- bzw. Gefällestrecken und dem starken Verkehrsaufkommen verfügte diese Gebirgsautobahn im Bj. nur über je zwei Fahrspuren, sodaß Kolonnenbildungen zur Tagesordnung zählten. Als dicht kann man das touristische Straßennetz im „Naturpark Bayerischer Spessart“ bezeichnen. Innerhalb des Mainviereckes hat der Straßenverkehr beim Großparkplatz der A 3 in Rohrbrunn seinen Mittelpunkt. Im „Naturpark Hessischer Spessart“ hingegen läßt sich die Situation etwas lockerer beurteilen. Die A 66 bildet eine wichtige Verkehrsverbindung zwischen Frankfurt/Main und Fulda; sie kann als n. Tangente des Naturparks angesehen werden und entlastet dessen Straßennetz. Ohne Zweifel wird der Großsiedlungsraum um Frankfurt stets ein starker Verkehrserreger bleiben.

Interessante Ausblicke auf Großheubach und den Main vermittelt die **Kloster-** und **Wallfahrtskirche Engelberg** → Route 54, Rund um den Naturpark Bayerischer Spessart.

In **Großheubach** mit seiner engen Ortsdurchfahrt lenkt das Alte Rathaus, ein Fachwerkbau aus dem Jahr 1612, den Blick auf sich → Route 54, Rund um den Naturpark Bayerischer Spessart.

Rund um den Naturpark Bayerischer Spessart* 54

Route: Aschaffenburg (138) – Haibach – Oberbessenbach – Hessenthal – Mespelbrunn – Heimbuchenthal – Sommerau – Eschau – Mönchberg – Röllbach – Großheubach – Miltenberg – Freudenberg – Fechenberg – Stadtprozelten – Faulbach – Hasloch – Schollbrunn – Rohrbrunn – Höhe 455 – Höhe 414 – Laufach – Hösbach – Goldbach – Aschaffenburg. 120 km.

Fahrtechnische Beurteilung: mittel

Zeitaufwand: Halbtagestour

Die Stadt Aschaffenburg präsentiert sich mit ihren zirka 60.000 Einwohnern als nw. „Pforte zum Spessart". Sie ist das Verkehrs-, Kultur- und Wirtschaftszentrum am Untermain. Über dem Fluß erhebt sich Schloß Johannisburg, ein großartiges und von weither sichtbares Wahrzeichen aus der Spätrenaissance, welches eine bedeutende Gemäldesammlung in sich birgt. Das Rosso-Bianco-Automuseum hat sich ganz auf zweisitzige Fahrzeuge spezialisiert und ist mit über 200, teilweise sehr seltenen sportlichen Wagen das weltgrößte seiner Art; geöffnet April bis Oktober außer montags täglich von 10 bis 18 Uhr, November bis März nur sonntags und an einigen Feiertagen.

Die Stadtausfahrt leitet vom Schloß auf der B 8 zunächst in den Vorort Haibach und berührt dann Oberbessenbach. In Hessenthal (293) darf man re. die Abzw. der Straße durch das Elsavatal nicht versäumen. Das noch von Eichenbeständen umgebene Mespelbrunn, heute ein gern besuchter Urlaubsort, wartet mit seinem berühmten Wasserschloß auf. Die Zufahrt dorthin befindet sich im S des Ortes und wendet sich nach O. Über Heimbuchenthal gelangt man auf der Elsavatalstraße, die ein Glied der „Deutschen Ferienstraße Alpen-Ostsee" ist und mitten durch den Naturpark führt, nach Sommerau und Eschau.

Man fährt durch das Tälchen des Aubaches hinauf nach Mönchberg, das von der Sendeanlage auf der Anhöhe 512 beherrscht wird. Nun schlägt man den direkten Weg nach S ein, welcher auf landschaftlich reizvoller Strecke über Röllbach und den Heidenhöger (261) hinab in den Weinort Großheubach am Main führt; vom nahen Franziskanerkloster Engelberg genießt man eine bemerkenswerte Aussicht auf das Maintal. Wir setzen unsere Tour auf dem re. Mainufer fort.

Blick von der Fährstelle Mondfeld links des Mains auf das gegenüberliegende Ufer mit **Stadtprozelten** und der Ruine Henneburg → Route 54, Rund um den Naturpark Bayerischer Spessart.

Das romantische **Wasserschloß Mespelbrunn** zieht stets viele Besucher an; Führungen zur Besichtigung der Innenräume werden angeboten. Leider verzichtete die Verwaltung im Bj. darauf, außerhalb des Gasthauses Sitzbänke aufzustellen → Route 54, Rund um den Naturpark Bayerischer Spessart.

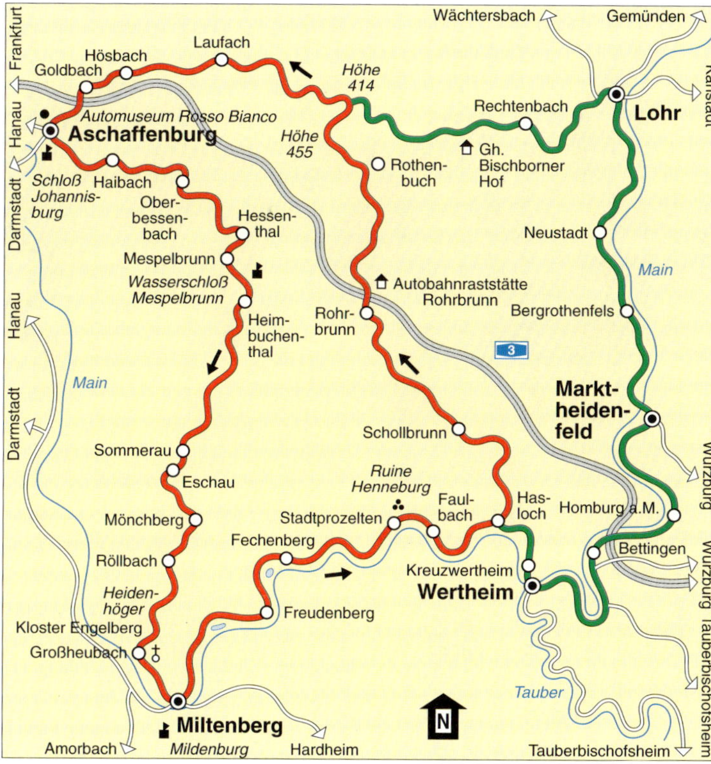

Skizze 54 Rund um den Naturpark Bayerischer Spessart

An der Stelle, wo Spessart und Odenwald sich über dem Fluß gleichsam die Hände reichen, wurde die Stadt Miltenberg (127) erbaut; sie wird von der Mildenburg überragt. In der Kreisstadt lohnt sich allemal ein Spaziergang über den Marktplatz, welcher als Kleinod mittelalterlicher Baukunst gelobt wird. – Bis Freudenberg bleibt man auf der „Nibelungenstraße“. Um dem Durchzugsverkehr nach Wertheim auszuweichen, wechselt man in Freudenberg die Uferseite und setzt seine Fahrt re. des Mains, begleitet vom Schienenstrang der Bahn, über Fechenberg, Stadtprozelten und Faulbach nach Hasloch fort. Die Henneburg oberhalb von Stadtprozelten zählt zu den größten und besterhaltenen Burgruinen des Maintals.

Blick von der Willigisbrücke in **Aschaffenburg** auf das am Main gelegene **Schloß Johannisburg**, einen Renaissance-Prachtbau → Route 54, Rund um den Naturpark Bayerischer Spessart.

In Hasloch findet man Anschluß an die weniger frequentierte, waldgesäumte Verbindungsstraße über Schollbrunn hinauf zur Autobahnraststätte bzw. zum „Großparkplatz Rohrbrunn“ an der Scheitelstrecke der A 3 Würzburg–Frankfurt. Bei Rohrbrunn (464), wo einst das berühmt-berüchtigte „Wirtshaus im Spessart“ stand und durch seine romantische Räubergeschichte von Wilhelm Hauff in aller Welt bekannt wurde, erwarten heute moderne Raststätten, Motels und zahlreiche Parkplätze den motorisierten Touristen. Nicht weit von dort erhebt sich im NO der Geiersberg, mit 585 m die höchste Erhebung des Waldgebirges.

Um auf die B 26 zu gelangen, setzt man seine Fahrt auf der stark bewaldeten Nebenstraße in Richtung Rothenbuch fort. Sie leitet w. an den Ausläufern des Geiersberges vorbei, umgeht Rothenbuch (366) im S und mündet bei der Höhenmarke 455 in die U 44 ein. Wenig weiter trifft man auf die B 26 und quert auf ihr den breiten Rücken der Eselshöhe. Zurück nach Aschaffenburg sind es dann nur noch 15 km. Auf der stark frequentierten Strecke durchfährt man die Orte Laufach, Hösbach und Goldbach, ehe man die sehenswerte Stadt am Main erreicht.

In **Aschaffenburg** ist der Besuch des **Rosso-Bianco-Automuseums** mit seinen zirka 200 Exponaten ein einmaliges Erlebnis → Route 54, Rund um den Naturpark Bayerischer Spessart.

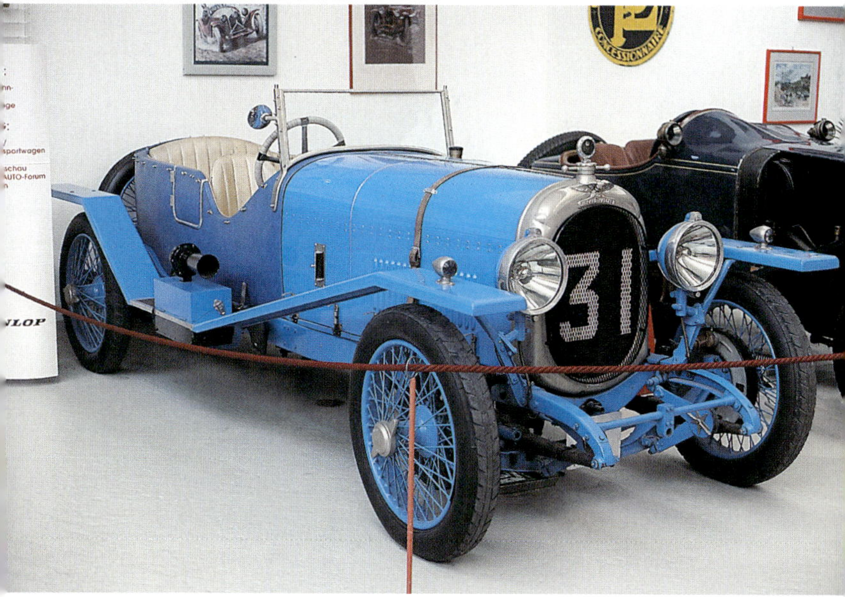

Das „**Rosso-Bianco**“ hat sich auf zweisitzige Sportwagen spezialisiert, verfügt aber auch über einen Schauraum mit Motorrädern → Route 54, Rund um den Naturpark Bayerischer Spessart.

Die **Spessart-Höhenstraße** ist sowohl landschaftlich als auch fahrtechnisch reizvoll; S-Kurve zwischen Flörsbach und Wiesen → Route 55, Spessart-Höhenstraße und Hessischer Spessart.

Gewundene Wiesentäler, die durch niedere Hügel begrenzt werden, zeichnen die Landschaft wie hier zwischen **Burgjoß** und **Mernes** → Route 55, Spessart-Höhenstraße und Hessischer Spessart.

Variante: Von Hasloch über Marktheidenfeld und Lohr zur Straßenvereinigung (414) auf der Eselshöhe. Diese Alternativstrecke folgt dem sogenannten Mainviereck im O des Spessarts (Spechtswaldes). Die Route verläuft über Kreuzwertheim, Bettingen und Homburg a.M. nach Marktheidenfeld, wo man vom li. auf das re. Mainufer hinüberwechselt. Die nunmehr weniger frequentierte Uferstraße berührt den interessanten Ort Bergrothenfels, dann Neustadt mit seiner Klosterkirche und mündet nahe dem Zusammenfluß von Lohr und Main in der Stadt Lohr in die B 26 ein. Die von Wald umgebene Stadt Lohr bezeichnet sich selbst als „Spessarttor". Die gotische Stadtpfarrkirche, das Rathaus, das Schloß, in dem das Heimatmuseum mit sehenswerter Gläsersammlung untergebracht ist, und der wuchtige Stadtturm prägen das stimmungsvolle Stadtbild. – In dem vom Rechtenbach herabziehenden Tal fährt man hinauf zu den Häusern des Ortes Rechtenbach und folgt der B 26 zum Gh. „Bischborner Hof" (464), welches zwischen Hengstkopf und Hirschberg (537) liegt. Wenig weiter vereinigt man sich schließlich auf der Höhe 414 wieder mit der vorgegebenen Hauptroute. Plus 34 km. Fahrtechnische Beurteilung: leicht bis mittel.

Spessart-Höhenstraße und Hessischer Spessart* — 55

Route: Steinau an der Straße (173) – Alsberg – Markberg – Schullandheim Wegscheide – Villbach – Wiesen – Jakobsthal – Steigkoppe – Sailauf – Laufach – Höhe 414 – Heigenbrücken – Krommenthal – Partenstein – Katharinenbild – Ruppertshütten – Bayerische Schanz a.d. Hermannskoppe (567) – Rengersbrunn – Fellen – Aura – Aura-Höhe (419) – Forsthaus Zieglerfeld – Burgjoß – Mernes – Marjoß – Bellingser Kreuz (380) – Steinau a.d. Straße. 137 km.

Fahrtechnische Beurteilung: mittel bis schwierig

Zeitaufwand: Halbtagestour

Ausgangsort dieser Route ist Steinau a.d. Straße, im O der Krinzigtalsperre gelegen. Man folgt der „Spessart-Höhenstraße", welche in der Steigkoppe (500) unweit von Jakobsthal ihren höchsten Punkt hat. Hinter Alsberg kommt man durch den ausgedehnten Bad-Orber-Forst und berührt am sö. Abhang des Markberges (516) einen weiteren Hochpunkt. Beim „Schullandheim Wegscheide" fährt man geradeaus weiter und behält bis in den Raum von Jakobsthal die Höhenlage zwischen 450 und 500 m bei!

Skizze 55 Spessart-Höhenstraße und Hessischer Spessart

S. von Sailauf trifft man auf die B 26 und folgt ihr bis zur Straßenkreuzung auf Höhe 414. Dort biegt man scharf li. in die Nebenstraße nach Heigenbrücken ein. Dieser Erholungsort im Hochspessart verfügt über ein modernes Rehabilitationszentrum. Bei Krommenthal überquert man das Tal des Aubaches und gelangt in Begleitung des Schienenstranges nach Partenstein (195) an der Lohr, der man talabwärts zirka 3.5 km folgt, um dann die B 276 zu verlassen.

Man biegt li. in den Fahrweg hinauf zum Katharinenbild ab; Achtung, im Bj. gab es an der Abzw. keine Beschilderung, nur die bereits von der Bundesstraße aus sichtbare Bahnunterführung diente als Orientierungshilfe. Bei dem überwiegend einspurigen Schottersträßchen in gutem Zustand handelt es sich um einen Privatweg der Stadt Lohr a.M., dessen Befahren auf eigene Gefahr und bis auf Widerruf gestattet ist; Geschwindigkeitsbeschränkung 40 km/h. Nach 3.9 km erreicht man mitten im Wald das etwas unscheinbare Katharinenbild, nach weiteren 4.8 km auf ein- bis knapp zweispurigem Erdsträßchen mündet man in die Straße nach Ruppertshütten ein und hat wieder Asphalt unter den Rädern.

An der Hermannskoppe (567), welche sich über dem Engpaß der Bayerischen Schanz erhebt, wird die Landesgrenze zwischen Bayern und Hessen überquert. Wir bleiben aber noch in Bayern und benützen die ruhige Verbindungsstraße über Rengersbrunn nach Fellen (230). Nun geht es bergan zur Aura-Höhe (419) und zum Forsthaus Zieglerfeld. Sämtliche benachbarten Orte, welche nunmehr angefahren werden, sind dem Bundesland Hessen zugeordnet. Es sind dies Burgjoß (300), Mernes und Marjoß. Vom ö. Ortsrand in Marjoß zweigt li. die Bergstraße zum Bellingser Kreuz ab, welche an den Abhängen des Kahlerberges mit Maxima von über 15% merklich ansteigt. Die Bellingser Aussichtswarte (343) steht re. neben der Straße. Auf einer Gefällestrecke fährt man schließlich hinab nach Steinau a.d. Straße ins Tal der Kinzig.

Variante: Von der Abzw. sw. des Ortes Wiesen über Geiselbach und Alzenau nach Sailauf. Diese kleine, aber sehr abwechslungsvolle Runde berührt die Fremdenverkehrsorte Großkahl und Kleinkahl, ehe sie nahe Huckelheim in die nach Geiselbach und Niedersteinbach führende Straße einmündet. Sie folgt dann der Kahl bis zur Stadt Alzenau mit ihrer spätgotischen Burg. Schließlich leitet sie fast rund um den Hahnenkamm und benützt bis Oberafferbach die „Bocksbeutelstraße". Über Johannesberg und Breunsberg weicht sie dem Ballungsraum von Aschaffenburg aus, um in Sailauf wieder unsere Hauptroute zu erreichen. Plus 41 km. Fahrtechnische Beurteilung: mittel.

Frösche haben Vorrang! Alljährlich im Frühjahr beginnen Frösche und Kröten in oft riesigen Gruppen zu den Tümpeln und Teichen ihres Lebensraumes zu wandern, um dort abzulaichen. Diese in manchen Fällen mehrere Kilometer langen Wanderungen von und zu den Laichgewässern führen häufig über dicht befahrene Straßen. So werden jedes Jahr Tausende Frösche und Kröten auf ihren Laichzügen zu Verkehrsopfern. Erdkröten und Grasfrösche sind vom Straßentod besonders stark betroffen. Diese Arten suchen zum Ablaichen nur jene Wasserstellen auf, wo sie selbst als Kaulquappen und Jungtiere aufgewachsen sind. Jahrelang ziehen die Tiere auf den ihnen bekannten, traditionellen Wanderrouten. Straßenneubauten können solche Laichwege völlig unterbrechen und dabei schwerste Schäden im Krötenbestand anrichten. Erdkröten wandern langsam, viele Weibchen tragen dabei bereits ihre Männchen auf dem Rücken. So benötigen sie z.B. zum Überqueren einer 7 m breiten Straße bis zu 20 Min.

Hohe Rhön und Vogelsberg

Das Mittelgebirge der Rhön reicht von Vacha im NO bis Hammelsburg im SW und ist kaum 100 km lang und zwischen Fulda und Meiningen in der Ausdehnung von W nach O nur halb so breit. Im N und O wird es von der Werra begrenzt, im S von der Fränkischen Saale, im W von Sinn und Fulda. Man unterscheidet zwischen Bayerischer Rhön, Hessischer Rhön und Thüringischer Rhön. S. der Werra zwischen Vacha und Wernshausen breitet sich die Vorderrhön aus, deren natürliche Fortsetzung nach O der Thüringer Wald ist. Schließlich wird auch noch der Begriff „Südrhön" gebraucht, womit der s. Teil der Bayerischen Rhön gemeint ist, mit Bad Brückenau im Mittelpunkt. – Die Rhön, deren Name keltischen Ursprungs ist, wurde früher als eine Art weltabgeschiedenes Sibirien betrachtet. Ihr Reichtum waren die weitläufigen Buchenwälder, an denen durch Jahrhunderte ein intensiver Raubbau betrieben wurde, um Ackerland zu gewinnen. Das Holz verwendete man hauptsächlich als Brennstoff in den Glashütten, in den Töpfereibetrieben und bei den Metallschmelzern. Den heutigen, teilweisen Wohlstand verdankt sie den Mineralquellen in den Rhönbädern, zu denen Bad Brückenau und das entferntere Bad Kissingen zählen. Letzteres wird auch als „fränkisches Karlsbad" bezeichnet. Die Bergnamen lauten nicht auf Spitze oder Gipfel, sondern auf Kuppe, Küppel und Kegel. Sowohl in der Rhön als auch am Vogelsberg enthalten die Berge vorwiegend Basalt, d.h. vulkanisches Gestein. – Im W der Rhön sind die sehr wichtigen Verkehrswege, vor allem die Autobahn A 7 Kassel–Würzburg und die DB-Hochleistungsstrecke Hannover–Würzburg zu nennen. Sie stellen die Abgrenzungen gegen das basaltreiche Mittelgebirge des Vogelsberges dar, dessen höchste Erhebungen der Taufstein (774) und der Hoherodskopf (763) sind. Der Vogelsberg wiederum ragt bis zum Rand des

Taunus auf und wird von ihm im W durch die „Hessische Senke“ mit den bekannten Orten Bad Nauheim und Giessen a.d. Lahn getrennt. Das „Hessische Bergland“, vor allem der Raum um Fulda, weist ein engmaschiges Straßennetz auf, welches jeden touristisch bedeutsamen Punkt ohne wesentliche Umwege und Mühen erreichen läßt.

Hohe Rhön* 56

Route: Fulda (257) – Hünfeld – Rasdorf – Geisa – Tann a.d. Rhön – Wendershausen – Simmershausen – Battenstein – Frankenheim – Leubach – Sennhütte a.d. Hochrhönstraße – Schwarzes Moor (804) – Bischofsheim a.d. Rhön – An den drei Kreuzen – Markt Wildflecken – Riedenberg – Bad Brückenau – Volkers – Speicherz – Motten – Döllbach – Fulda. 145 km.

Fahrtechnische Beurteilung: leicht bis mittel

Zeitaufwand: Tagestour

Die alte Bischofsstadt Fulda, im Talbecken des gleichnamigen Flusses, liegt zwischen den Vorbergen der Rhön und des Vogelsberges eingebettet. Unter den zahlreichen Sehenswürdigkeiten soll man eine Besichtigung der Michaeliskirche, welche noch aus der karolingischen Zeit stammt und mit ihrer Rotunde und Krypta zu den ältesten (Anfang des 9. Jh.) Kirchen Deutschlands zählt, nicht versäumen. Weiters bieten sich an: das Barockschloß Fasanerie Adolphseck mit wertvollen Sammlungen von Gobelins, Porzellan und antiken Skulpturen; es liegt im SO der Stadt, seine Zufahrt mißt 7 km, sowie Petersberg im O der Stadt, dorthin sind es 4 km. Interessierten Besuchern steht das Deutsche Feuerwehrmuseum offen.

Von Fulda (257) leitet die vorgegebene Tour auf der stark frequentierten B 27 zunächst nach Hünfeld, wo man auf die B 84 überwechselt, um nach Rasdorf zu gelangen. Dort biegt man re. in die Nebenstraße nach Geisa ein und trifft 5 km weiter auf die B 278, welche dem Lauf der Ulster talein folgt. In Tann a.d. Rhön (390) gibt es das Rhöner Museumsdorf zu besichtigen. – Wir verlassen bei Wendershausen die Hauptstraße, um auf der reizvollen Nebenstra-

Eine Besonderheit des Segelflugplatzes auf der **Wasserkuppe (950)**: die Start- und Landebahn quert die Straße; bei Bedarf erfolgt eine Regelung mittels Schranken → Route 56, Hohe Rhön.

Auffahrt zur **Wasserkuppe** von Süden; interessant ist auf dem Segelfliegergelände auch ein Besuch des Segelfliegermuseums, in dem zirka 60 Exponate aus den Jahren 1920 bis 1954 gezeigt werden → Route 56, Hohe Rhön.

ße nach Simmershausen (584) zu kommen. Die schmale Straße führt zwischen den Abhängen von Auersberg (757) und Buchschirmberg (745) hindurch und trifft beim Weiler Battenstein li. auf die Nebenstraße nach Frankenheim (789) und Leubach. In letzterem Ort ändert man seine Fahrtrichtung nach SW, um auf der „Hochrhönstraße" über die Sennhütte und am Rande des Schwarzen Moores das „NSG Lange Rhön" zu durchmessen. Das Schwarze Moor, ein herrliches Biotop, ist ein zirka 60 ha umfassendes Gebiet mit einer Höhenlage zwischen 700 und 800 m; es entwässert nach O.

Die Weiterfahrt vollzieht man zwischen Heidelstein (926) und Dentschberg (778) auf der „Hochrhönstraße" hinab in den hübsch gelegenen Ort Bischofsheim a.d. Rhön (447), Straßenknoten und auch Endstation der von Bad Neustadt (243) heraufziehenden Bahnlinie. – Man setzt s. von Bischofsheim seine Rundtour mit einer Steigungsstrecke fort und kommt auf dem Weg nach Wildflecken bei der Abzw. „An den drei Kreuzen" der li. beginnenden Zufahrt zum Kloster Kreuzberg, HT, → Abstecher, vorüber. – Leider ist das landschaftlich hervorstechende Gebiet um Neuwildflecken mit seinen relativ hohen Erhebungen wie z.B. der Dammersfeldkuppe (928) ein militärisches Sperrgebiet. In diesem Raum befindet sich auch das Wallfahrtskirchlein Maria Ehrenberg (774).

Die Touristenstraße senkt sich am Abhang des Großen Auersberges hinab in das Sinntal. Ehe man in den Kurort Bad Brückenau gelangt, unterfährt man einen Viadukt der A 7. Bad Brückenau (332) ist ein Staatsbad mit drei Heilquellen gegen Nieren- und Blasenleiden und liegt waldumsäumt im Wiesental der Sinn. Auch die Stadt selbst verfügt über ein Heilbad, welches speziell bei Stoffwechselleiden aufgesucht wird. Eine gute Aussicht in die Umgebung vermittelt sowohl das Kirchlein auf dem Volkersberg (538) als auch der Dreistelzberg (660) im S der Stadt, Zufahrten → Abstecher. – Die vorgegebene Route zurück nach Fulda leitet auf der nur mäßig frequentierten B 27 über Speicherz, Motten und Döllbach.

Variante: Von Wendershausen bei Tann a.d. Rhön über die Milseburg, den „Hochrhönring" und die Wasserkuppe zur „Hochrhönstraße". Man folgt zunächst der D 278 durch das enge Tal der Ulster bis Dörmbach, wo man auf den „Hochrhönring" trifft. Dieser setzt sich aus Bundes-, Landes- und Kreisstraßen zusammen und hat in seinem Grundriß die Form einer Ellipse. Während einer Umkreisung eröffnen sich stets neue Perspektiven. Die Fahrbahnbreite beträgt vorwiegend 7.5 m. Mehrere Parkplätze vervollständigen die touristischen Einrichtungen. – Hinter dem Bahnhof Milseburg hat man li. die Zufahrt zum Parkplatz Milseburg, dann noch 30 Gehmin. bis zum Gipfel (835) mit umfassender Aussicht.

Die abwechslungsvolle Variante wird auf schmalem Sträßchen über Danzwiesen, Kleinsassen nach Poppenhausen (446) fortgesetzt. Man wendet sich nunmehr nach O und fährt nach Abtsroda (694) hinauf. Jetzt bleibt man auf dem „Hochrhönring" und hat wenig weiter re. die Zufahrt in das Segelfliegergelände der Wasserkuppe (950) mit dem einzigartigen Segelfliegermuseum. – S. der Scheitelhöhe befinden sich Fuldaquelle und Guckaisee. Die B 284 tangiert den n. Rand des Roten Moores und leitet nach Ehrenberg (577). Bis zur Hochrhönstraße, welche sich im N des Heidelsteins (926) mit unserer Verbindungsstraße vereinigt, sind noch 5 km zurückzulegen. Plus 11 km. Fahrtechnische Beurteilung: mittel.

Variante: Von Leubach über Fladungen und Nordheim vor der Rhön zur Hochrhönstraße. In Fladungen, der Stadt an der Streu, verdient das Rhönmuseum einen Besuch. Man passiert den kleinen Ort Nordheim, der keine so bedeutende Sehenswürdigkeit wie sein Nachbarort Ostheim mit der Kirchburg aufweist. In Ostheim befindet sich auch der Rhön schönstes Rathaus mit Loggia und Türmchen. Unsere Route verläuft jedoch über Sondheim v.d. Rhön und Urspringen zur Thüringer Hütte, wo sie re. abbiegt, um an den Fuß der Rother Kuppe zu gelangen. 4 km weiter hat man dann die Einmündung in die „Hochrhönstraße". Plus 14 km. Fahrtechnische Beurteilung: mittel.

Abstecher: Vom ö. Abhang der Wasserkuppe hat man die kurze Zufahrt in das Segelfliegergelände und zum Segelfliegermuseum. Der Gleitflugsport in seiner ursprünglichen Form wird nur durch die Kraft des Windes ausgeübt, welche das Fluggerät bis zu den Wolken emporhebt. Im Sommer 1920 war Martens als einer der Pioniere in diesem Sport mit seinem „Vampyr" eine volle Stunde im Hangwind der Wasserkuppe gesegelt. Seit ein paar Jahren befinden sich auch Motorsegler im Einsatz, welche besonders bei Windflauten willkommene Impulse geben und dadurch mehr Sicherheit bieten können. Hin und zurück 1 km. Fahrtechnische Beurteilung: leicht.

Abstecher: Zirka 1 km ö. der Thüringer Hütte beginnt die Bergstraße auf die Rother Kuppe, welche eine gute Aussicht bietet. Hin und zurück 2 km. Fahrtechnische Beurteilung: mittel.

Abstecher: Von „An den drei Kreuzen" zum Kloster Kreuzberg. Die steile, jedoch zweispurige Auffahrt hinauf zum Kloster Kreuzberg mit seiner bekannten Klosterbrauerei hat mehr als 15% Steigung. Vom Parkplatz hat man bis zur Sendeanlage auf dem Gipfel (928) noch 15 Gehmin. Die Aussicht von diesem meistbesuchten Berg der Rhön ist berühmt. Hin und zurück 3 km. Fahrtechnische Beurteilung: leicht bis mittel.

Skizze 56 Hohe Rhön

Abstecher: Von Riedenberg zur Platzer Kuppe (734). Zur Anfahrt benützt man die B 286 bis zur Häusergruppe Platz. Der Anstieg nimmt von dort zirka 40 Min. in Anspruch, doch entschädigt eine umfassende Aussicht die aufgewandten Mühen. Hin und zurück 17 km. Fahrtechnische Beurteilung: leicht.

Auf der **Wasserkuppe**, einem bei Motorradfahrern überaus beliebten Ausflugsziel, tummeln sich nicht nur Segelflugzeuge, sondern auch Paragleiter und Drachenflieger. → Route 56, Hohe Rhön.

Die Umgebung der **Milseburg (835)** hat etliche bergauf-bergab führende Motorradstrecken zu bieten, bei denen auch die Kurvenfreuden nicht zu kurz kommen → Route 56, Hohe Rhön.

Abstecher: Von Bad Brückenau (332) auf den Dreistelzberg (660), welcher sich im S des Kurortes erhebt. Zur Anfahrt benützt man die B 27 und zweigt zirka 3 km außerhalb von Bad Brückenau re. ab, um nach Dreistelz zu gelangen. Von dieser Ausgangsbasis hat man noch zirka 20 Gehmin. Die Besteigung ist fast mühelos. Hin und zurück 10 km. Fahrtechnische Beurteilung: leicht.

Abstecher: Von Volkers auf den Volkersberg (538). Dieser bequem erreichbare Aussichtsberg erhebt sich im NW von Bad Brückenau. Man zweigt in Volkers von der B 27 li. ab und fährt bis zum Parkplatz vor dem Wallfahrtskirchlein hinauf. Hin und zurück 2 km. Fahrtechnische Beurteilung: leicht.

Vogelsberg* 57

Route: Fulda (257) – Giesel – Hosenfeld – Hauswurz – Weidenau – Gunzenau – Ober-Moos – Bermuthshain – Hartmannshain – Herchenhain – Sichenhausen – Breungeshain – Schotten – Abzw. Laubach – Freienseen – Bobenhausen – Ulrichstein – Lautertal – Stockhausen – Blankenau – Hainzell – Kleinlüder – Fulda. 126 km.

Fahrtechnische Beurteilung: leicht bis mittel

Zeitaufwand: Halbtagestour

Auf dieser vorgegebenen Runde um den Vogelsberg mit AP und EP Fulda bewegt man sich auf der Hinfahrt in der generellen Ost-West-Richtung, auf der Rückfahrt in umgekehrter Richtung. Die Kernlandschaft des Vogelsberges wird vom „Naturpark Hoher Vogelsberg“ gebildet, welcher im Taufstein (774) kulminiert und von einem Aussichtsturm gekrönt wird. Die „Ringstraße Hoher Vogelsberg“ verbindet mehrere Hochpunkte zwischen dem Schottenring und Eichenrod untereinander, von denen keiner unter der 500-Meter-Marke liegt; unter ihnen ragen Nesselberg (715), Taufstein, und Hoherodskopf (763) mit seinem imposanten Sendeturm besonders heraus. Wenig im S davon befindet sich die anfahrbare Herchenhainer Höhe (733) und der Sieben-Ahorn-Berg (755) im Oberwald. Das ausgebaute Straßennetz ist im Raum von Schotten besonders dicht, wozu auch das starke Vorkommen von Basalt beigetragen hat. – Der durch den Motorradsport bekannt gewordene Schottenring ist eine 16 km lange, vielgewundene Bergstrecke, welche mit 620 m in der nö. Schleife ihren höchsten Punkt erreicht.

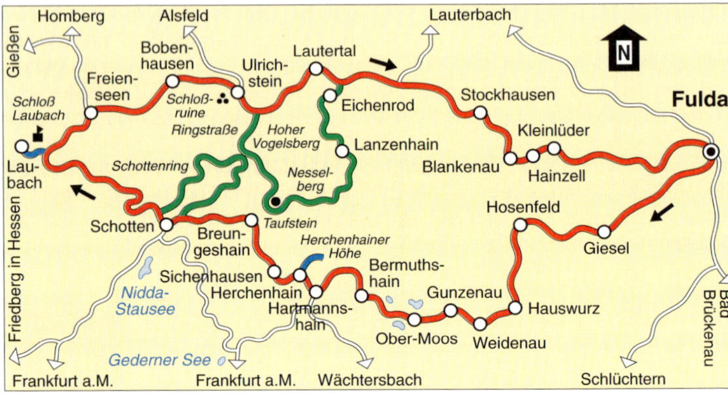

Skizze 57 Vogelsberg

Die Ausfahrt aus der sehenswerten, alten Bischofsstadt Fulda erfolgt durch das von der Giesel durchflossene liebliche Tal, dann durch den Ort Giesel hinauf nach Hosenfeld (374). Daraufhin geht es in s. Richtung weiter nach Hauswurz und Weidenau. Harst (555) und Naxburg (553) bewachen die ö. Eingangspforte in den „Naturpark Hoher Vogelsberg“. Das Sträßchen leitet zwischen mehreren kleinen Teichen hindurch, ehe man bei Bermuthshain (632) auf die B 275 trifft.

Im benachbarten Hartmannshain (524) folgt man der „Deutschen Ferienstraße Alpen-Ostsee“ über die n. Abhänge des Bilsteins (665) zur sehenswerten Stadt Schotten (282); einen Besuch verdienen hier die Liebfrauenkirche mit dem bekannten Tafelaltar, das Rathaus und das Vogelsberger Heimatmuseum. Im S des Ortes zieht der reizvoll gelegene Nidda-Stausee manchen Touristen an.

Die B 276 Richtung Laubach zieht in einem ausgedehnten Waldgebiet an zwei Forsthäusern vorüber und wendet sich kurz vor Laubach nach NO. In Freienseen verläßt man sie, um über Bobenhausen auf direkter Strecke nach Ulrichstein (570) weiterzufahren, dessen Wahrzeichen die Schloßruine ist. – Die Straße zurück nach Fulda verläuft nun bis zum Schlitzbach am n. Rand des „Naturparkes Hoher Vogelsberg“, um nach der Kreuzung mit der B 275 im S des Daretzköpfchens (439) nach Hainzell zu gelangen. Hügelauf und hügelab fährt man schließlich durch ein Waldgebiet und die Vororte der Stadt Ful-

Ein Dorado für Motorradfahrer ist das Straßennetz auf dem Vogelsberg. Blick vom Streckenabschnitt Gunzenhausen–Ober-Moos auf den **Nieder-Mooser Teich** → Route 57, Vogelsberg.

Der Vogelsberg wartet mit zwei interessanten Rundkursen auf: dem **Schottenring** und der **Ringstraße Hoher Vogelsberg**. Strecke zwischen Schotten und Götzen → Route 57, Vogelsberg.

Im „Naturpark Hoher Vogelsberg“ zählen der **Taufstein (774)** mit seinem Aussichtsturm und der **Hoherodskopf (763)** mit dem Sendeturm zu den markanten Erhebungen → Route 57, Vogelsberg.

da. Sämtliche, auf dieser Rundtour befahrenen Strecken weisen mit Ausnahme der stadtnahen Straßen schwache bis mittlere Frequenzen, jedoch keinerlei fahrtechnische Schwierigkeiten auf.

Variante: Schottenring. Vom Golfplatz Schotten Befahrung des Schottenringes bis zu seiner nö. Wende (620), eventuell auch in umgekehrter Fahrtrichtung je nach Tageszeit. HU 338 m. Plus 16 km. Fahrtechnische Beurteilung: leicht bis mittel.

Variante: Ringstraße Hoher Vogelsberg. Von der Abzw. sö. von Ulrichstein zunächst zum Schottenring-Wendepunkt (620). Um den Taufstein (774), dessen Aussichtsturm man vom Parkplatz in zirka 10 Gehmin. erreicht, herum und über den Nesselberg gelangt man nach Eichenrod, wo man wieder auf die Hauptroute trifft. Plus 17 km. Fahrtechnische Beurteilung: leicht bis mittel.

Abstecher: Von Herchenhain auf die Herchenhainer Höhe (733). Am Ende der Stichstraße befindet sich ein Wendehammer. Die Aussicht richtet sich nach S. Hin und zurück 2 km. Fahrtechnische Beurteilung: mittel.

Abstecher: Von der B 276 nach Laubach (202). Dort empfiehlt sich für eine Besichtigung vor allem das Schloß, welches ein Museum und eine Bibliothek beherbergt; bemerkenswert ist auch der Schloßpark. Stadtkirche und Marktbrunnen bieten beliebte Fotomotive. Hin und zurück 3 km. Fahrtechnische Beurteilung: leicht.

Taunus

Rheingaugebirge und Taunus lassen sich unter dem Sammelbegriff „Rheinisches Schiefergebirge“ zusammenfassen, dessen höchste Erhebung mit 880 m der anfahrbare Große Feldberg ist. Der Kleine Feldberg (826) mit seiner Wetter- und Erdbebenwarte befindet sich wenig weiter südlich davon. Der Taunus ist ein zirka 70 km langer Höhenrücken zwischen Rhein, Main, Lahn und Wetterau, worunter die Hessische Senke mit den Städten Gießen a.d. Lahn, Butzbach, Bad Nauheim, Gelnhausen u.a. zu verstehen ist. Die Ausläufer des Rheinischen Schiefergebirges reichen bis an die Lahn und werden durch die „Lahn-Ferienstraße“ von Limburg über Runkel nach Weilburg im N begrenzt. Gegen W bildet der Rhein die natürliche Grenze. Im Rheingaugebirge, dessen s. Abgrenzung im Raum zwischen Wiesbaden und Lorch der Rhein ist, überragt die Kalte Herberge (619) unweit der Ruine Mappen-Schanze alle übrigen Erhebungen dieses Gebirgsstockes. Der Taunus schließt im NO des Rheingaugebirges an. Als „Naturpark Hochtaunus“ wird das Gebiet zwischen der Lahn, Bad Homburg, Oberursel und Königstein bezeichnet. – Im W wird der Taunus von der A 3 Frankfurt–Köln durchmessen, welche den Anschluß an die Taunusstädte Idstein und Bad Camberg herstellt. Die ö. Ausläufer des Taunus werden von der A 5 Frankfurt–Alsfeld nur tangiert. In den touristischen Kerngebieten findet man ein engmaschiges und gut ausgebautes Straßennetz vor, zu dem im W die Wispertalstraße, im N die Hochtaunusstraße zählen. Sie bilden die wichtigsten Verbindungen zwischen den Orten im dicht besiedelten Gebiet. – Der Hochtaunus ist reich an touristischen Attraktionen; neben Zeugen historischer Vergangenheit, wie Burgen, Schlösser und Kirchen, gibt es Reste von keltischen bzw. römischen Befestigungsanlagen. Auch laden interessante Naturdenkmäler und abwechslungsvoll ausgestattete Museen zu einer Besichtigung ein. Weiträumige Wildgehege vermitteln Begegnungen sowohl mit der heimischen als auch teilweise mit der exotischen Tierwelt.

Wegen der üppigen Vegetation und des windungsreichen Verlaufes ist eine Fahrt durch das **Wispertal** sehr reizvoll → Route 58, Naturpark Rhein-Taunus mit dem Rheingaugebirge.

Malerisch ist das Ensemble von Baudenkmälern in der Altstadt von **Idstein:** Torbogengebäude, Rathaus und Hexenturm → Route 58, Naturpark Rhein-Taunus mit dem Rheingaugebirge.

Naturpark Rhein-Taunus mit dem Rheingaugebirge* 58

Route: Wiesbaden (117) – Eppstein – Fischbach – Ruppertshain – Königstein i.T. – Glashütten – Heftrich – Idstein – Görsroth – Hünstetten – Aarbergen – Reckenroth – Laufenselden – Heidenrod – Niedergladbach – Hausen v.d. Höhe – Kiedrich – Eltville – Wiesbaden. 123 km.

Fahrtechnische Beurteilung: leicht bis mittel

Zeitaufwand: Halbtagestour

Wegen seiner verkehrsgünstigen Lage wurde Wiesbaden (117) zum AP der Rundfahrt gewählt. Die Ausfahrt nach NO erfolgt auf der B 455. Bei der Anschlußstelle Wiesbaden-Niedernhausen quert man die A 3 und gelangt nach Eppstein (184) mit seiner Burgruine. Das Heimatmuseum ist vom 1. April bis 15. Oktober geöffnet. Das einst hier ansässige Raule-Automobil-Museum, in dem über 75, größtenteils noch fahrbereite Automobile und Motorräder ausgestellt waren, existiert leider nicht mehr. Im S erheben sich Judenkopf (410), im O der Staufen (451), beide sind als Aussichtsberge bekannt; letztgenannter verfügt über einen Aussichtsturm und eine Schutzhütte.

Vor Fischbach verläßt man die B 455 und benützt li. die Straße nach Ruppertshain, der man weiter nach Königstein i.T. (320) mit der ehem. Festung Königstein aus dem 13. Jh. (heute Ruine) folgt; Königstein war die gewaltigste Wehranlage im gesamten Taunus. Die Stadt ist ein heilklimatischer Kurort mit gepflegten Parkanlagen; sie birgt auch ein besuchenswertes Heimatmuseum in sich. – Im benachbarten Kronberg i.T. steht die Burg der Ritter von Cronberg. Einen Besuch verdienen dort die mittelalterliche Johanniskirche und der bekannte Opel-Zoo mit heimischen und exotischen Tieren.

Von Königstein setzt man die Fahrt auf der B 8 fort, an Glashütten vorbei, bis li. die Straße nach Heftrich abzweigt. Diese leitet dann zum nassauischen Städtchen Idstein (266) weiter, wo die Unionskirche, das Torbogengebäude, das reich verzierte Killingerhaus und der um 1355 erbaute Hexenturm zu den Hauptsehenswürdigkeiten der malerischen Altstadt mit ihren Fachwerkhäusern zählen. – Im W quert

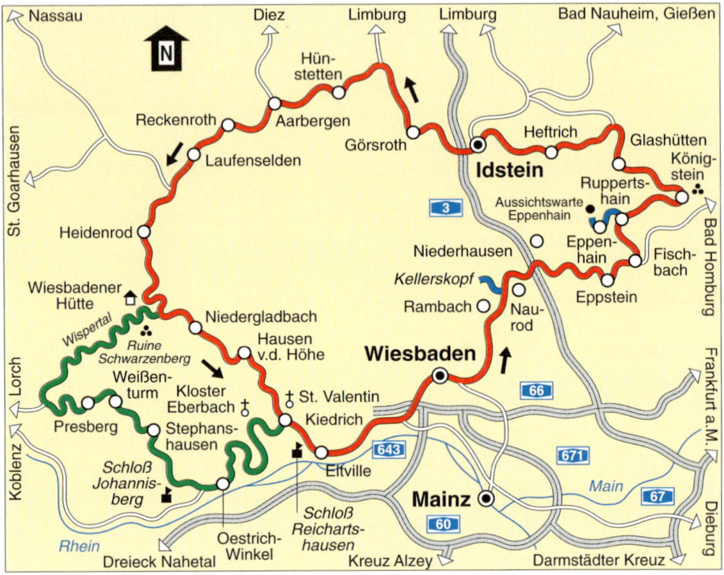

Skizze 58 Naturpark Rhein-Taunus mit dem Rheingaugebirge

man die A 3 und folgt der kurzen Verbindungsstraße nach Gorsroth an der B 417, früher auch als „Hühnerstraße" bez., bis li. die Straße nach Hünstetten bzw. Aarbergen abzweigt. Man trifft im Aartal auf die vielgewundene B 54, welcher man nur knapp 3 km folgt, um dann re. in die Straße nach Reckenroth und Laufenselden einzubiegen.

Im weiteren Verlauf wird die als „Bäderstraße" bez. B 260 überquert, um aus dem Raum Heidenrod in das enge Tal der Wisper hinabzufahren. Im Wispertal wurde für Motorräder die Geschwindigkeit auf 60 km/h begrenzt. Die vorgegebene Route kreuzt unterhalb der Wiesbadener Hütte im O der Ruine Schwarzenberg die Wispertalstraße und nimmt auf landschaftlich reizvoller Nebenstraße Kurs gegen Niedergladbach und Hausen v.d. Höhe.

Den Anschluß bildet die Bergstraße von Hausen (514) hinab in das ehem. mühlenreiche Rauenthal und durch die Talenge nach Kiedrich (165) mit seiner besonders sehenswerten, alten Pfarrkirche St. Valentin aus dem 14. Jh. Eltville (89) gilt als älteste Stadt des Rhein-

Blick vom **Schloß Johannisberg** über die Weingärten auf den Rhein; bei klarem Wetter reicht die Sicht bis nach Mainz → Route 58, Naturpark Rhein-Taunus mit dem Rheingaugebirge.

Eine kurvige Bergstrecke mit gut ausgeglichener Steigung leitet vom **Wispertal** auf das Hochplateau nach **Presberg** → Route 58, Naturpark Rhein-Taunus mit dem Rheingaugebirge.

gaues und wurde vor allem durch seine Wein- und Sektkellereien bekannt. Die Pfarrkirche und die Kurfürstliche Burg bieten sich als die wesentlichen Sehenswürdigkeiten der Stadt an. Zurück nach Wiesbaden wählt man die rechtsufrige B 42.

Die bedeutendsten Sehenswürdigkeiten von Wiesbaden sind das Staatstheater, das Kurhaus und diverse Museen, in unmittelbarer Umgebung sind der Neroberg (245) mit der Griechischen Kapelle und das Opelbad zu nennen. Im S der Stadt wird das Angebot durch eine Besichtigung von Schloß Biebrich erweitert, der Tierpark befindet sich am nw. Stadtrand nahe der Straße nach Taunusstein. Schläferskopf (454) und Hohe Wurzel (614) lohnen wegen ihrer Aussicht eine Besteigung. Die Aussichtswarte auf dem Schläferskopf ist von N her auch anfahrbar.

Variante: Von der Abzw. ö. der Ruine Schwarzenberg (225) durch das Wispertal in Richtung Lorch und von Presberg über Stephanshausen nach Kiedrich. Als verkehrsruhige Zone kann man den W des Rheingaugebirges betrachten, welcher von der vorgeschlagenen Variante erfaßt wird. Im engen Wispertal, dessen windungsreiche Straße für Motorräder nur Geschwindigkeiten bis 60 km/h erlaubt, fährt man von der Laukenmühle wisperabwärts bis nach 9 km li. die beschilderte Bergstraße nach Presberg abzweigt. Der Ort hat eine gute Aussichtslage. Wenig weiter gewinnt man bei Weißenturm die Scheitelstrecke, welche am Fuß des Hengstküppel (435) verläuft. Über Stephanshausen leitet die Straße nun bei merklichem Gefälle hinab zum sehenswerten Schloß Johannisberg mit seiner aus dem 12. Jh. stammenden Kirche; der ursprüngliche Bau wurde im 2. Weltkrieg durch einen Fliegerangriff zerstört und in den unmittelbaren Nachkriegsjahren wiederaufgebaut. Den weiteren Weg nimmt man über die B 42a teilweise auf der „Rheingauer Riesling-Route" und zweigt hinter dem Schloß Reichartshausen li. zum Kloster Eberbach ab. In Kiedrach mündet man wieder in die vorgegebene Hauptroute. Plus 31 km. Fahrtechnische Beurteilung: mittel.

Abstecher: Von der Abzw. bei Naurod auf den Kellerskopf (475). Wenig w. der B 455 zweigt von der Verbindungsstraße nach Rambach ein staubfreies, einspuriges Sträßchen zur Burgruine Kellerskopf mit dem gleichnamigen Gh. ab. Vom Turm genießt man gute Ausblicke in alle Richtungen. Hin und zurück 5 km. Fahrtechnische Beurteilung: leicht bis mittel.

Abstecher: Von Ruppertshain zur Aussichtswarte Eppenhain (507). Vorbei am Wandererparkplatz, führt das schmale, staubfreie Sträßchen zum hölzernen Aussichtsturm, wobei man der HT „Zum Grillplatz" folgt. Hin und zurück 2 km. Fahrtechnische Beurteilung: leicht bis mittel.

Modern ausgebaut präsentiert sich die Abfahrt vom Presberger Hochplateau über **Stephanshausen** nach Johannisberg → Route 58, Naturpark Rhein-Taunus mit dem Rheingaugebirge.

Aus Naturschutzgründen wurde über die **Wispertalstraße** für Motorräder eine Geschwindigkeitsbegrenzung von 60 km/h verhängt → Route 58, Naturpark Rhein-Taunus mit dem Rheingaugebirge.

Das besuchenswerte **Schloß Braunfels**, ein im Laufe von 800 Jahren entstandenes architektonisches Juwel, birgt Waffen, Gemälde, Gobelins u.v.a. → Route 59, Hochtaunusstraße.

Im Innenhof der weitläufigen Anlage von **Schloß Braunfels** beeindruckt der stattliche Bergfried den Besucher → Route 59, Hochtaunusstraße.

Hochtaunusstraße* 59

Route: Bad Homburg (197) – Oberursel – Sandplacken – Schmitten – Brombach – Hunoldstal – Erbismühle – Riedelbach – Dombach – Vogelpark Hochtaunus – Haintchen – Münster – Aumenau – Weilburg – Braunfels – Bonbaden – Brandoberndorf – Bodenrod – Usingen – Saalburg – Bad Homburg. 134 km.

Fahrtechnische Beurteilung: leicht bis mittel

Zeitaufwand: Halbtagestour

Das Kernstück „Hochtaunusstraße" gliedert sich in die Transit-Route, welche in Bad Homburg ihren Ausgang nimmt und in Bad Camberg endet, sowie in die Touristik-Route, welche ebenfalls in Bad Homburg vor der Höhe beginnt und einen mehr östlichen Verlauf nimmt. Sie folgt dem Lauf der Weil bis zu ihrem Zusammenfluß mit der Lahn im Raum von Weilburg. Im Hochtaunuskreis wurden für Motorisierte zirka 200 Parkplätze angelegt, wovon sich mehrere im Umfeld von Schutzhütten befinden. Der Waldanteil im Hochtaunuskreis beträgt zirka 50%. Im Weiltal wurden mehrere ehem. Mühlen zu rustikalen Gasthäusern umgebaut. Unsere vorgegebene Runde berücksichtigt die touristisch bedeutsamsten Strecken für Motorradfahrer.

Bad Homburg v.d.H. (197) war ehem. Residenz der Landgrafschaft Hessen-Homburg. Der „Weiße Turm" ist ein freistehender Bergfried in Butterfaßform und gilt als Wahrzeichen der Stadt. Die Bez. „vor der Höhe" wird in Verbindung mit manchen Ortsnamen gebraucht und bezieht sich auf die Taunus-Hochfläche, welche in einer Lage von zirka 400 m einen markanten Rücken bildet. Die größten Erhebungen sind der Große Feldberg (880), der Kleine Feldberg (826) und der ebenfalls benachbarte Altkönig (798) mit seiner Steinkrone, welche aus keltischen Ringwällen herrührt. Diese Dreiergruppe kann man von mehreren Standorten aus erblicken; sie dient vor allem den Wanderern als willkommene Orientierung.

Über Oberursel fährt man zunächst auf der „Hochtaunusstraße" zum Straßenknoten von Sandplacken (669) hinauf, dann geradeaus nach Schmitten weiter. Im Tal der Weil gelangt man über Brombach nach

Hunoldstal. An der Erbismühle verläßt die „Hochtaunusstraße“ das Tal der Weil, um sich Bad Camberg zuzuwenden. – Wir fahren jedoch nicht in das mittelalterliche Städtchen mit seiner Stadtmauer und seinen Türmen hinein, sondern biegen kurz vorher re. in das Sträßchen nach Dombach ein, welches zur „Vogelburg“ mitten im „Naturpark Hochtaunus“ hinaufführt. Dieser mit viel Idealismus geführte Vogelpark versteht sich hauptsächlich als Pension und Ruhesitz für zirka 500 Papageien. Für Besucher geöffnet ist er Mitte März bis Mitte November täglich zwischen 10 und 19 Uhr, den Rest des Jahres nur an Sonn- und Feiertagen.

Es folgt nun die Abfahrt nach Haintchen und Münster im Laubusbachtal. In Aumenau trifft man auf die „Lahn-Ferienstraße“, der man über die sogenannte „Hohe Straße“ auf einem Rücken zwischen Lahn- und Weiltal nach Weilburg (172) folgt. Bei Weilburg fließt die Lahn durch einen Schiffstunnel, der in Deutschland einzigartig ist; er wurde in den Jahren 1844-1847 erbaut. Seine Doppelkammerschleuse gleicht einen HU von 4,65 m aus.

Einen Besuch von Schloß, Schloßkirche und Schloßgarten bietet die Stadt Weilburg an, welche auch über ein Heimatmuseum verfügt. Der Tiergarten Weilburg nimmt eine Fläche von 92 ha ein. Zu seinem Bestand zählen Wisente, Auerochsen, Dam- und Muffelwild, Wildpferde, Luchse und Schwarzwild. Auf mehreren Teichen tummeln sich Gänse, Enten und Schwanenarten.

Auf kürzestem Weg gelangt man in den idyllischen Ort Braunfels. Die mauerumgürtete Altstadt sowie der Marktplatz konnten ihr mittelalterliches Flair bis heute bewahren. Dominierend und von weither sichtbar thront auf einer Basaltkuppe das sehenswerte Schloß Braunfels. Die ausgedehnte Burganlage wartet u.a. mit einem Rittersaal, einer stattlichen Gemäldegalerie und einem Familienmuseum der Grafen und Fürsten zu Solms-Braunfels auf. Öffnungszeiten April bis September von 9 bis 17 Uhr 30 täglich, Oktober bis März von 9 bis 16 Uhr 30 täglich. Weitere Informationen unter Tel. 06442-5002 oder www.schloss-braunfels.de. – Einen Besuch wert ist auch der Wildpark „Tiergarten“, geöffnet täglich von 10 bis 18 Uhr, in dessen Parklandschaft mit altem Baumbestand man Dam-, Muffel-, Rot- und Schwarzwild beobachten kann (Fütterung zwischen 16 und 18 Uhr). Im Biergarten des Forsthauses Tiergarten kann man sich für die Weiterfahrt stärken.

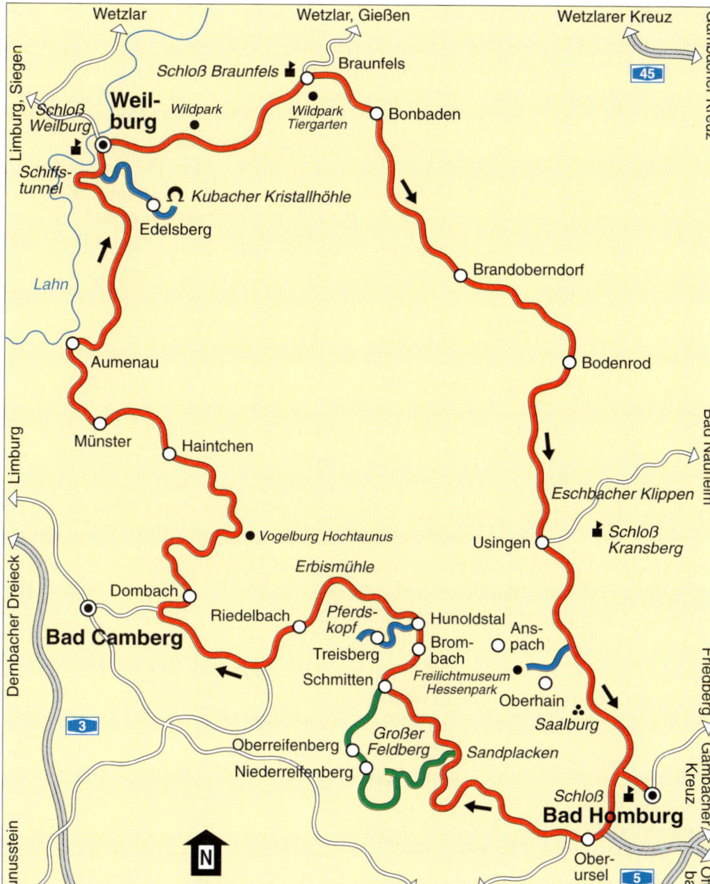

Skizze 59 Hochtaunusstraße

In der Routenführung tritt hinter Braunfels eine wesentliche Richtungsänderung ein, indem man der Straße über Brandoberndorf und Bodenrod nach Usingen (270) folgt. An Sehenswürdigkeiten bieten sich dort die Laurentiuskirche, das Heimatmuseum, das Naturdenkmal „Eschbacher Klippen" und das Schloß Kransberg an. – Die B 456 nach Bad Homburg tangiert das ehem. Römerkastell Saalburg. Das Saalburgmuseum ist täglich von 8 bis 17 Uhr geöffnet.

Variante: Von Sandplacken zum Großen Feldberg (880) und über Oberreifenberg (664) nach Schmitten. Will man vom Straßenknoten Sandplacken zum Großen Feldberg, so muß man dort scharf li. abzweigen und hat nach 3 km Steigungsstrecke mit max 10% re. die unmittelbare Zufahrt zum Gipfelplateau (zwischen 22 und 6 Uhr Nachtfahrverbot für Motorräder). Der Große Feldberg ist das Wahrzeichen des Hochtaunus und auch beliebter Motorradfahrer-Treffpunkt aus nah und fern. Schon von weitem ist er an dem gewaltigen Fernmeldeturm zu erkennen. Neben diesem Riesen stehen dort oben noch ein Sendeturm für das Fernsehen und der bereits 1907 errichtete Aussichtsturm des Taunusklubs. Bei klarem Wetter reicht die Sicht bis in den Odenwald, nach NW bis zum Westerwald und nach O bis zum Vogelsberg. Ganz im N erkennt man im Raum von Wetzlar den Stoppelberg mit seinem Aussichtsturm.

Auf dem Plateau des Großen Feldberges befindet sich unterhalb des Gh. „Feldberghof" Hessens älteste Falknerei. Auf dem „Falkenhof" lassen sich Greifvögel sowohl in freiem Flug als auch in den Volieren beobachten. Es gibt dort zirka 60 Greifvögel verschiedener Falken- und Adlerarten, Habichte, Milane, Eulen, Uhus, Käuze und Geier. Die Falknerei ist vom 1. Mai bis zum 15. Oktober täglich von 10 bis 18 Uhr geöffnet, ab 14 Uhr finden bei entsprechender Witterung auch Vorführungen im Freien statt. – Die Variante setzt sich nach einer Gefällestrecke mit max. 11% über Nieder- und Oberreifenberg fort und mündet bei Schmitten wieder in die Hauptroute ein. Oberreifenberg (650) ist die höchstgelegene Taunusgemeinde. Plus 7 km. Fahrtechnische Beurteilung: leicht bis mittel.

Abstecher: Von Hunoldstal (505) an der „Hochtaunusstraße" empfiehlt sich der lohnende Abstecher hinauf nach Treisberg. Im Dorf zweigt man li. ab und benützt ein teilweise schmales, jedoch staubfreies Sträßchen zum Wanderparkplatz. Auf dem nahen Pferdskopf (663), einem hervorragenden Aussichtsberg, steht ein 34 m hoher Aussichtsturm. Vom Parkplatz hat man bis zu diesem Ziel zirka 20 Gehmin. Hin und zurück 6 km. Fahrtechnische Beurteilung: mittel.

Abstecher: S. von Weilburg befindet sich bei Edelsberg die Kubacher Kristallhöhle; sie besitzt mit 30 m die höchste Halle aller deutschen Schauhöhlen. Hin und zurück 10 km. Fahrtechnische Beurteilung: leicht.

Abstecher: Von der B 456 zum sehenswerten „Freilichtmuseum Hessenpark", das zwischen Anspach und Obernhain liegt; es sind dort Häuser nach regionaler Herkunft und aus unterschiedlichen Epochen aufgebaut. In den Häusern, Scheunen und Werkstätten werden Eindrücke von bäuerlichem und handwerklichem Brauchtum in altväterlicher Art aus allen Landesteilen Hessens vermittelt. Der Hessenpark ist ab dem Buß- und Bettag mit Ausnahme des Montages täglich von 9 bis 18 Uhr geöffnet. Hin und zurück 5 km. Fahrtechnische Beurteilung: leicht.

Die schmucken Fachwerkhäuser des Marktplatzes von **Braunfels** sind fast alle zwischen 1700 und 1720 entstanden; sie stehen außerhalb der Unteren Pforte → Route 59, Hochtaunusstraße.

Der **Große Feldberg (880)** mit seinem Aussichts- und seinem Sendeturm ist die höchste Erhebung im Taunus und ein beliebter Motorradfahrer-Treffpunkt → Route 59, Hochtaunusstraße.

Südlich von **Haintchen** liegt die für Besucher zugängliche Vogelburg Hochtaunus; es handelt sich dabei um einen Ruhesitz für zirka 500 Papageien → Route 59, Hochtaunusstraße.

Eine technische Kuriosität ist der in Deutschland einmalige **Schiffstunnel** unterhalb von **Weilburg** an der Lahn. Kombiniert mit einer Schleuse, wurde er Mitte des 19. Jh. gebaut → Route 59, Hochtaunusstraße.

Hunsrück

Der Hunsrück ist als die natürliche Fortsetzung des „Rheinischen Schiefergebirges“, zu dem auch das Rheingaugebirge zählt, aufzufassen. Er wird lediglich durch den Lauf des Rheins mit seinem tiefliegenden Bett unterbrochen. Zwischen Mosel und Nahe zieht sein langgestreckter Rücken mit dem Soonwald (Alteburg 621 m), dem Lützel-Soon (Womrather Höhe 527 m) und dem Idarwald (Idarkopf 746 m) in sw. Richtung. Auf dem anfahrbaren Erbeskopf erreicht er eine Gipfelhöhe von 816 m. Erbeskopf und Usarkopf (724) erheben sich nur wenig s. der „Hunsrück-Höhenstraße“. Im NO begrenzt die Mosel das erfaßte Tourengebiet, welches sich dem Motorradfahrer sehr unterschiedlich darbietet. Während die Mosel zwischen Koblenz und Trier ein enges und windungsreiches Tal gegraben hat, deren begleitende Straßen einen fast parallelen Verlauf nehmen, verläuft die „Hunsrück-Höhenstraße“ zirka 250 bis 300 m höher durch eine Region mit rauhem Klima und dünner Besiedelung. Die höheren Lagen sind auch weit niederschlagsreicher. Alle Randtäler zur Mosel bzw. zum Rhein sind tief eingeschnitten. Der innere Hunsrück wurde zur Zeit der Römer durch die Straße von Bingen nach Trier erschlossen; Teile davon sind heute noch erkennbar bzw. befahrbar, so vor allem zwischen Gonzerath, Piesport a.d. Mosel, Klausen und Alteich. – Die Mosel ist von ihrem Ursprung am Col de Busang in den Vogesen bis zu ihrer Mündung bei Koblenz 514 km lang. Die Schiffahrt ist auf der deutschen Mosel fast unbedeutend, die Eisenbahn verkehrt zwischen Koblenz und Bullay; sie setzt sich dann bis Trier fort. Kanalverbindungen bestehen zur Saar, Ruwer, Maas, Saône und zum Rhein. Die Anlage leistungsfähiger Verkehrswege vom Rhein durch das von der Mosel durchflossene Gebiet in Richtung Trier war schon immer problematisch. Ein Gewinn für die Erschließung des Landes zwischen Eifel und Mosel war daher der Bau der A 48 vom re. Rheinufer bei Bendorf über Koblenz nach Ulmen durch das Maifeld und die Vulkaneifel, zuletzt durch die Moselberge nach Trier.

60 Moselwein- und Hunsrück-Höhenstraße, nördlicher Teil**

Route: Koblenz (60) – Alken – Treis-Karden – Klotten – Cochem – Beilstein – Ediger-Eller – Bremm – Alf – Zell a.d. Mosel – Vogthof – Kappel – Kastellaun – Emmelshausen – Waldesch – Koblenz. 153 km.

Fahrtechnische Beurteilung: leicht bis mittel

Zeitaufwand: Halbtagestour

Eine erlebnisreiche Moselfahrt läßt sich von Koblenz aus unternehmen. Für den Tourenfahrer bietet das re. Moselufer in Bezug auf die Sehenswürdigkeiten mehr Abwechslung. Man benützt deshalb zunächst die B 49, welche dicht an der Carola-Höhe vorbeiführt, und unterfährt bei Winningen die einzige Autobahnbrücke über die Mosel, eine der höchsten in Deutschland, um nach Alken (73) mit der Burg Thurand zu gelangen. An den Talhängen gedeihen bekannte Weine soweit das Auge reicht. In Cochem am li. Moselufer wird die große Schleife der Mosel erreicht, welche man als „Cochemer Krampen" bezeichnet. Cochem war ehemals eine Reichsburg. Von diesem verkehrsgünstig gelegenen Ort lassen sich auch touristische Zusammenhänge mit der Hohen Eifel und der Voreifel herstellen. Im NW von Klotten verdient der Wildpark „Märchenwald" einen Besuch.

Seine Fahrt auf der „Moselweinstraße" setzt man über Beilstein nach Ediger-Eller fort. Die Ruine Metternich befindet sich auf dem re. Flußufer. Ediger-Eller ist ein malerisches, altes Winzerdorf mit Giebelhäusern und mehreren Türmen, es erlangte Berühmtheit durch das ehem. kurfürstlich-trierische Hofhaus, jetzt als Weingut des Freiherrn von Landenberg näher bekannt. Im dortigen Weinmuseum gibt es alte Küfer- und Winzergeräte, sowie eine Ofen- und Kaminplattensammlung zu besichtigen. Bremm (423) besitzt über dem Dorf die steilsten Weinbergterrassen Europas. Bemerkenswerte Tiefblicke in das Tal bietet der Hochkessel (421). Ebenfalls über dem re. Moselufer ragt weiter im S der König (371) mit seinem Sendeturm auf.

Will man im großen Moselbogen (Zeller Hamm) nach Zell, so muß man sich bei Alf (95) li. halten und der B 421 durch die größte weinbautreibende Gemeinde an der Mosel folgen. Die Uferstraße leitet

Eingeschnitten in das Rheinische Schiefergebirge und von steilen Weinbergen flankiert, präsentiert sich das **Tal der Mosel** → Route 60, Moselwein- und Hunsrück-Höhenstraße, nördlicher Teil.

Die stolze **Burg Cochem** erhebt sich über dem gleichnamigen Ort an der Mosel → Route 60, Moselwein- und Hunsrück-Höhenstraße, nördlicher Teil.

Skizze 60 Moselwein- und Hunsrück-Höhenstraße, nördlicher Teil

dabei dicht an der Marienburg vorbei. Romantische Täler führen von Zell zum Hunsrück, so das Zeller-, Altlayer-, Linischbach- und Merler Bachtal. Auf kurviger, landschaftlich reizvoller Bergstraße fährt man über den Vogthof hinauf zur Abzw. Tellig und mündet schließlich bei Kappel in die „Hunsrück-Höhenstraße" ein. Sie führt als B 327 bez. in den gerne besuchten Luftkurort Kastellaun (435), welcher als Hauptort des Vorderen Hunsrücks gilt; für den gesamten Hunsrück verkörpert das weiter im S gelegene Simmern (329) am Simmerbach den Hauptort für Wirtschaft und Verwaltung. – Die „Hunsrück-Höhenstraße" führt weiter nach Emmelshausen, tangiert die AA Boppard, überbrückt die A 61 und leitet an Waldesch vorbei in die Stadt Koblenz bzw. an das li. Rheinufer.

Im Talabschnitt bei **Treis-Karden** nehmen die gewundene Mosel, Bundesstraße und Bahn einen gemeinsamen Verlauf → Route 60, Moselwein- und Hunsrück-Höhenstraße, nördlicher Teil.

Die abgeschieden gelegene **Burg Eltz** mit ihrer interessanten Anlage zählt zu den berühmtesten Burgen Deutschlands → Route 60, Moselwein- und Hunsrück-Höhenstraße, nördlicher Teil.

Variante: Von Treis-Karden durch das Flaumbachtal Richtung „Hunsrück-Höhenstraße". Will man die Moselweinstraße abkürzen, so kann man in Treis-Karden die Mosel verlassen, um durch das bewaldete Flaumbachtal über das Kirchlein Maria Engelport nach Altstrimmig hinaufzufahren. Diese Bergstrecke ist zwar extrem kurvenreich, doch vermittelt sie dem geübten Tourenfahrer auch einen entsprechenden Fahrgenuß auf einer Länge von zirka 15 km. Vom benachbarten Mittelstrimmig leitet eine Verbindungsstraße über das wellige Hochplateau des Mittelgebirges zur B 421. Minus 32 km. Fahrtechnische Beurteilung: mittel bis schwierig.

Variante: Von Kappel über den Straßenknoten Simmern und Bacharach nach Emmelshausen. Will man sich mehr dem li. Rheinufer zuwenden, bietet diese Alternative landschaftlich viel Abwechslung. Sie erreicht ihren Hochpunkt im S von Emmelshausen. Zwischen Bacharach und St. Goar benützt man die stark frequentierte B 9; dafür entschädigt die darauffolgende Auffahrt von St. Goar nach Emmelshausen mit einer interessanten Bergstrecke. Plus 49 km. Fahrtechnische Beurteilung: mittel.

Abstecher: Von Treis-Karden zur Burg Eltz (184). In Milden a.d. Mosel folgt man dem beschilderten Sträßchen, das teilweise steil durch die Weinberge zum Parkplatz beim Gh. „Österhof" hinaufleitet. Die sehenswerte Burg Eltz, eine der berühmtesten Deutschlands, erreicht man von dort durch Buchenwald zu Fuß in 25 Min. Sie stammt aus dem Mittelalter und ist ein Dornröschenschloß in romantischer Umgebung. Hin und zurück 14 km. Fahrtechnische Beurteilung: mittel bis schwierig.

61 Moselwein- und Hunsrück-Höhenstraße, südlicher Teil**

Route: Zell a.d. Mosel (94) – Enkirch – Traben-Trarbach – Krav – Bernkastel-Kues – Niederemmel – Neumagen-Dhron – Schweich – Trier – Zerf – Kell – Hermeskeil – Morbach – Stumpfer Turm – Würrich – Kappel – Brühlhof – Zell a.d. Mosel. 228 km.

Fahrtechnische Beurteilung: leicht bis mittel

Zeitaufwand: Tagestour

Die Stadt Zell a.d. Mosel ist die größte, weinbautreibende Gemeinde im Moseltal und erlangte durch ihr Produkt „Zeller Schwarze Katz" einen hohen Bekanntheitsgrad. Der Ort besitzt für das gesamte Mosel-Hunsrückgebiet eine besonders günstige Verkehrslage und wurde

Blick auf **Zell a.d. Mosel**, das mit all seinen Ortsteilen die flächenmäßig größte Weinbaugemeinde im Moseltal ist → Route 61, Moselwein- und Hunsrück-Höhenstraße, südlicher Teil.

deshalb auch als geeigneter AP für die südliche Rundfahrt gewählt. – Auf der rechtsufrigen „Moselweinstraße“ führt uns der Weg auf besonders stark ausgeprägten Flußschlingen über Enkirch und Traben-Trarbach in den weinberühmten Ort Kröv, das im W des Mont Royal (275) liegt. Die ehem. Burg wurde vom berühmten Festungsbauer Vauban errichtet; heute sind nur mehr wenige Überreste erkennbar.

Bernkastel-Kues ist eine altertümliche, besonders malerisch anmutende Stadt, überragt von der Burgruine Landshut; sie zählt zirka 7500 Einwohner. Durch den Ort Neumagen-Dhron verlief einst die Römerstraße in Richtung Wittlich. Diese ehem. römische Heerstraße zwischen Trier und Mainz zweigt in Niederemmel von der Route ab. In der Ortsmitte von Neumagen wurde beim Kriegerdenkmal ein vielbeachteter Abguß des Römer-Weinschiffes aufgestellt. Burgen und Winzerorte säumen den weiteren Weg moselaufwärts.

Das äußerst besuchenswerte Trier ist Deutschlands älteste Stadt. Kaiser Diokletian machte Trier bereits im 3. Jh. zur Hauptstadt des weströmischen Reiches. Im 4. Jh. wurde Trier der erste Bischofssitz n. der Alpen, im 9. Jh. unter Karl dem Großen ein Erzbistum. Die be-

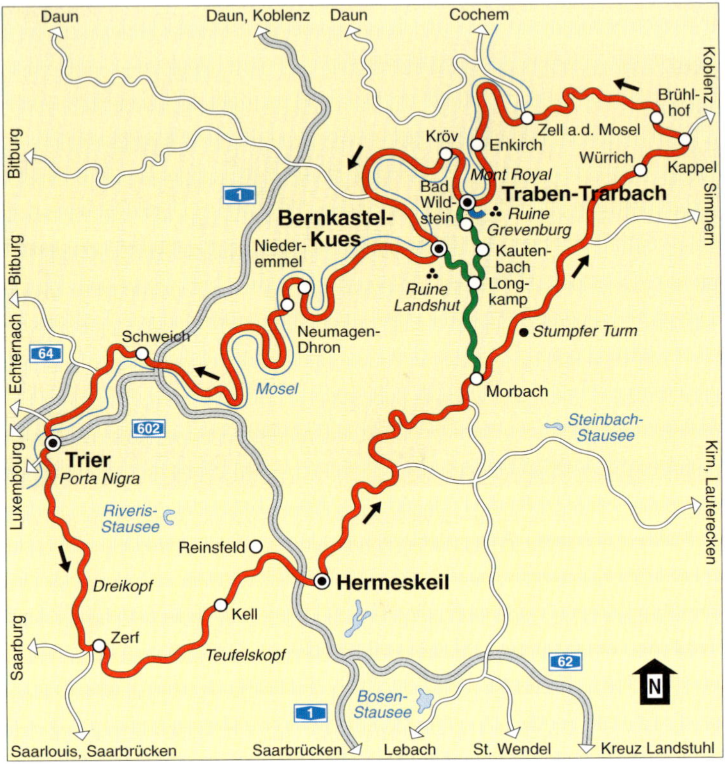

Skizze 61 Moselwein- und Hunsrück-Höhenstraße, südlicher Teil

rühmte „Porta Nigra" (Schwarzes Tor) steht am n. Eingang in die Altstadt und war Glied einer Befestigungsanlage der Stadt, erbaut im 2. Jh. Das besonders informative Städtische Museum befindet sich im romanischen Simeonsstift, das aus dem 11. Jh. stammt.

Von Trier aus wird die vorgegebene Runde auf der B 268 fortgesetzt. Die Auffahrt in den Osburger Hochwald vollzieht man über den aussichtsreichen, w. Abhang des Dreikopfes (502). In Zerf (400) mündet man in die „Hunsrück-Höhenstraße" mit der Bez. 407 ein und nimmt generell Kurs nach NO. Der anfahrbare Teufelskopf (695), auf dem sich ein Sendemast befindet, ragt s. der Ortschaft Kell (441) auf. Bei Reinsfeld kreuzt man die A 1 Saarbrücken–Köln.

Ganz im Gegensatz zur Moselweinstraße leitet die **Hunsrück-Höhenstraße** meist geradlinig durch einen dünn besiedelten Landstrich mit etwas rauherem Klima → Route 60 und Route 61.

Die Höhenstraße, nunmehr als B 327 bez., weist bis Morbach einen unterschiedlichen Ausbauzustand auf. Den höchsten Punkt der Straße erreicht man beim „Stumpfen Turm" (869), dessen Aussichtsturm ein umfassendes Panorama bietet. Über Würrich (468) senkt sich die Höhenstraße nach Kappel, das sowohl Wendepunkt unserer Runde als auch Anschlußstelle für den → nördlichen Teil der Mosel-Hunsrück-Fahrt ist. – Von Kappel verbindet die 17 km lange Teilstrecke der B 421 mit dem Straßenknoten an der Moselbrücke im S von Zell. Es ist ein HU von rund 350 m zu bewältigen, wobei das wesentliche Gefälle unterhalb von Brühlhof einsetzt.

Variante: Von Morbach (431) bietet sich die B 269 über Longkamp (408) hinab nach Bernkastel-Kues, 17 km, als interessante Alternative an. Die Serpentinenstrecke von Longkamp hinab zur Moselbrücke übt auf den Motorradfahrer eine besondere Anziehungskraft aus, was auch auf den guten Ausbauzustand zurückzuführen ist. Auf der B 53 gelangt man dann zurück zum AP Zell a.d. Mosel. Plus 15 km. Fahrtechnische Beurteilung: mittel.

Variante: Von Morbach über Longkamp und Traben-Trarbach nach Zell a.d. Mosel. In Longkamp gibt es eine wichtige Straßenteilung: fährt man direkt nach N auf der Nebenstraße über Kautenbach und Bad Wildstein weiter, so gelangt man zur Moselschlinge bei Traben-Trarbach – ein vor allem land-

Großartige Ausblicke auf die Moselschleife bei **Traben-Trarbach** und den Mont Royal hat man von der Ruine Grevenburg → Route 60, Moselwein- und Hunsrück-Höhenstraße, südlicher Teil.

schaftlich bemerkenswerter Abstieg in das Moseltal ö. der Graacher Schanzen (434). Von Traben-Trarbach leitet die B 53 schließlich zurück nach Zell. Minus 6 km. Fahrtechnische Beurteilung: mittel bis schwierig.

Abstecher: Von Traben-Trarbach zur Ruine Grevenburg. Im S des Städtchens folgt man zunächst der Straße Richtung Irmenach und hat dann li. die beschilderte Zufahrt zur Ruine Grevenburg mit der gleichnamigen Weinschenke; sie weist zuletzt ein Gefälle von 20% auf. Besonders eindrucksvoll ist der Blick auf die Moselschlinge. Hin und zurück 9 km. Fahrtechnische Beurteilung: mittel bis schwierig.

Straßenkarten für Deutschland. Auf den Straßen der BRD ist zweifellos die Generalkarte das führende Kartenwerk für den motorisierten Touristen. Das nun erhältliche Format „Pocket" im Maßstab 1 : 200.000 zeichnet sich nicht nur durch die gewohnt gute Lesbarkeit, sondern auch durch besondere Handlichkeit aus. Für den vorliegenden Band „Süddeutschland" sind die Blätter 12 bis 20 von Interesse. – Von der ebenfalls farblich ansprechenden RV Straßenkarte decken die Blätter 6 bis 12 das in diesem Führer beschriebene Gebiet ab. Auch sie wurden im üblichen Maßstab 1 : 200.000 gezeichnet, welcher eine ausreichende Darstellung von Details erlaubt. Hervorzuheben sind bei diesem Werk die vorteilhaft gewählten Kartenausschnitte, welche auch über die Staatsgrenzen reichen und den touristischen Zusammenhängen entgegenkommen; so umfaßt das Blatt 9 auch Elsaß und Vogesen, Blatt 12 Vorarlberg und Tirol, Blatt 8 die westlichen Teile Tschechiens. – Speziell für den Westen Tschechiens ist das Großblatt „Westböhmen, Mittelböhmen" der Genaralkarte im Maßstab 1 : 200.000 erschienen.

Register

C

D

E

N

O

P

R

T

5. Ausgabe

völlig überarbeitet und aktualisiert

Dieser Denzel-Führer enthält 104, für Motorradfahrer besonders geeignete Rundfahrten in den Alpenländern Österreich, Deutschland, Schweiz, Italien und Frankreich. Die strenge Auswahl erfolgte nach landschaftlichen, fahr- und verkehrstechnischen Gesichtspunkten. In die Routen wurden besondere Sehenswürdigkeiten in der Natur wie z.B. wildromantische Schluchtstrecken ebenso eingebunden wie Gipfel-, Panorama- und ehem. Militärstraßen. Ideal für Straßenmaschinen und Enduros! Jeder Vorschlag besteht aus beschreibendem Text und einer Skizze zur Orientierung. Attraktive Fotos in Farbe und SW runden die Information ab. Handliches Format 12 x 18 cm, transparente Schutzhülle, Gesamtumfang 368 Seiten.

Zeichenerklärung

	Bedeutender Ort		Hauptroute
	Ortschaft, Häusergruppe		Variante
	Museum, Sehenswürdigkeit		Abstecher
	Paß, Sattel, Scharte		Autobahn
	Hotel, Gasthaus, Hütte		Straße zur Orientierung
	Kloster, Kirche, Kapelle		Gewässer
	Schloß, Burg	→	Empfohlene Fahrtrichtung
	Ruine	8	Autobahn 8 (D)
	Höhle, Grotte	A 1	Autobahn 1 (A, CZ)
	Wasserfall	N 6	Nationalstraße 6 (F)
P	Parkplatz	N	Nördliche Richtung
	Aussichtspunkt		

Im Text verwendete Abkürzungen

A 2	Autobahn 2	Jh.	Jahrhundert
AA	Autobahnanschluß	L 96	Landesstraße 96
Abzw.	Abzweigung	li.	links
AP	Ausgangspunkt	LM	Leichtes Motorrad
AV	Alpenverein	LSG	Landschaftsschutzgebiet
B 80	Bundesstraße 80	max.	maximal
bewirtsch.	bewirtschaftet	Min.	Minute(n)
Bez., bez.	Bezeichnung, bezeichnet	N, n.	Norden, nördlich
Bj.	Berichtsjahr	N 22	Nationalstraße 22
D 35	Departementstraße 35	NSG	Naturschutzgebiet
DAV	Deutscher Alpenverein	O, ö.	Osten, östlich
E 35	Europastraße 35	P.99	Provinzstraße 99
ehem.	ehemals, ehemalig	re.	rechts
EP	Endpunkt	S, s.	Süden, südlich
Gh.	Gasthaus, Gasthof	S 20	Schnellstraße 20
HT	Hinweistafel	St.	Sankt
HU	Höhenunterschied	Std.	Stunde(n)
ISFM	Ideale Strecke für Motorradfahrer	U 44	Umgehungsstraße 44
		W, w.	Westen, westlich
		→	siehe, vergleiche